GONGHEGUO SHIMING
——GONGXUN KEXUEJIA ZHU GUANGYA ZHUAN

共和国使命
——功勋科学家朱光亚传

时代出版传媒股份有限公司
安徽文艺出版社

徐鲁 ◎ 著

徐鲁，诗人、散文家、儿童文学作家。1962年出生于山东胶东半岛。1992年加入中国作家协会，系中国作家协会第九、第十届儿童文学委员会委员，第五、第六届湖北省作家协会副主席。现为湖北省中华文化促进会副主席。已出版诗集《乡愁与恋歌——徐鲁诗选》，长篇小说《罗布泊的孩子》《追寻》《天狼星下》《远山灯火》《小菊的茶山》，散文集《芦花如雪雁声寒——徐鲁散文选》《冬夜说书人》，长篇纪实文学《此生属于祖国》《万家灯火》，评论集《三百年的美丽与童真——徐鲁儿童文学论集》《追寻诗歌的黄金时代》等。作品曾获全国五个一工程图书奖、国家图书奖、全国优秀儿童文学奖、屈原文艺奖、冰心儿童图书奖、陈伯吹国际儿童文学奖等。作品被译为俄、英、法、意、韩、日、瑞典、西班牙、伊朗、阿拉伯等语种。

共和国使命

——功勋科学家朱光亚传

徐 鲁 ◎ 著

时代出版传媒股份有限公司
安徽文艺出版社

图书在版编目（CIP）数据

共和国使命：功勋科学家朱光亚传/徐鲁著．—合肥：安徽文艺出版社，2023.9
ISBN 978-7-5396-7616-6

Ⅰ．①共… Ⅱ．①徐… Ⅲ．①朱光亚（1924-2011）—传记 Ⅳ．①K826.11

中国版本图书馆CIP数据核字（2022）第228674号

出 版 人：姚 巍
责任编辑：张妍妍　宋晓津　　　　　装帧设计：张诚鑫

出版发行：安徽文艺出版社　www.awpub.com
地　　址：合肥市翡翠路1118号　邮政编码：230071
营 销 部：(0551)63533889
印　　制：安徽新华印刷股份有限公司　(0551)65859551

开本：880×1230　1/32　印张：11.75　字数：220千字
版次：2023年9月第1版
印次：2023年9月第1次印刷
定价：58.00元（精装）

（如发现印装质量问题，影响阅读，请与出版社联系调换）

版权所有，侵权必究

目　录

自序 / 001

楔子 / 001

第一章　小城之冬 / 007

第二章　长江边的孩子 / 019

第三章　圣保罗中学 / 027

第四章　最后一课 / 037

第五章　江水记忆 / 046

第六章　少年骊歌 / 052

第七章　嘉陵江边 / 058

第八章　物理学的种子 / 070

第九章　国破山河在 / 079

第十章　联大弦歌 / 091

第十一章　"千秋耻,终当雪" / 101

第十二章　恩师 / 110

第十三章　远渡重洋 / 117

第十四章　密执安的日日夜夜 / 125

第十五章　心心相印 / 133

第十六章　一封公开信 / 142

第十七章　崭新的日子 / 152

第十八章　在燃烧的土地上 / 160

第十九章　师者风范 / 171

第二十章　共和国使命 / 182

第二十一章　自强不息 / 192

第二十二章　沸腾的荒原 / 208

第二十三章　天狼星下 / 228

第二十四章　隐姓埋名的英雄儿女 / 239

第二十五章　代号：596 工程 / 252

第二十六章　月夜抒怀 / 261

第二十七章　倚天长剑 / 272

第二十八章　铁拳似的蘑菇云 / 286

第二十九章　光明的预兆 / 303

第三十章　第二颗"太阳" / 326

第三十一章　科学的春天 / 341

第三十二章　孔雀河畔 / 350

自　　序

　　1946年初秋的一天,数学家华罗庚受当时的民国政府委托,带着从西南联大挑选出来的三位物理系高材生朱光亚、李政道、唐敖庆,从上海登船,踏上了远渡重洋、赴美考察原子弹制造技术的航程。这是民国时期,中国人第一次做起的"原子弹之梦"。

　　但是,结果正如华罗庚、朱光亚这一行人所预料的,美国决不会向任何其他国家开放原子弹研制技术。果然,他们刚刚抵达旧金山,先行而来的曾昭抡就告诉他们说:"看来我们是一厢情愿了！想在美国学习原子弹研制技术,根本不可能,完全没门儿！"当时,对原子弹这个高新技术,美国对外实行了全面和严格的封锁政策,拒绝向任何国家的科技人员开放这方面的信息。

　　后来成为中国原子能事业的奠基人与开拓者之一、"两弹一星"元勋的朱光亚回忆说:当年,正是因为到了美国,迎头而来的是一个破灭的"原子弹之梦",他们更加坚定了一个信心:中国人有朝一日,一定也要拥有自己的原子弹！

原子弹的梦想暂时破灭了，朱光亚、李政道和曾昭抡等互相商量了一番，决定各自选择心仪的大学和专业，或是去担任教职，或是暂时留在美国学习，同时期待着将来报效祖国的那一天。

这年秋天，著名物理学家吴大猷回到他的母校密执安大学，开始研究核子物理。朱光亚跟随自己在西南联大时的恩师吴大猷，进入密执安大学，一边作为吴的助手做理论物理课题，一边在该校研究生院攻读博士学位，研读的方向是实验核物理研究。也正是有了在密执安大学这一段不寻常的专业学习和研究，1950年春，在新中国刚刚诞生的日子里，朱光亚毅然回到祖国，成为了新中国原子能事业的奠基者、开拓者和领导者之一。

与杨振宁一同获得1957年诺贝尔物理学奖的李政道说过："每当回忆这段往事，我常说，当初蒋介石派出去学做原子弹的几位，只有光亚是派对了，他回国来是做原子弹了。选我是选错了，我没有学做原子弹，仅在纯物理的领域中工作。其他几位也都没有去做原子弹。"

在密执安大学的日日夜夜，对年仅二十来岁的朱光亚来说，是极其珍贵的一段求学时光。他亲身感受到了美国对原子弹研制技术的封锁政策，在他们这一代中国青年科学家心中留下的是什么滋味，因此他也更能真切地理解什么叫"奋发图强"，什么叫"少年强则国强"。"千秋耻，终当雪。中兴业，须人杰。便一成三户,壮怀难折。"在密执安校园里,他的脑海里经常回响着这首壮志豪迈的西南联大校歌,回荡着满腔热血的同学们激越的合唱声……

1950年2月27日,朱光亚毅然拒绝了美国经济合作总署给予的旅费"救济",并抢在美国对华实行全面封锁之前,自筹经费,暂别了尚未毕业的女友许慧君,取道香港,辗转回到了祖国的怀抱。当时,朱光亚悄悄所做的回国前各项准备里,还有一项,就是他以北美中国学生会中西部地区分会主席的身份,牵头起草了一封激情洋溢的书信,并秘密地在美国各地区的中国留学生中间传阅着、讨论着,然后郑重地签上各自的名字。到1950年2月下旬,已经有53名决定在近期回到祖国怀抱的海外赤子,在这封书信上签上了自己的名字。回国途中,这封有着53名血气方刚的爱国留学生签名的书信,刊登在了3月18日出版的《留美学生通讯》第3卷第8期上,题目就叫《致全美中国留学生的一封公开信》。

今天,我们重读这封书信,依然能感受到洋溢在字里行间的那种滚烫的爱国激情:

"同学们:是我们回国参加祖国建设工作的时候了。祖国的建设急迫地需要我们!人民政府已经一而再、再而三地大声召唤我们,北京电台也发出了号召同学回国的呼声。人民政府在欢迎和招待回国的留学生。同学们,祖国的父老们对我们寄托了无限的希望,我们还有什么犹豫的呢?还有什么可以迟疑的呢?我们还在这里彷徨做什么?同学们,我们都是在中国长大的,我们受了二十多年的教育,自己不曾种过一粒米,不曾挖过一块煤。我们都是靠千千万万终日劳动的中国工农大众的血汗供养长大的。现在他们渴望我们,我们还不该赶快回去,把自己的一技之长,献给祖国的人民吗?是的,我们该赶快回去了。……

"同学们,听吧!祖国在向我们召唤,四万万五千万的父老兄弟在向我们召唤,五千年的光辉在向我们召唤,我们的人民政府在向我们召唤!回去吧!让我们回去把我们的血汗洒在祖国的土地上,灌溉出灿烂的花朵。我们中国要出头的,我们的民族再也不是一个被人侮辱的民族了!我们已经站起来了,回去吧,赶快回去吧!祖国在迫切地等待我们!"

这封情真意切、激情彭湃的公开信,在当时全美的中国留学生和学者中间引起了空前的呼应与反响。也不仅在美国,这封信还很快传到了欧洲,在英国、法国等地的留学生中,同样引起强烈的呼应,在欧洲的许多留学生也纷纷响应,陆续回到了新中国的怀抱。回到新中国的怀抱后,朱光亚把自己全部的精力和心血,都投入到了铸造新中国强大"核盾"这项神圣、艰巨和光荣的"共和国使命"之中。

在二十世纪五六十年代,相当长的一些日子里,朱光亚和他的同事们、战友们的日常工作内容,都处在一种"绝密级"的状态里。他的亲人和他的孩子们,在很长的时间里,一直不知道自己父亲从事的是什么工作。在家里,朱光亚也从来不讲自己在做什么工作,他的书房,不经他允许,孩子们也不能随意进去。孩子们只知道他经常外出出差,有时候知道他是去大西北地区,而且一走就是几个月。

多年后的一天,院子里的一群孩子聚集在一起聊天说笑,不知是谁突然提出来一个问题:大家互相猜猜看,我们的爸爸、妈妈是干什么工作的?没有一个孩子能回答出来。有一个高年级的孩子灵机一动,提议说,咱们好好回忆一下,是不是每次核试验,大家的爸爸、妈妈都不在北京?小伙伴们仔细一想,互相之间一验证,嘿,还真是这样的!每次有了大的试验,各自的爸爸、妈妈就都"出差"去了,而且都去了大西北。这样,大院里的这些孩子,才隐隐约约地明白了,自己的父母亲所做的,都是属于国家保密性质的、神圣而光荣的,也是最为重大的工作。孩子们的心中也顿时生出无限的自豪。当然,他们也都知道了,为爸爸、妈妈们的神圣工作保密,应该从我做起,从自己做起。所以,他们在外面也从来不跟他人谈论自己的爸爸、妈妈的工作。

实际上,当时凡是去往大西北草原、戈壁和沙漠里从事核试验的人,无论你的级别高低,也无论你是科学家、科学技术人员还是解放军战士、技术工人,都要严格执行"上不告父母,下不告妻儿"的保密纪律。而且,为了激励大家的斗志,中国第一颗原子弹的秘密代号叫"596工程"。原来,当年苏联撕毁援助协定、给中国政府来信拒绝提供原子弹教学模型和图纸资料的日期,就是1959年6月。"596工程"因此而得名。这是一个带有励志意味的代号,是激发中国人自主研发制造原子弹的斗志、信心和力量的一个代号。

朱光亚先生把毕生的心血、智慧和力量,献给了新中国的国防建设和核科学事业。2011年2月26日,朱光亚因病在北京逝世,享年87岁。曾经与他并肩奋斗了近半个世纪的一位科学家、中国工程院原副院长杜祥琬深情地说道:"朱光亚院士代表了一个时代。他亲身参与并见证了我国原子弹、氢弹、中子弹等核武器从无到有、从弱到强的发展历程,是那个时代的标志性人物。"

凡是在罗布泊大漠深处的马兰基地和孔雀河边,为了新中国的核试验事业而奋斗过的英雄儿女们,他们生前,几乎无一例外地都会留下一句遗言:把我送回罗布泊,送回马兰,埋在那些早逝的同志和战友身边……

朱光亚院士也是这样做的。遵照他的遗愿,2012年9月26日,他的亲人、同志、战友和学生,把他的部分骨灰送到了马兰,安葬在中国核试验基地马兰革命烈士陵园里。大漠、戈壁、红柳、胡杨、马兰花、甘草泉……一代功勋科学家,以魂归马兰的方式,长眠在曾经奋斗过的罗布泊荒原上。他的崇高和美丽的灵魂,也将化作天上的星星,在深邃的太空中,深情地瞩望着这片浸染着为新中国核事业而奋斗的英雄们的热血的荒原,瞩望着和祝福着这个伟大的祖国和她勤劳的、热爱和平的人民。

2015年,我有幸进入马兰基地采访和体验生活。有一天上午,我怀着无比敬仰的心情,缓步走进马兰革命烈士陵园,向长眠在这里的朱光亚院士和他的同事们、战友们的墓前献上了致敬的花篮。

陵园里矗立着一座高指蓝天的"马兰革命烈士纪念碑",我看到,基座上镌刻的碑文正是由朱光亚院士亲笔题写的:"这是一块沉睡了千年的国土,又是一块挺起祖国母亲脊梁的热土。自一九五八年组建核试验基地以来,我国在这里成功地进行了一次次原子弹、氢弹、导弹核武器试验。瞬间的辉煌铸造了共和国的和平盾牌,也为社会主义中国成为有重要影响的大国争得了地位,更激起了饱受外国列强屈辱的炎黄子孙的自尊与骄傲。安葬在这里的人们,就是为创造这种惊天动地业绩而献身的一群中华民族的优秀儿女。……他们的生命已经逝去,但后来者懂得,正是这种苍凉与悲壮才使'和平'二字显得更加珍贵。……"我把这篇碑文,恭恭敬敬地抄录在了采访本上。

同时,我不禁也在心里默默感叹:我们今天的青少年一代,对朱光亚院士和马兰英雄们的奋斗故事，知道得真是太少了！而长眠在这里的每一个人，都是我们共和国的功臣和赤子，都是一代代青少年应该永远敬仰、缅怀和崇拜的"最美奋斗者"啊！也就是在这一刻，一个庄重的念头划过我的脑海：一定要写一部书——哦，不是一部书，也可能是两部书、三部书，来讲述奋斗在罗布泊深处、孔雀河边和马兰基地的英雄儿女们的故事……

在马兰采访的那些日子里，我们一行，沿着朱光亚、张蕴钰、程开甲、林俊德……这些伟大的"马兰人"奋斗的足迹，去过许多鲜为人知的地方。我知道，这里的每一个地方，也是朱光亚和他的战友们毕生梦牵魂萦的地方。

让我记忆尤深的是，在进入马兰基地核试验场区的半路上，在通往"7区"的左侧和"8区"的右侧的一个Y字形的上端处，有一个属于基地部队后勤部的兵站，名字叫"甘草泉"。驻守过甘草泉的部队官兵都知道这样一个美丽的传说：当年，在勘探核试验基地的时候，有两名探路的战士在沙漠里迷路了，因为又饥又渴，他们昏倒在了戈壁滩上。不知过了多久，两名战士醒来时，发现身边的一丛甘草旁，涌出了一股涓涓清泉。我们的战士因此而得救了……这个传说，直到今天，所有的"马兰人"耳熟能详。

1961年，通往"7区"的道路修通后，曾在此驻扎过一个道路维修队。有一天，几位基地首长来到这里，一位首长对道路维修队的一位姓郭的队长说,基地司令员和两位副司令员都姓张,你姓郭,干脆就把这里叫"张郭庄"吧。这个地方暂时就叫了"张郭庄"。后来,朱光亚和王淦昌、程开甲等几位科学家进试验场时,几次路过这里,觉得"张郭庄"这个名字不美,于是大家一致通过,给这个地方改名为"甘草泉"。从此,基地就在这股泉水边设了一个永久的兵站,作为进入核试验场区前的一处给养补充点。

戈壁马兰花,大漠甘草泉。马兰花和甘草,都是罗布泊荒原上美丽而坚强的生命的象征。汩汩不息的甘草泉边,芦苇丛生,红柳繁茂,几乎就是戈壁荒原上的一个奇迹。

1993年秋天,已是古稀之年的朱光亚院士重返罗布泊时,特意又来到甘草泉边,还蹲下身来,双手捧起几捧清清的泉水,重新尝了尝。他是那么怀念和感念,甘草泉的涓涓清流,曾经滋润过他们这代人在追寻强国梦想的岁月里所度过的无比艰苦的日日夜夜。当时,朱院士还告诉身边的年轻的工作人员和战士们说:"我们马兰人,最珍惜的就是沙漠之水,无论是甘草泉的清泉,还是戈壁上的碱水泉。"他说,"蒙古语里说的'肖尔布拉克',就是戈壁沙漠上的圣泉的意思,这里的哈萨克牧民称之为'碱泉'。我们这一代在罗布泊里奋斗过的人,几乎有着一样的性格和命运:哪怕在这'碱泉'里泡三次,在沸水里煮三次,在血水里洗三次,也痴心不改,无怨无悔!"

2016年5月30日,在北京召开的科学大会上,习近平总书记殷切期望我们的科学家和广大的科技工作者,"要把论文写在祖国的大地上,把科技成果应用在实现现代化的伟大事业中"。2018年5月28日,在北京召开的中国科学院、中国工程院两院院士大会上,习近平总书记又殷切嘱托大家:"一代人有一代人的奋斗,一个时代有一个时代的担当。荣誉意味着责任和担当,党和人民对广大院士寄予了殷切的期望。科技创新大潮澎湃,千帆竞发勇进者胜。希望广大院士弘扬科学报国的光荣传统,追求真理、勇攀高峰的科学精神,勇于创新、严谨求实的学术风气,把个人理想自觉融入国家发展伟业,在科学前沿孜孜求索,在重大科技领域不断取得突破。"

把论文写在祖国的大地上,把科技成果应用在实现现代化的伟大事业中,把个人理想自觉融入国家发展伟业……这是多么庄重、宏伟和清晰的科学理想与奋斗目标!

在浩瀚的宇宙星空中,无论是月球上隐约可见的环形山,还是每一颗耀眼的星星、每一个光华熠熠的星座,都仿佛是一个个伟大的科学家的生命。那些拥有国际编号的一颗颗美丽的小行星,有的名为"钱学森星",有的名为"华罗庚星",有的名为"朱光亚星""郭永怀星"……新中国艰辛曲折的科学史,是一部科学赤子们的"赤诚报国史",也是一条科学群星熠熠闪耀的璀璨星河。

伟大的时代，需要伟大的科学精神。讲好科学家故事，弘扬科学家精神，把科学家精神一代一代传承下去，是新时代赋予写作者的责任和使命。近几年来，我先后创作了长篇小说《天狼星下》《罗布泊的孩子》和纪实文学《林俊德：铸造"核盾"的马兰英雄》等作品，献给为铸造新中国强大的"核盾"而在罗布泊大漠上艰苦奋斗，甚至流血牺牲的马兰英雄们。朱光亚先生出生于1924年冬天，2024年将迎来他的百年诞辰。这部长篇纪实文学，是我献给这位伟大的爱国科学家的百年诞辰、献给他的马兰战友们的又一瓣心香。

借此机会，我也向精心编辑和出版这部书的安徽文艺出版社，向为这部书的出版付出了心血和辛劳的老朋友姚巍社长，以及出版团队，表达真诚的感谢。

徐鲁

2023年7月1日，于武昌梨园

楔　　子

　　神秘的、至高无上的星空,就像一部古老的经典,谁能读懂、读透它那默无声息的、浩瀚的光焰?谁能阅尽、参悟它那深邃的黑洞中的宝藏?

　　哲学家康德如此看待星空:"有两个东西萦绕在我的脑海,带着永远清新、日益增长的惊奇与敬畏——一个是我头顶上熠熠闪亮的星空,一个是我心中的道德准则。"另一位哲学家、诗人艾·扬格面对着浩瀚的星空,也曾如此想象:"谁的手掌里转动着这些巨大的球体?像是无数颗晨露般的宝石晶莹闪光,又像是从辉煌的都市里放射出的火花,像千万堆篝火点燃在这古老的夜的胸膛……"

　　两千多年前,中国伟大的浪漫主义诗人屈原,仰望着皓月当空的神秘苍穹,不禁心驰神往,也曾如此发问:"夜光何德,死则又育?厥利维何,而顾菟在腹?"意思是说:月亮具有什么德行,为什么能够缺了又圆、死而复生?它是为了什么样的利益而把蟾蜍养在自己腹中?(据诗人闻一多先生《天问释天》考证,"顾蜍"指蟾蜍。)

而在两千多年后的今天,人类通过伟大的航天科技进行探索,早已揭开了古人蒙在星空和月亮上的关于蟾宫、玉兔、吴刚、嫦娥和桂花树等等神秘传说的面纱,而将一个真实的、自然的和丰富的星空呈现在了我们的面前。

啊,星团茫茫,银河荡荡……

天空的宝石与花朵,宇宙的脉息,梦幻的翅膀……

美丽而神秘的星空啊,曾经有多少人的目光,沉迷在你或明或暗、时隐时现的运动之中;曾经有多少美丽的幻想,也像那些巨大的和炽热的星体,自由地运行在那无穷无尽的时空的天堑,运行在那辽阔的太空的街市之上,从一团星宿到另一团星宿,从大熊星座、飞马星座、天狼星座到双子星座、人马星座和猎户星座……

神秘的、至高无上的星空,你是一个伟大的、和谐的组合体,你是一个充满了狂飙般的矛盾冲突的大舞台——碰撞与交融、燃烧与冷却、聚变与裂变、光明与阴影、透彻与混沌、新生与死亡、瞬间与永恒、飞升与陨落……都在你茫茫的空间里交织着、进行着,所以你生生灭灭,亘古常新。

深邃的、浩繁的星空啊,由于你的存在,即使我们这个已经拥有了45亿年寿命的地球,又算得了什么!那也只不过是大宇宙中能量极其微小的一粒尘埃。而与此相比,人的生命,每个人的生命,岂不又是最短的一瞬而已?

啊,伟大的星空,谁能够读懂你的那些大奥秘?而在你的深奥之中,是否包藏着一些最终的真理?而一旦破译出那个千古之谜,整个人类的心灵也许还将百倍地富有、百倍地和谐和健全。伟大的星空啊,你将使得人类从平庸和渺小中、从寂寞和孤独的深渊中得到提升,即使通向星空的道路,是无限的漫长和艰难。但是,在你那里,汇集着人类的全部天文、宗教、历史、伦理、哲学、文学和美学……

我们不倦地仰望星空,顶礼星空,迷恋在星空的神秘书卷之中。我们珍视那些在无数次的夜路上,与我们默默同行的旷野上的星星。我们敬重那些在广漠的夜空中,与我们遥不可及、只是互相凝望过,甚至根本不曾看见过的行星。我相信,无论是炽热的、光华璀璨的、相映生辉的巨大的恒星,抑或是生命匆促却又无可替代的彗星和无名的流星,它们都是辽阔的苍穹之中的高标和大宇宙中的奇观,是我们精神宇海的不灭的航灯。

1996年12月25日,正是西方人的圣诞节,中国科学院国家天文台从浩瀚的星空中,又发现了一颗新的小行星。后经国际相关机构认证,这颗小行星获得了永久编号:10388。

似乎纯属巧合——不,或许冥冥之中就有某种因果联系,这一天,也恰好是中国的一位杰出的科学家朱光亚先生的72岁生日。

八年之后，2004年12月26日，当朱光亚先生80岁诞辰到来之际，为了表彰他为中国和人类科学进步事业做出的贡献，尤其是他作为中国核科学事业的开拓者之一，在新中国核物理及原子能领域做出的重大贡献，经国际小行星中心、国际小行星命名委员会批准，中华人民共和国以国家的名义，将这颗国际编号为10388的小行星正式命名为"朱光亚星"，意在表彰和永久地纪念这位爱国科学家毕生献身科学事业的无私奉献精神，祝愿这种伟大的精神像太空中的星星一样，永恒地闪耀，照彻时空……

然而，在"朱光亚星"的命名仪式上，80岁高龄的朱光亚却平实地说道："以我的名字命名一颗小行星，我愧不敢当……我个人只是集体中的一员，做了一些工作。我忘不了信任和关心我的党组织，忘不了支持和帮助我的老领导，以及同舟共济的同事们……"

　　我仰望星空，
　　它是那样寥廓而深邃；
　　那无穷的真理，
　　让我苦苦地求索、追随。

　　我仰望星空，

它是那样庄严而圣洁；
那凛然的正义，
让我充满热爱、感到敬畏。

我仰望星空，
它是那样自由而宁静；
那博大的胸怀，
让我的心灵栖息、依偎。

我仰望星空，
它是那样壮丽而光辉；
那永恒的炽热，
让我心中燃起希望的烈焰、响起春雷。

2007年9月4日，时任国务院总理温家宝发表的这首诗歌《仰望星空》，不仅赞美了浩瀚的宇宙星空的深邃与壮美，也抒发了人类对探索和发现宇宙未知领域的雄心壮志。或许，温总理在创作这首诗歌的时候，也曾想到了遥远的太空中那一颗名字叫"朱光亚星"的小行星……

是的，放眼人类未知的太空领域，探求域外世界的许多秘密，从来就没有什么坦途和捷径。无边的太空在静默中等待和召唤着人类的脚步声。中华民族深蓝色的飞天之梦,永远是朝向未来的。中国人迈向太空的一大步,却又只是中华民族走向伟大复兴、实现最瑰丽的中国梦的一小步——古代诗人们仰望过、幻想过、追问过和歌唱过的那些遥远和神秘的星球,就是我们的更远的飞翔的目标!

此刻,当我们仰望星空,寻找那颗名为"朱光亚星"的小行星的时候,我们该从哪里开始,去追寻那颗行星升起之前的踪迹呢?也许,该从长江边的那个小城之冬开始……

第一章　小城之冬

古老而美丽的长江,从格拉丹东雪山上奔腾而下,一路上穿过了无数的峡谷和平原,也经过了数不清的城镇和村庄。长江,就像我们的母亲一样,用她那饱满而甘甜的乳汁,滋育着两岸的花草树木和子子孙孙的生命。

这条奔腾不息的大江,在沿途和两岸分出了上游干流水系、中游水系、清江水系、洞庭湖水系、鄱阳湖水系等若干发达的水系。长江干流以位于湖北省西南部的宜昌市为界,宜昌以上为上游,上游中的主流和支流包括金沙江、雅砻江、岷江、嘉陵江、乌江等。从宜昌至江西湖口为长江中游,中游的主要支流中,属于南岸的有清江,有洞庭湖水系中的湘、资、沅、澧四水,还有鄱阳湖水系的赣、抚、信、修、饶五水;属于北岸的有汉水、荆江等。湖口以下为长江下游,下游的主要支流,属于南岸的有青弋江、水阳江、太湖水系、黄浦江,属于北岸的有巢湖水系、滁河和淮河人工水道。

宜昌,就像镶嵌在长江中游的一颗耀眼的明珠。雄伟而瑰丽的、举世闻名的长江三峡——瞿塘峡、巫峡、西陵峡,就位于宜昌以及宜昌与四川奉节交界处的长江之上。

宜昌在远古的时候属于西陵部落,名为"夷陵"。据《宜昌府志》记载:夏、商、周三代,夷陵为古荆州属地;春秋战国时期,宜昌已经建有城邑,成为楚国的西塞要地了。西汉时期,所有从"天府之国"四川运出来的粮食,都要通过水路,经"夷陵"才能进入楚国。

经过漫长的岁月变迁,到了17世纪中期的1656年,当时的清政府拨下专款,委任"彝陵"(宜昌当时的名称)左营游击张琦修葺城门。从此,这座古城邑有了可以自由关闭的城门。《宜昌府志》中有记载,仅仅在清代,这座古城前后就修整过九次,最后一次大修是在1862年。

清代的宜昌古城,面积并不很大,仅占地1200亩左右,南北走向比较狭长,有三里多;东西走向较短,仅有一里左右的距离。城内有四十多条长短不等的狭窄街巷,经营商贸的店铺大都集中在鼓楼街、锁堂街一带,其中盐税号、土税号、钱庄等多集中在锁堂街;绸缎、布匹、杂货、广货、药材、酱园等店铺多集中在鼓楼街、二架牌坊、南门外正街、北门外正街和东门外正街。

到了1876年,即晚清时期光绪二年,清廷与英国签订了《烟台条约》,宜昌被辟为通商口岸。第二年,宜昌正式设立了海关,成为一个对外开放的口岸。

宜昌开埠后,一位曾在宜昌海关署税务司任职多年的英国人李约翰,在 1891 年 12 月的最后一天,写了一篇名为《宜昌十年报告》的回忆录,为我们留下了一份关于晚清时期的宜昌的珍贵文献。李约翰在回忆中说:

> 宜昌的水位,高于通常的高水位测标,比低水位测标要高出 50 英尺①之多,因此,设置下水道和其他卫生设备,应该是一件简单而有成效的事。可是,这种有利的条件完全被浪费了,唯一使用的下水道系统竟比没有下水道还要糟糕。下水管沿街平行地铺着,根本不往深处埋,并且四处漏水,它们经常被堵,完全成了污物的贮藏箱。除非下大雨,从来无人冲洗。缺乏最起码的卫生措施,这对当地居民来说是一种很大的危险。一条狭窄的、极其肮脏、臭气熏天的小街穿过城区,沿街都是江边破烂的小屋,这条小街通向开阔的大道,大道两旁的建筑物要好得多,这条大道一直延伸到原已计划好的英国租界区。

> 领事馆是一栋快要完工的漂亮结实的官邸,房屋已建造了一些;海关的房子尚未造好。这块地前面连着长江,后面是一大块荒废的土丘和杂草遍地的中国人的坟地。在这

---

① 英美制长度单位:1 英尺等于 12 英寸,合 0.3048 米,0.9144 市尺。

里，居民们可以躲开城里那种由于卫生设施恶劣引起的令人讨厌的臭气。这里视野开阔，可俯视周围优美的景色。冬季江水退落，留下一片平坦的沙滩，宽约三公里，长约两公里。尽管很单调，但是个好的运动场地。

这里使用的木船都是平底的，只有一根桅杆和一支大的高帆。船在行进中，有一个巨大的桨超过船头15英尺，甚至更大。这个船桨甚至比船舵更为重要，它一旦着力，庞大笨重的船身就会随之转动，可在几秒钟内使船在相当于船本身长度的空间旋转，以避免和岩石或其他危险物相碰撞。船夫站在船上划桨，每划一下都很短促快捷。

无论是从汉口到宜昌，还是从宜昌到别的地方，航行都不是一件易事。从宜昌到重庆，途中有无数急流险滩，使来往航行的庞大笨重的木船不仅行走吃力，代价很高，而且非常危险。至于向东航行，在浅水的季节，沙滩和浅水地带极大地妨碍了轮船的自由入港。

事实也的确如此。1891年，一艘"夷陵号"轮船从汉口向宜昌行驶时，因为搁浅而不能动弹，竟达三个月之久。1891年，刚刚上任不久的一位海关稽查员、英国人李斯特，就因为当时宜昌一带的江面上还没有信号灯、浮标和灯塔,所乘的船只在平善坝失事,不幸遇难身亡了。

但是,从宜昌到重庆的这一段大江,两岸的自然风光实在是美不胜收。李约翰在他的回忆录中也详细地描述了他所见到的长江三峡的自然景象:"城的西面和北面是层层叠叠的一千到一万英尺的高山,大江就消失在这层层叠叠的群山之中,附近的道路都是小路,大雨过后无法通行。从这里往上游走四五英里①,便是著名的长江三峡的进口。这里的迷人的山峡溪谷,可怕的悬崖峭壁,激流飞瀑,小丘大山,组成了一幅动人的风景画,很值得住在中国的居民,甚至富于旅游经验的环球旅游者一游。"

细心的李约翰还注意到了,从宜昌到四川去,除了长江这条水上交通线,还有两岸的一些崎岖的山道作为陆路交通线。但是陆路的交通只能靠挑夫用竹篾做的"背子"运送货物。

"背子",就是宜昌和鄂西农村至今还在使用的竹编或藤编的背篓,这是当地山村里常见的装载和运输东西的器物。据李约翰描述:"那种篮子上有用竹篾编成的肩带,因而很适合肩背,呈圆锥形,口张得很大。背子是竹制的,轻而结实,背运60斤左右的货很轻松。对一个山民来说,背120斤的东西也不足为奇。"

---

① 英美制长度单位,1英里等于5280英尺,合1.6093公里。

这种像今天的双肩背包一样方便背起,而且结实耐用的背篓,呈圆锥形,篓口敞得很大,可能数百年前就为那里的山民们所喜爱和使用着,直到今天,依然是他们常用的盛载和运输的工具。

立德乐,是晚清时来华经商的一位英国商人,据说也是第一位驾驶着小火轮驶过了长江三峡、闯进中国西部的外国人。1898年2月15日,他购置了一艘七吨级的小火轮,命名为"利川号",自任船长,勇敢地驾驶"利川号"试航长江上游。那一年他58岁。他的试航从宜昌出发,穿越了西陵峡、巫峡和瞿塘峡,经过了二十多天的艰苦航行,在3月9日安全抵达了重庆。

航行成功后,这位立德乐写了一篇《过长江三峡》,绘声绘色地描写了他所看到的宜昌农村景象和沿岸的自然景色:"宜昌坐落在砾石悬崖之上,其高度刚好过了大梁,伸出一个长而低的沙岬,冬季只占江面的三分之一左右。沙坝的上方正对着有护城墙的城市,江边停着一溜儿从四川来的木船……这个郊区只是一条狭长的中国式的街,走进这条街的尽头,沿江到处都是废墟,这条街由一些当地的第三流的小货店组成。至于农村,目力所及,到处都是坟堆……砾石中间另有很少的几个小菜园点缀着,山脚下是一排排的水稻梯田,还有一些用泥巴和篱笆条做成的宽大的农舍。江对岸轮廓分明,景色别致,沿江是金字塔形的山丘,陡直的峭壁,高500英尺到600英尺不等,被远处一群延伸到地平线的高山所衬托,杨柳和麻竹丛中整齐的村庄与所谓外国人居民区周围肮脏的建筑物相比,形成了令人快慰的对比。"

中华民国成立之初,废除了自古以来的府、州建制,实行省、道、县三级行政建制。1912 年,宜昌由原来的府改为县,并与兴山、秭归、巴东、长阳、五峰、鹤峰诸县同属于荆南道。1922 年,荆南道又改为荆宜道。

比英国人李约翰稍晚一点来到中国的一位日本人中野孤山,是日本广岛县立中学的一名教师。1906 年 6 月,他受当时的四川总督锡良的邀请,来到成都担任补习学堂、优级师范学堂教习,一直工作到 1909 年才返回日本。他也写过一册回忆录,名为《横跨中国大陆——游蜀杂俎》,其中也有一些文字写的是他对 19 世纪末叶、20 世纪之初的宜昌的真实印象。

他写道:"宜昌是距上海千里之外的一个都城。宜昌港内常有数千艘船只停靠,进出口商品在此地装卸。过往三峡的船只和开往汉口、上海、下江的船只都以此为根据地。尤其是过三峡的船只,需要在此港备齐能支撑几十天生活的柴米油盐,还要在此地雇好苦力船夫等。一艘船所需的船夫,少则三四十人,多则一两百人。像这样的苦力船夫,每天挤满了码头,大多数人两手空空,无家可归……他们晃晃悠悠、慢慢吞吞的,一副无精打采的样子。船只上的货物都由这些苦力船夫装卸。……沿岸的街道也极其狭窄,来来往往的人免不了发生冲撞,混乱至极,不可名状。城内住房密集拥挤。与街道的狭窄正好相反,这里的城墙高二丈有余,厚度更有胜之,可承受人马来往……"

那个时候的宜昌,城外四周显得十分荒凉,沿江一带,有不少坐河朝坡的用板壁搭起的吊脚楼,吊脚楼前的河街,就是一些商行、货栈的交易市场。我们可以想象一下:紫云宫那一带,多是一些榨油坊,运载油菜籽的舟船,每天都停靠在江边等待交易;板桥河街那一带,设有青果行,瓜果上市的季节,每天有挑着时鲜瓜果的商贩进进出出;镇江阁一带是米市专用码头;镇川门、中水门的江边,停有装载煤炭、砖石的舟船。坡上有熙攘的商贾在交易,河下有大小木船你来我往……宜昌因此有"过载码头"之称。

县衙门就设在一些老宜昌人都知道的县府路(后改为谐音的"献福路")101号。老一辈的宜昌人,家里如果有不听话的小孩,需要吓唬一下时,往往会说:"再不听话,就把你捉到101去!""101"用宜昌话说出来就是"幺洞幺"。

1924年12月25日,正是西方人在世界各地欢度圣诞节的日子。这一天,位于长江边上的那座高大的基督教堂——圣雅阁堂里不断地飘出唱诗班的合唱声。

这座哥特式建筑风格的基督教堂,是在1868年(清同治七年)由英国长老会在宜昌修建的。自 1876 年中英《烟台条约》签订,宜昌被辟为商埠口岸后,美国的圣公会和福音道路德会、瑞典的行道会、英国的长老会等西方传教机构相继来到宜昌,修建了自己的教堂,向这座小城里和四周的平民传播他们的宗教信仰。圣雅阁堂是以一位名叫苏雅各的传教士为主,联合多位传教士,购下的宜昌市南正上街民房改建而成的。作为教会礼拜活动场所,堂内还设有小学。后来几经翻新扩建,这座基督教堂被命名为"圣雅阁堂"。

天空中似乎聚集着清冷的雪意。优美的合唱声,抚慰着处在寒冷冬天里的小城里的人们。家境稍微殷实一点的人家,也开始做着迎接农历新年的准备了。一向冷清、寂寞的小城里,渐渐也显出一点热闹的新年前的气氛了。

也就在这一天,朱光亚——这位未来的杰出的科学家、中国核科学事业的主要开拓者之一、为新中国核物理及原子能领域做出了重大贡献的资深院士,伴随着即将到来的又一个新年的脚步声,在长江边的这座小城里呱呱坠地了。

——八十五年后,2009 年的某一天,时任国务院总理温家宝来到朱光亚家里看望他老人家。当温总理得知这一年的圣诞节那天,正是朱光亚的 85 岁寿辰时,不禁幽默地说道:"那您是'圣诞老人'了,我提前向您祝寿。"从此,朱光亚就有了"圣诞老人"这样一个雅号。

朱光亚出生在一个家境比较殷实、家风也明显具有先进的现代文明特点的公务员家庭里。

他的父亲名叫朱懋功,早年毕业于平汉铁路法语学校,为人本分、方正、质朴,靠勤恳做事养活了一家老小。朱懋功因为较早地接受了西方的科学、民主思想,又受现代文明的影响较大,他和夫人都十分注重子女的新式教育。朱光亚兄妹五人,在那样的时代,竟然都受到了良好的高等教育,这是非常不容易的。

朱光亚的母亲名叫万怀英,出身于平民家庭,虽是一位裹着小脚的旧式妇女,但也是一位具有传统的贤淑、善良等美德的聪慧女性。她为人正直、富有同情心,平时在家相夫教子。如果街道邻里的孤苦人家遇到什么难事相求,朱懋功夫妇无不热心帮扶,宁愿自己家里生活得拮据一些,也会毫不吝啬地去帮助别人。这种良好的家风,在朱光亚这一代子女幼年的记忆里,留下了深刻的印象。

新生儿的到来,给朱家的这个新年带来了几分热闹和欢喜。按照中国传统家族辈分排序,朱懋功给这个新生儿,也是他的第三个儿子取名为"光亚",大概隐含着"光耀亚洲"的意思。因为"光亚"这个名字,与他的大哥"光庭"、二哥"光乃"的名字相比,更显得大气和富有现代文明意味。

朱懋功当时在轮船公司工作。20 世纪 20 年代里,宜昌作为一个对外开放的通商口岸,沿着长江上下的水运航道,正变得越来越发达，运输方式已由原先的传统木船，向着近代轮船转变。许多轮船公司都在宜昌设立了专用码头。不过，因为长江流经古城市区一带，江滩较宽而江水较浅，使得抵达港埠的一些大轮船无法泊岸起卸。再加上宜昌港埠转口过载量比较大，几乎所有出川的客货，都需要在这里转乘轮船继续行驶；而从下游汉口和上海来的轮载客货，也要在这里转换成小型的木船或能够航行进川江的船只上行。于是，一些大轮船抵达宜昌时，只得在江心抛锚停泊，那些上装下卸的工作，就要靠划驳了。20世纪20年代里，驳船业在宜昌港埠应运而生，人们开始在江边设立趸船上下客货了。一些较有实力的划工，也开始以自己的大木划往来于轮岸之间，接揽招商局轮船的驳运业务了。当时，属于英商的"太古""怡和"，属于日商的"大阪"等洋行，都纷纷加入了宜昌航运，驳运业变得非常繁盛。宜昌本地的划工何有元、何子源父子，经报海关批准，成立了"宜昌公兴驳船公司"，专为轮运货物提供装卸服务。不久，宜昌"太古"洋行的一位职员吴竹君，也出资办起了一家"联益驳船公司"。公平的竞争，使得当时宜昌的驳运行业日益兴盛。

冬天的小城是十分冷清的，江面上总是弥漫着浓浓的大雾，一直到中午时分，大雾才慢慢消散。

正如李约翰所描述的那样：这里偶尔下雪，尽管周围的高山积雪数日不化，但宜昌从不积雪。浓雾笼罩着冬天的江面，风沿着在深谷中曲折迂回、奔腾不息的大江窜来窜去。而整个冬季的风向,几乎都是逆水吹刮的。这种天然的气象特点,对于那时候多半使用帆船的船工来说,无疑就是天赐的幸运了。

大江日夜流淌,不舍昼夜。来来往往的客货轮船,把每个人的希望和梦想带向远方。

年龄幼小的朱光亚和他的兄妹们,在长江边的这座小城里生活着、学习着、成长着。此刻,他们都是长江边的孩子;等到明天,他们就会成为长江和这个国家的主人。世界在等待他们这一代人快快地长大。

第二章　长江边的孩子

武汉是九省通衢的枢纽之地，自古以来就设有驿站。辛亥革命后，孙中山主张大力发展"富国便民"的邮政事业，在1913年废除了全部驿站，按省份重新划分邮政区，在各省设立了邮务管理局，省局下面再分设一、二、三等邮局。当时，有些外国投资商也在中国一些省份，包括湖北省内参与了邮局业务，开办了邮政局。从当时留下的一些资料里可以看到，20世纪20年代在湖北省境内，已经大致形成了东西连接、南北贯通的邮路网络，并有火车、汽车、轮船、自行车、三轮车等多种邮递方式。

当时，邮政局除了常见的邮递业务，同时也开办了"邮政储金"业务。辛亥革命后的最初几年里，由于种种原因，邮政储金迟迟未能开办，直到1917年，北洋政府才拟定了《邮政储金暂行章程》。1919年7月1日，"中华邮政"总局决定先在十一个城市开办邮政储金，汉口邮政局就是我国最早办理储金的邮政局之一。

邮政储金业务，创始于欧美，日本率先在亚洲效仿兴起。清末时期，邮传部尚书徐世昌称赞邮政储金的做法，就让驻外公使一一去查询哪个国家办得最好，驻外公使们反馈的意见是：奥地利邮政储金办得最好。于是，邮传部当即通过考试，从数百人中录取了15名，派往奥地利学习。1911年，这批留学生学成回国，都被任命为试用邮务官，派到各省邮务管理局，为开办邮政储金做准备。这一年下半年，仅汉口邮局接收的储金户有95户。同年10月1日，武昌、汉阳两地的邮政局也同时推出了邮政储金业务。1920年，江岸和黄陂街支局也先后办理了这项业务。这一年，整个武汉地区的储金户增加到399户。到了1930年，武汉地区二十多所邮局大部分都办了储金业务。

因为邮局各项业务的拓展，在邮局工作的职员的薪水收入，就比从事其他行当的职员相对要高一些了。当然，这同时意味着对职员们的各方面素质和业务能力的要求也更高。

1927年，朱光亚3岁的时候，他的父亲朱懋功，正是在这样的背景下，从小城宜昌奉调到了汉口，从原来的轮船公司，进入了薪水较为丰厚的一家外国人办的邮政局工作。当时的汉口早已是对外开埠的一座大城，享有"东方芝加哥"的美誉，在汉的外国人很多，邮政业务想必也是连通着世界各地的。朱懋功熟谙法语，这可能是他能够进入邮政局工作的一个重要原因。

朱懋功当时供职的究竟是哪家邮政局，目前还没有资料能够查到。不过有一点可以肯定的是,这个时候,无论是汉口还是武昌的邮政业,都已经发展到相当的规模了。我们从今天能够找到的几张20世纪20年代的老武汉邮政局的照片上,可以看到当年邮局的真实景象。

例如位于当时著名的"和丰公司"(米面加工厂)右侧的"武昌一等邮局"的门面,就很气派。它租用了一家大户民宅,往里面看去,邮门深深,几进几出,给人几分安全、可靠和保险的感觉。

另有一组汉口邮政局的老照片,从中我们可以看到当时邮政局职员的工作情景:有的正在分拣寄往不同地方的信件;有的正在邮政局装运邮包处忙碌着,等候在那里的汽车,将把分拣后的邮包运送到火车站和码头;邮政局局长的办公室,如果不做说明,你也许会认为这是某家私塾学堂。相比之下,当时的"汉口大中华邮政局"的建筑和门面,更显得气派十足,足以与当时的一些比较阔气的银行建筑相媲美。

朱懋功在邮政局辛勤地工作着,他凭借自己较为丰厚的薪水,养活着全家老少七八口人。他们住在汉口南京路的崇正里,这个地方当时靠近外国租界,是老汉口比较热闹的地段,离长江江滩也不远。朱家的住房,也比在宜昌时住的房子好多了。那是一座红砖的旧式小楼房,房顶上还开有"老虎窗"(天窗),古旧的木格子窗户虽然略微局促狭小,但是阳光照射的时候,房子里仍然显得敞亮、温暖。

这座老房子今天依然还在。2004年10月,朱光亚晚年的时候,他在儿女们和孙儿辈的陪伴下,回过崇正里,与他的大妹朱光纬等亲人一起,在这栋历尽沧桑的老房子前留下了一张珍贵的合影。当时他已经80岁高龄了。

朱光亚兄妹五人,就是在这座旧式楼房和这条名叫"崇正里"的深深的小巷子里,度过了他们的童年时代。

若干年后,朱光亚的长子、计算机程序设计专家、北京航空航天大学计算机科学系教授朱明远先生,在他与夫人、舞蹈艺术家顾小英合写的传记《我们的父亲朱光亚》一书中,如实地描述了他们的祖父、祖母和父亲这一辈人在汉口崇正里所度过的省吃俭用,而又亲情怡怡的生活时光,想必那是父亲朱光亚亲口对他们讲述的真实情景:

……从父亲一贯节俭和艰苦朴素的生活作风中也依稀可以看到,我们的奶奶还是个持家过日子的能手,这要从父亲有空时每每都要亲自下厨房,为我们制作的那道百吃不厌的夹干肉说起。它也许算不上什么名菜与美味佳肴,却是当时朱氏家族过节的一道传统菜肴。……在这道菜里,可想而知的是奶奶的智慧与节俭了。在那个年代,有这么一道菜,用不了多少肉,却能饱尝到肉的滋味,咸菜又很能下饭,豆腐干也很有营养,沾上肉味,荤素搭配,既节省又能尝到美味,可见奶奶持家的良苦用心。偌大一家人不靠这样动脑筋、节俭度日,哪还能供给孩子们上学的开销呢?正是如此,家里每每有好东西时,奶奶都会把它们分成若干小份,与其他东西搭配着吃,人人有份儿,又很节约。也正是这样的省吃俭用,才能使朱家这个从祖上传下来就一贯很重视子女教育的多口之家,还能使父亲他们兄妹五人在那困苦的年代,受到比较良好的教育。当然,这学费的积攒不仅要靠奶奶的节俭度日,还主要靠我们的爷爷,得益于他有养家糊口的本领——那口娴熟的法语。

朱明远、顾小英在书中感慨地说,正是这些来自家族的好传统和长辈们言传身教的好家风,造就了父亲朱光亚一生为人正直、忠厚质朴、善良而乐于助人的优秀品质。

1931年夏天刚过,7岁的朱光亚进入汉口市立第一小学,开始上学念书了。

民国初期,私塾教育遍及汉口和武昌的大街小巷。私塾又有蒙馆(启蒙教育)、经馆(科举教育)之别。蒙馆多由家族或个人开办,教舍也由开办人提供。私塾通常使用的是《三字经》《百家姓》《弟子规》《千字文》《增广贤文》之类的小孩子蒙学读本,以及"四书""五经"和《千家诗》《唐诗三百首》《古文观止》等经典诗文。在教学上也是由浅入深、循序渐进的,有所谓点读、背诵、习字、作文等授课形式。在蒙馆执教的塾师,多是一些不曾及第的秀才,当然也不乏饱读诗书、学识渊博的清高之士,这些人在生存方式上有"大隐隐于市"的意味。

这个时期,政府教育部门曾试图整顿和规范私塾,强调私塾课程必须按照"国立"小学课程设置。然而因为政局持续不稳,一些私塾改良措施其实是得不到贯彻实施的。1933年3月,汉口市政府制定了一个《改良私塾办法》,规定私塾应向政府登记,经政府核准后方可试办。这年7月,汉口市内就有50所私塾前来登记注册,到当年年底,经审查准予开办的私塾将近100所,私塾学生2000多人。

与传统的私塾教育并行的,而且被更多的汉口市民接受的,是国民政府所提倡的新式小学教育。1927年,国民政府废除了原来的"夏口县",改设汉口市,市内所有新式小学学堂,均改称"市立小学",并以序号排列,如市立第一小学、第二小学、第三小学……

在朱光亚正式入学念书那年,汉口市内的大部分小学,在教育体制、学制、课程设置和管理等方面,都有了新的变革,"现代小学教育"的形制已经形成。除了习字、作文、数学等基本课程,小学里又新添了自然知识、科学常识、体育等方面的课程。

五年的小学生活,把年幼的朱光亚带进了一个广阔的知识天地,不仅养成了小光亚良好的生活和学习习惯,也激发了他越来越强烈的求知欲,培养了他的一颗好奇、好学、上进的童心。

每天放学回家,他都要先温习当天的功课,完成老师布置的作业后,再跟着哥哥去江边戏水、堆沙子、钓鱼。那个时候,汉口还没有电灯,为了给妈妈节省蜡烛,他总会抢着在天黑之前,把该做的作业都做完。因为做作业时精力集中,心无旁骛,所以效率就特别高。他小时候的这些表现,常常让两个哥哥也打心眼里羡慕和赞许。

勤学好问,喜欢"打破砂锅——问(纹)到底",遇到不懂的事情就赶紧向两个哥哥或向爸爸、妈妈求教,也是小光亚从小就养成的好习惯。而且,这种无论做什么事都讲究"认真"二字的好习惯,一直伴随他一生。他长大后能够成为一代科学大家,与他从小养成的勤学好问、凡事喜欢刨根问底的认真态度是分不开的。

当然,一个完整和健全的童年,也总是离不开游戏和玩耍的。游戏和玩耍是所有孩子的天性和正当需求,也是健康、健全、快乐的童年所不可缺失的成长要素。因为,孩子的想象力、创造力和独立的动手能力,有时候就是在游戏和玩耍中得以培养和完成的。

朱明远、顾小英在他们的书中,也写到了朱光亚念小学时期的一些快乐的生活片段。比如,"儿时的父亲,常常跟着两个哥哥或小阿姨去长江边玩沙,一玩就是流连忘返,因为那堆沙的童年游戏,能激发这个在大哥哥身后的'小尾巴'那来自一颗充满稚气的童心的无穷想象力。还有那在瘦小身影边流淌着的滔滔长江之水,那灵动不息的长江之水,不仅滋养了父亲幼小的身心,也成就了他日后的胸怀。特别是那江边常常让童年的父亲听得入迷的船工号子,让幼小的父亲感到引吭高歌的畅快与美妙,因为这是只有在劳动中才能产生的天籁,它带给人以力量和振奋。日后,父亲喜好唱歌,也许就源于这童年时就耳熟能详的江边号子的影响吧。"

在长江边生长的孩子,身心接受了更多的江水的滋润,用武汉话说,江水让他们比一般的孩子更加"灵醒"。关键是,小光亚是个天资聪慧的孩子,再加上他勤奋好学、求知欲强,所以,在小学五年里,他的学业成绩一直名列前茅,获得了同龄的小伙伴们的羡慕,也赢得了父母、老师们和校长的喜爱与赞许。

1936年,朱光亚12岁那年,以优异的成绩考上了汉口的一所著名的教会中学——圣保罗中学,成为一名初中生。

第三章　圣保罗中学

自从 1861 年汉口开埠后，西方各个教会机构在武汉三镇创办的学校逐渐增多。

1896 年，著名传教士杨格非等在汉口创建博学中学，同时创办博学书院。短短几年之后，学校从汉口花楼居巷迁入韩家墩。新校园里除教室和学生宿舍外，还建有礼拜堂、游泳池、青年馆、水塔、运动场等。20 世纪 30 年代，该校足球队经常与外国水兵和商人联队比赛，1933 年曾以 4∶2 踢赢了外国联队，一时在汉口被传为佳话。1934 年，张学良将军还专门组织了流亡在武汉的东北大学生联队与"博学"足球队比赛，张将军偕夫人于凤至亲临现场观战，并上场为比赛开球。当时在汉口颇为有名的一位专治跌打损伤的名医，外号叫"陈跛子"，每逢比赛都会到场观看，同时也预备着为受伤的队员"保驾"疗伤。

武昌博文中学也是由教会创办的武汉较早的一所学校，1877 年由英国循道会创办，1896 年又由英国传教士巴修里改为博文书院，1907 年迁入现在的武汉市第 15 中学校址。1924 年，博文书院与博学书院的大学部以及由文华书院改名的文华大学一起,合并为"华中大学"后,原来各自所属的中学部,都分别独立保留,继续办学。

1927年5月,武汉国民政府下令取缔一切教会学校,武汉三镇的教会学校一度停办。南京、武汉政府合流后,教会学校又逐渐恢复,公立、私立学校得以并行发展,其中一些原本由教会创办或有教会背景的私立学校,在武汉享有盛誉,成为武汉的中学名校。

1935年,汉口代牧区希贤主教在德华学堂校址上开办了私立汉口上智中学,成为20世纪30年代在武汉享有较好声誉的一所私立中学。此外,武汉最早的一所女校——布伦女子学校,也是由美国圣公会布伦女士在1874年捐资创办的,1899年改为希理达女子学校(现在的武汉市第25中学前身)。创建于1912年的另一所教会女校——汉口圣若瑟女子学校,也是武汉早期的女校之一,校址最初设在汉口鄱阳街仁慈堂内,赞助者和训育教师大多为修女。

这些有教会背景的学校,在课程设置上一般能够适应近现代西方先进的科学发展,在教学设备、实验仪器、图书资料等方面,也比较先进和完备,教学方法和教育观念也比较宽容和开放,与一些普通的公立学校和简陋的私立学校相比,师资力量、教学管理等都要略胜一筹。

但由教会出钱创办的学校,通常都会以培养教会传教人才为目的。有的学校就专门开设了"神学班",有的后来还发展成为神学院。从神学班、神学院出来的学生,有的就被分派到了各地去传教,不少人甚至成了主教和会长。

当时,许多教会学校有明文规定,所有学生,不论信教与否,一律要参加宗教活动。据说,1903年,时任湖广总督的张之洞,就曾派人到一所著名的教会学校——文华学校商请,愿意付出高昂的学费,让自己的孙子到文华学英语,唯一的条件就是不要参加那些宗教仪式。但是最终,张之洞的请求未得到允许。

汉口圣保罗中学,是由美国圣公会在中国创办的许多学校之一。1902年,在华的美国圣公会,分为鄂湘皖赣教区、江苏教区两个大教区。两大教区的主教堂,分别设在汉口鄱阳街和上海圣约翰大学内。1910年,鄂湘皖赣教区又分成了鄂湘教区和皖赣教区,其中鄂湘教区的主教堂仍设在汉口,皖赣教区的主教堂设在当时的安徽省城安庆。

位于汉口鄱阳街32号的圣保罗教堂至今还在,而且已经被修葺一新。当年,这里属于英国租界,是一个环境和治安都非常优良的高级住宅区。负责美国圣公会整个华中地区,即鄂湘皖赣教区的主教,中国名字叫"吴德施"(1870—1945),本姓鲁兹(L. H. Roots)。他在汉口鄱阳街32号这个院落(包括住宅和教堂)居住了四十二年。吴德施主教是在1896年来到中国的,那年他才26岁,是一个朝气蓬勃的小伙子。到他1938年离开中国时,已经68岁了,成了一位白须白发的垂垂老者。这四十二年间,他一直生活在武汉。他的几个孩子也是在武汉长大的。

吴德施主教是一位热爱中国、为中国的抗战事业做出过贡献的宗教人士。他的孩子们也深受他的影响,富有爱心和正义感,也非常热爱中国。1938年初,吴主教联合来华的美国著名记者安娜·路易斯·斯特朗等人,向在武汉生活的西方友人募集了10万多元的医疗器械和战场急需的药品,委派自己的长女弗朗西斯·鲁兹,率领一个国际援助团,开着大卡车,从汉口出发,一直向北,一路艰辛,渡过了长江与黄河,将这些医疗器械和药品送到了太行山地区的八路军总部,由朱德、彭德怀、左权等八路军将领亲自接收了这批珍贵的物资。

吴德施主教一家居住的这个院落,当年接待过许多前来中国支援中国抗战事业的国际友人。加拿大医生白求恩大夫刚来中国时,在去往北方抗战前线之前,就在这里居住了半个月之久。美国著名的战地女记者艾格尼丝·史沫特莱,也在这里居住过。如今,这个院落已被列为"湖北省重点文物保护单位",院门口的铭牌上镌刻着"鲁兹故居"的字样。

圣保罗中学,以及歌颂中学、圣保罗幼儿园,当年都是作为圣保罗教堂的配套设施而创办的。当时,圣保罗中学施行的是一种西方式的"博雅教育",目的是培养少年中的"通才",造就中西方文化并进的未来人才。

1936年,朱光亚以优异的成绩考入了圣保罗中学,成为一名初中生。这一年他12岁。

圣保罗中学的学生生活相当优越,不仅伙食好,早餐稀饭、三个小菜,午晚两餐干饭、四菜两荤两素,食堂纪律严肃,由舍监管理,八人一桌,同时开动,而且校舍、寝室和公共场所整齐清洁。学校还专门设有医药室,可随时给学生看病。学生耳闻目见,大多是与教会有关的东西。学生的生活方式虽不完全是外国式的,却也并非中国式的。

一般来说,教会学校经费都比较充足,教学设备也配置得齐全。当然,每学期的学费相比一般学校,也较高一点,在当时有一点"贵族学校"的意味。好在只要学生品质好,肯学习,即便是家庭条件差一些,甚至交纳不起全部的学费,学生也可以受到学校或外国人的帮助,改为半学费或学费全免。当然,接受帮助的学生或家庭,必须是信仰基督的教徒,学生学业成绩须在70分以上。

成为基督教徒的学生,也不会额外承担什么义务,只是在星期天的上午,要参加在校外礼拜堂举行的活动,如参加唱诗班的合唱、做礼拜等等。

圣保罗中学在学校管理方式上,采取一种"领班生"制度。

学校里除了校长、监学、校医、会计、事务几个人,其余都是任课教员,各个班级采取领班生制。所谓"领班生",就是由校长会同教职员在上一个班级中挑选出品学兼优的学生来担任,他们的职责是协助学校管理小一点的班级的学生的日常事务。每天,值日的领班生要带头做早晚祷告、早晚点名、检查寝室以及食堂管理。学生中如果有犯规的、闹别扭的、欺负小同学的,都归领班生处理或向校方报告。校长每天上下午在办公室各办公一个小时,专门听取值日领班生或者总领班的报告。这种管理方式其实就是让学生管理学生,培养他们的独立精神和自我约束能力。

教会学校一般都主张教育要脱离政治,反对学生去接触政治。圣保罗中学也不例外。学生除了读书,课外活动一般就是体育运动。当然,教会学校还有一个共同的特点就是:会有许多外国教师给学生们上课。尤其是英语课,一般都由外国教师来教。

朱光亚在圣保罗中学时的英语课,就是由一位金发碧眼的美国老太太教的。朱明远、顾小英在他们的书中,这样描述朱光亚在英语课堂上专心听这位老太太讲课的情景:"她讲着一口流利的美式口音的英语。她的到来,引起了父亲极大的好奇心,不仅是因为她与中国人不一样的外表,主要还是她那口让人完全听不懂的外国话。这就使得由于年龄偏小,个头也相对矮小一些,又偏巧被老师安排在教室前排就座的父亲充满好奇心。他一面在课堂上目不转睛地、专注地望着这位祖母一般的外国老师的口型变化,一面认真地随着她的发音与讲解……从英语的听、读、说、写诸方面,进行全面练习,还在课下认真背诵、记忆已学过的英语单词。"

除了英语课上老师的讲解,圣保罗中学还经常举办"英语益智会",即英语演讲会。参加的学生都是英语成绩较好的,学生自定题目,或做简单的专题讲演,或绘声绘色地讲述一个英语小故事,或和另一个同学做辩论对话,或现场接受老师的风趣幽默的提问。不过,无论是什么形式,都丝毫不涉及任何政治性的内容。"英语益智会"给小光亚留下了美好和快乐的英语学习记忆。

朱光亚在圣保罗中学念了三年初中,其中英语课成绩最好。这为他日后考入大学,接着又赴美国留学深造,打下了良好的外语基础。

许多年后,当他的长子朱明远大学毕业,要报考公派出国研究生,向父亲请教英语学习的"窍门",谈到学习英语有什么"捷径"和技巧时,父亲肯定地告诉他:"没有什么窍门和捷径,只有坚持背大量的单词,增加自己的词汇量,才能学好英语。不背单词是不行的,那是基本功。"朱明远按照父亲教导的方式,天天拿着英语词典背单词,一直背记了上万个单词,终于如愿以偿。

朱明远后来总结说,这是得益于父亲的"真传"。"父亲以他的勤奋好学与聪慧,使成绩一直在班里是最优秀的。当时班里的同学都爱向这个坐在前排的小个子学友请教学习的诀窍,父亲却少年老成地告诉他们自己对学习的感悟是:苦读出真知。"对此,作为儿子的朱明远如是感慨道:"谁能想到这句富有哲理的学习感悟,竟出自这样一个小小的身躯!可见思想的成熟往往不在于个子的高矮与年龄的大小,而在于对知识的积累与求知时的感悟。也许正是这自幼养成的勤奋好学的习惯,成就了他日后的博学。"

圣保罗中学良好的校风、洁净的学习环境,也给小光亚留下了难忘的记忆。学校里雇请了专职的老工友当勤杂工。每天放学时,老工友会把教室里的油漆地板拖得发亮,把校园内打扫得干干净净的。

当时,每个学生入学时,都要交一块钱的"公物损失费",如果有谁损坏了校内的财物,就要按价赔偿。这其实是起到了对每个学生的提醒和自我约束的作用。因为这样,每个学生都很自觉地去爱护学校的每一件公物,谁也不敢任意破坏,教室里的每一扇窗上的每一块玻璃,都是齐全的,而且每天都保持着清洁、明亮的状态。

学校还雇了老花匠,每一天都在浇灌和修剪成排的绿植和花卉,学校环境十分优雅,没有一个学生会去随意摘下一朵小花,或者践踏一棵绿色植物。

圣保罗中学的体育课,也是最受学生们欢迎的课程,包括游泳、单杠双杠、踢足球、打篮球和网球,还有拳术和剑术。大一点的同学,还会幸运地被选中,参加童子军的训练班。

1936年10月10日,是辛亥武昌起义的纪念日,也是当时的"国庆节"。中国童子军总会决定在这天举行全国童子军总检阅及露营活动,地址定在南京东郊孝陵卫大操场上。

当时,湖北由各学校选出男女童子军一百余人,组成一个代表队,前去集训了两个星期。因检阅日期定在武昌起义纪念日,这个日期对作为首义城市的武汉来说,还有一种特殊的意义,所以,当时湖北童子军代表队的营地上,也特意做了一些与众不同的布置。

大营门上除"双十"两个大红字外,还有更醒目的三个大红字"首义门";营门内准备做表演用的瞭望台上,也贴着象征当年武昌起义首先发难的地方"楚望台"三个字;在营外还写有"湖北童子军营地"字样。男女童子军在营地高唱着"滚滚江汉气势宏,辛亥首义起鄂中……"的《湖北童子军军歌》。但凡前来湖北童子军营地参观的人,都会注意到营地内外醒目的布置,尤其向"首义门"三字,投以肃然起敬的目光。参加检阅活动的湖北男女童子军,也莫不以自己来自辛亥首义的英雄城市而感到骄傲。

可惜的是,朱光亚在圣保罗中学念初中的三年里,因为年龄和个头都比较小,没有得到被选中参加童子军的机会。附近的学校有几个高年级的同学,很幸运地被选为了武汉童子军的代表,穿上了童子军的制服,参加了童子军的各项训练。

1937年,抗日战争爆发后,武汉童子军积极参与了抗日救亡运动,三镇街头到处可见童子军们分发传单和拥军、募集的身影。武汉沦陷后,童子军活动停止。抗战胜利后,武汉试图恢复童子军,但由于种种原因,事情未果,童子军从此成为武汉儿童教育史上的一段遥远的历史。

第四章　最后一课

朱光亚小时候特别喜欢阅读。每天放了学,做完了老师布置的作业之后,他最喜欢待的地方,一个是江边的沙滩,另一个就是爸爸的那间窄小的书房了。

爸爸书房里的书真多。当然,最多的是法文书,还有一些厚厚的、像砖头一样沉重的法语辞典、英语辞典和新出版的杂志。

少年光亚没事的时候,就喜欢在爸爸的书房里,翻找自己喜欢的书看。爸爸很细心,总是把适合孩子们阅读的书,放在书柜的最下面一格里,好方便孩子们取阅。那一格里,有一些翻译成汉语的世界文学名著,还有一些童话、小说和民间故事集。

有一次,光亚翻到了一本带有彩色插页的法文书,里面有许多漂亮的城堡和田野风光的图片。晚饭后,他捧着这本书,好奇地问爸爸:"爸爸,这是哪里?好像一个童话城堡!"

爸爸就坐在那张旧沙发上,耐心地给小光亚讲解道:"这里的风光很漂亮对不对?这个地方叫阿尔萨斯,位于法国东北部,是法国本土面积最小的一个行政区域。你看,它像不像一条狭长的、闪亮的缎带,铺展在青翠的山脉和葱郁的森林边缘?"

接着,爸爸又告诉小光亚,阿尔萨斯东边就是莱茵河,它隔着一条莱茵河与德国朝夕相望。古老森严的阿尔萨斯古堡,远远看去,真的就像欧洲童话里那些古老的城堡一样,闪烁着迷人的梦幻色彩。

爸爸懂得的东西真多!他不愧是学法文的,只要一说起法国的地理、历史和故事来,就特别有兴致,简直是滔滔不绝。爸爸告诉小光亚:历史书上记载,这座古堡的布局取自阿尔萨斯早期的小镇原型,曾经作为中世纪欧洲著名建筑之一,见证了骑士时代的尊严、光荣与繁华……

讲到这里,爸爸启发儿子说:"我们设想一下,假如没有战争和掠夺,那么这座漂亮的城堡就不仅仅是尊严、繁华和权力的象征,自然也会有王子、骑士和公主的童话故事在这里上演。可是,从她诞生那天起,阿尔萨斯就一直在打仗,城堡的上空一直弥漫着战争的硝烟……"

就在这天,爸爸给朱光亚兄妹们念了一篇故事。爸爸一边用法文念,一边翻译成中文,讲给孩子们听。这篇故事就是法国作家都德创作的著名的儿童小说《最后一课》。故事的背景就是普法战争。战争给那个名叫小弗郎士的阿尔萨斯小学生,也给所有的阿尔萨斯人带来了心灵创伤和失去祖国的痛苦。

这篇故事里所传达出的爱国主义精神,对少年朱光亚和他的兄妹们触动很大。他牢牢地记在了心里,一直到了晚年,仍然清晰地记得故事中的每一个细节,也记得爸爸那天一边念法文、一边翻译成中文,给他们讲述这个故事时的神态和情景。

当时,日本侵略者已经侵占了我国北方的大片国土,正在逼近武汉。即将初中毕业的朱光亚,从每天的报纸上,从街头散发的传单上,也从爸爸妈妈的交谈中,已经看到和感受到了,自己的国家正在遭受着侵略者的践踏和欺凌,而不甘心做亡国奴的人们正在觉醒,抗日的声浪正在大江南北卷起,就连武汉三镇的童子军们也不时地走上街头,为北方前线的抗日将士募捐,用他们的歌声、口号声,号召和鼓舞着人们团结一心,投入这场抗日救亡的爱国行动之中……

第二天早晨,走在上学的路上,朱光亚觉得,自己就像《最后一课》里描写的那个小弗郎士一样。

"天气多么暖和!多么晴朗!小鸟在林边的鸣叫声不断传来……"可是,少年光亚的心里也笼罩着一种少年的忧郁。进了学校之后,他的思绪仍然沉浸在爸爸讲的这个故事的情景之中……

我跨过条凳,在自己的课桌前坐下。刚从惊慌中定下神来,我突然又注意到,我们的老师今天穿着他那件漂亮的绿色常礼服,领口还系着折叠得十分精致的大领结,头上戴着刺绣的黑绸小圆帽。这身服装,一般是他在上级来校视察时或学校发奖的日子里才穿戴的。还有,今天整个教室里都充满了一种很不平常的、严肃的气氛。最使我惊奇的是,我看见教室的尽头,平日空着的条凳上,也坐满了村子里的人。他们也像我们一样不声不响。其中布霍瑟老头,戴着他那顶三角帽;还有前任村长,有退职邮差,还有其他一些人。他们一个个都是愁容满面的样子……

那天整个上午,少年光亚就像小弗郎士一样,几乎无心上课,心里头好像压着一块沉重的大石头一样。

到了下午,正好班上有一个演讲会。轮到朱光亚上台演讲时,他觉得自己身上突然涌上了以前从未有过的自信和激情,他把自己记住的这个《最后一课》的故事,原原本本地给同学们讲述了一遍。

当他讲到那位老师韩麦尔先生走上讲台时,用那种温和而严肃的声音,对大家说道:孩子们,这是我最后一次给你们上课了!因为从柏林来了命令,今后,在阿尔萨斯和洛林两省的小学里,只准教德文了……新教师明天就到。今天,是你们的最后一堂法文课,所以,我请你们用心听讲……这时候,他看到,下面有几个女生已经在轻轻地抽泣了。

"这是我最后的一堂法文课了!可是,我刚刚勉强会写字啊！从此，我再也学不到法文了，只能到此为止了！……"

朱光亚第一次觉得，自己原来这么会演讲，记忆力也这么好！爸爸讲述的每一个细节，他几乎都记得清清楚楚。

  韩麦尔先生谈到了法兰西语言。他说，这是世界上最美丽的语言，也是最清晰、最严谨的语言，应该在我们手上好好维护住它，永远不要把它忘记了！因为，当一个民族沦为奴隶的时候，只要好好保住了自己的语言，就如同掌握了能够打开自己牢房的钥匙一样……说完，他拿起文法课本，开始讲课……这时，普鲁士军队操练结束的军号声，在窗前响了起来……

讲到这里，台下鸦雀无声，同学们都被这个故事深深地打动了。就连坐在台下的几位老师和领班生也听得入了迷，表情变得凝重了。

  韩麦尔先生顿时面色惨白，在讲台上站了起来。这一刻，他在我眼里，从来没有这样高大过。……他的嗓子好像被什么东西堵住了，使他无法再说出什么话。于是，他转身对着黑板，拿起一截粉笔，好像是使出了全身的力气按着粉笔，用粗大的字母写着：法兰西万岁！写完后，他仍然站在那里,头靠着墙壁,也不说话,只是用手向我们示意说:我的课……上完了……你们去吧。

少年光亚讲述到这里时,他的眼睛里已经闪烁着晶莹的泪光。台下的许多小同学的眼里都噙着泪水。

这时候,不知道从哪里来的一股力量,促使着少年朱光亚猛地转过身去,拿起一截粉笔,用力地在黑板上写下了四个大字——中国万岁!

他刚刚写完那个有力的感叹号,台下就不约而同地响起了一片鼓掌声……

"朱光亚,好样儿的!"

"中国人不做亡国奴!"

"对,团结起来,不做亡国奴!"

很多同学,尤其是一些男生,都激动得大声呼喊起来……

就在朱光亚念初中二年级的时候,1937年12月,日本人攻占了南京,对手无寸铁的南京平民实施了疯狂的大屠杀,制造了震惊中外的南京大屠杀惨案。

南京陷落后,日本侵略者的大本营命令其航空兵团,加紧了对武汉三镇实施狂轰滥炸。至1938年6月,日本飞机侵犯湖北近500架次,轰炸40余次,武汉许多公共建筑和平民住房被夷为平地,变成焦土。

从 1938 年 6 月开始,日军又集结 35 万兵力,分三路进攻武汉,武汉危在旦夕。为了保卫大武汉,中共中央长江局发动民众,举行了声势浩大的保卫武汉大游行,武汉各界也纷纷走向街头,开展了规模空前的市民献金、支援抗战的活动。当时,世界学生代表团也抵达武汉,声援中国的抗日战争。

这期间,朱光亚多次跑到街头,观看"孩子剧团"的演出活动。孩子剧团演出的街头剧《捉汉奸》《帮助咱们的游击队》,在少年朱光亚的心里留下了永难磨灭的记忆。

这个"孩子剧团",原本是抗战初期中国共产党在上海领导的一个红色儿童剧团。上海沦陷后,地下党组织决定把孩子剧团转移到内地。二十多个小团员里,年龄最大的 19 岁,最小的只有 8 岁。他们躲开日本鬼子和汉奸的严密搜查,冒着敌人的炮火,一路演戏、唱歌,宣传抗日救亡,在 1938 年 1 月到达了已经成为全国政治、军事和文化中心的武汉。孩子们的到来,受到了中共中央长江局负责人周恩来副主席、邓颖超"妈妈"和时任国民政府军事委员会政治部第三厅厅长的郭沫若的热烈欢迎。他们住在武昌昙华林,也经常到汉口这边的街头来演出,宣传和鼓动市民团结起来,支援抗战。

有一天,朱光亚和同学们来到汉口街头,听到了孩子剧团的小演员们合唱的一支歌,名叫《流浪儿》。

当孩子们唱到"我们都是没家归的流浪儿,流落在街头没饭吃、没饭吃,爸爸妈妈全被杀、全被杀……"时,朱光亚和他的同学们都流下了悲伤的眼泪。他们纷纷掏出了身上的所有的零用钱,放进了孩子剧团摆在街边的募捐箱里。

他们明白,这些募捐来的钱,都会被送到抗日前线的将士们手中的。一想到这些,朱光亚和同学们心里感到热乎乎的!他们知道,原来这就是在为抗日救亡做贡献啊!

1938年6月,日本侵略者的"华中派遣军",从海、陆、空沿长江溯江而上,直逼武汉。到6月中旬,日军又调集了第二、第十一军共九个师三个旅团和海军、空军各一部,从长江南北向武汉发起进攻。举世闻名的武汉大会战展开了。

在武汉大会战中,中国军队英勇抵抗,与日寇进行了顽强的拼搏。经过了大大小小数百次激战,终于挫败了日军速战速决的妄想,为中国的抗日战争和世界反法西斯战争赢得了胜利的信心。

可是,战争的爆发,也让圣保罗中学和其他兄弟中学的学生都过早地唱起了别离的骊歌。他们的"最后一课",也提前到来了!

武汉沦陷后,武汉地区的数所教会中学,包括武昌文华中学、希理达女中、文华初中、圣保罗中学等,合并组成了"私立鄂湘教区联合中学",作为战时的临时学校,先是迁往广西,后来又迁到了云南。

战争的炮火,过早地摧毁了圣保罗中学的孩子们的美梦。就像《最后一课》里的小弗郎士一样,少年朱光亚,也正在开始承受着、经历着和体会着战乱、逃难、颠沛流离的人生忧患……

第五章 江水记忆

水能载舟,亦能覆舟。滔滔的长江,为武汉这座大城带来了韵致、灵性、财富以及美好的记忆,整座城市从最初的开埠通商直到今天九省通衢的繁华气象,可以说都是因水而兴、因水而盛。

然而,滔滔流淌、亘古如斯的江水,也是对这座城市的一个严峻而持久的考验。武汉三镇襟江带湖,从来就是水灾频繁之地。多少痛苦和灾难的记忆,都和江水密不可分。过去年代里的每一次大洪水,都给这座城市的人民留下了永难忘却的惨痛的记忆。

例如,1931年夏天的水灾记忆,就极其惨痛。这年夏季,长江汉水,水位高涨;三镇堤防,险象环生。7月29日,江汉关水位升至26.94米,丹水池大堤首先溃决。8月2日凌晨,单洞门铁路堤坝被冲垮,浩荡的江水涌进市区街道。随后,武昌、汉阳的多处堤坝亦相继溃毁。一时间,江水泛滥,人畜漂流;三镇街道,悉为汪洋。中山路水深达到5米,鱼儿游进了楼房的二楼。

当时有人曾把《滕王阁序》中"落霞与孤鹜齐飞,秋水共长天一色"的名句,改写成了"哀鸿与雁户齐悲,江水共湖水同泽"。还有人发出了"中流砥柱且乏人,狂澜既倒谁作楫"的感叹。

这是因为,当江汉水位猛涨,武汉告急之时,时任武汉警备司令夏斗寅,不但不去指挥官兵赶紧防汛抢险,反而相信一些无稽之谈,认为此次大水,是因修建民生路至集稼嘴一段沿江、沿河大道时,将汉江口岸上的龙王庙拆毁,"得罪"了龙王,以致酿成水祸。更可笑的是,夏斗寅还在已经拆去的庙址上摆设香案,燃烛焚香,跪于大雨渍水中,向江心三跪九叩首地祈祷龙王爷:"大神莫见小过,阿弥陀佛!大发慈悲,保佑武汉三镇,赶快退水!"

自然,像这样的愚昧、迷信之举,毫无作用,只能给当时和后人留下笑柄罢了。

到了1935年夏季,武汉三镇又遭受了一次特大水灾。那年7月14日,江汉关水位达到了27.58米。汉口陆沉,街道成河。汉口码头被淹没在汪洋之中,乘客无法直接上船,轮船公司只好征用许多小舢板,运送乘客上下渡船。

这一次武汉受灾者有二十多万人。7月15日,驻防武汉的张学良派工兵炸毁谌家矶一段铁路坝基,使汉水泄入长江,总算暂时缓解了三镇的水情。

而更大的一次水灾,发生在抗战期间的1938年10月。武汉三镇不仅遭受着日寇入侵、城市沦陷的"人祸",同时又"雪上加霜",还要承受着水漫家园、流离失所的"天灾"。

这一年,14岁的朱光亚亲眼看到和记住了汉口大水灾的惨痛情景。

整个汉口一片汪洋,几乎每一条街道都可以划桨驶船了。他们家居住的南京路崇正里,因为离江边较近,更是首当其冲,街道上的积水有数米深,他们家的那座小楼房,已经被淹没了一半。

没有办法,父母亲只好带着朱光亚兄妹几个离开崇正里,选择了一家地势较高的旅馆,暂时安顿了下来。

等到大水退去,他们回到崇正里的家里一看,那里早已是满目疮痍、污泥遍地,家具和其他日常用品都被大水泡烂了。而且,水灾过后,汉口街巷到处臭气熏天,很多失去家园的人都流落到了街头,疟疾等各种病疾肆虐,街边还不时地出现流浪汉的尸体,让人触目惊心!

显然,这里暂时是不能继续居住下去了。无奈之下,朱懋功夫妇只好带着孩子们再度搬家逃难,继续过着居无定所、颠沛流离的日子。

这场大水灾,给少年朱光亚留下的记忆真是太深刻了。

每次他跟着哥哥上街时都会看到,码头边一些临时搭起的避难所里住满了失去家园的难民和幼童;有的地方的江水还没有完全退去,在汉口主要商埠区的街道上,一只只小船穿梭而过;临时搭起的人行便桥上,挤满了惶恐不安的市民;而一些水浅的地方,人力车夫在不停地奔波、穿梭。还有一些临时的卫生防疫站,就设在大水弥漫的街道中央。

水灾的日子里,武汉三镇俨然成了泽国水城。当时的中央大戏院门前、六渡桥横马路一带,都长期处在一片汪洋之中。汉口各个码头更是"水漫金山",变得异常混乱和繁忙。放眼望去,武汉三镇的街道有多宽,"江河"也就有多宽。在六渡桥一带,大水尚未退却,邮政人员就只能划着搭有白色布篷的小舢板为市民送递邮件,想必那些邮件都在向身处不同地方的亲人报送着各自的平安与否吧……

说起武汉的水灾,那真是一段段令人痛心的记忆!自从民国成立以来,军阀混战,政府腐败,经济凋零,湖渚淤塞,枝河湮平。国民政府历年征收的堤防经费,也常被挪用。加上负责堤防的官吏思想麻痹,监管不力,致使多数堤坝失修,堤质单薄,形同虚设。所以一到雨季,江水肆虐、溃堤决坝之事此起彼伏。

老一辈的武汉人,几乎人人都能说出一段段惨痛和恐怖的水灾记忆。武汉大水后,灾情严重,轰动中外。每一次水灾,都会使武汉整个城区浸泡在水中一两个月,甚至达三个月之久。水灾过后,霍乱、疟疾、伤寒等瘟疫又肆虐全城,使市民生活雪上加霜，苦不堪言。而附近的农村，更是房舍荡然、万户萧疏。每次水灾过后，本地区的灾民和来自天门、沔阳、监利、汉川、潜江等县的灾民，大多分布在汉口上自硚口、水厂、韩家墩一带，下至三元里后面；汉阳的灾民多在赫山、十里铺、蔡甸城头山；武昌的多在洪山一带。大量灾民拥进三镇，或乞食街头，或在汉口铁路附近的高地上搭起临时的席棚，躲雨避阳。

当时，一些商会、慈善会和教会组织纷纷在汉阳的赫山、十里棚、梅子山和武昌的洪山、蛇山、珞珈山、凤凰山、南湖高地等灾民聚居的地方，搭起简易的芦席粥棚，供灾民休息。每一处施粥棚里，每天都挤满了饥肠辘辘等待施舍的灾民。

这时候，一些教堂、慈善堂就日夜赶做馒头、包子，发放给难民。"湖北水灾急赈会"和红十字会等机构也都在灾民集中的地方设立了临时医院门诊处。

20世纪30年代，著名剧作家夏衍编写过一部电影剧本《狂流》，这部电影以武汉水灾为背景，反映了灾民家破人亡的悲惨生活和农村尖锐的阶级斗争。当时的著名导演程步高，率领两名摄影师，冒着大水灾的危险，在江堤内外拍摄了许多宝贵而真实的镜头，这些镜头在《狂流》中剪辑运用，保存了老武汉的真实的江水记忆。

滔滔的江水、战争的离乱，使多少武汉人失去了自己的家园，过起了流离失所的日子！少年朱光亚兄妹们也跟着爸爸妈妈,经历了一段不断地搬家、不停地逃难的生活。

正因为有了这段痛苦的记忆,朱光亚毕生都对家乡武汉的江水萦系于胸,放心不下。朱明远、顾小英在他们的书中写到了这样一个细节:"后来,每当我们谈及哪里有洪水发生时,父亲都会紧锁眉头,边摇头边发出叹息,并且很关注地听下去。当听到由于措施及时,水灾平复了,老百姓没有受到多大损失时,他又会欣慰地粲然一笑。这一切大约都能引起他对于苦难童年的那种因为天灾而带来的逃亡生活的回忆与联想,因为那在他幼小的心灵中实在是留下了太深太深的印象。"

第六章　少年骊歌

武汉,是少年朱光亚的故乡。这里有他难忘的童年记忆,也有伴随了他一生的乡思和乡愁。

在武汉度过的童年生活里,除了水灾、战乱和逃难,还有一些别的东西,也深深印在少年朱光亚的脑海里。直到老年的时候,他也常常给儿子和孙儿、孙女们讲起。

比如,武汉水陆交通方便,古往今来,多少人曾在这里同船过渡。然而,几家欢喜几家愁,大诗人李白不是也在黄鹤楼江边遇到过"令人却愁苦"的商妇?白居易也曾在鹦鹉洲会见过"歌泣何凄切"的歌者。在少年朱光亚生活的那个时代,一逢大风或大雾天,长江两岸就隔绝不通了,来往过客就会遭遇更多的辛酸和苦恼,甚至江上风急浪高,覆舟溺人的惨剧也时有发生。于是,旧武汉就有了"黄鹤楼上看翻船"这句带有幸灾乐祸性质的俗语。

"'黄鹤楼上看翻船',这是旧武汉留下的很缺德的一句俗语。"朱光亚老年时曾对后辈说过,"从这句俗语里,正好可以看出旧武汉的一些陋习和病灶。"

又比如,武汉是长江沿岸有名的"火炉"城市之一,一到夏季就酷热难当,而且昼夜之间温差很小。白天众多的江湖水域受太阳曝晒,大量的水汽蒸发,使空气湿度增大,到了夜间,偏南风消停下来,地面热量辐射速度减慢,整个城市的夜晚仍然是闷热难挨。于是,老武汉的夏夜里,就有了家家户户喜欢露宿街头的消暑奇观。

尤其是盛夏时节,一到傍晚,大街小巷里的人们就开始在自家门前的地面上一次次地泼洒凉水,给地面降温。待地面的暑气蒸发后,便纷纷搬出自家的竹床、竹躺椅等卧具,一字摆开。吃过晚饭后,男女老幼就会换上最觉凉爽的汗衫短裤,手执蒲扇,或躺在竹床上,或躺在躺椅上,有说有笑地度过一个个酷热的夏夜。

这样的场景,即使在如今夏天的汉口老巷子里也不难见到。武汉人露宿街头消暑的景象,大约在人们普遍住上了高层楼房,尤其是大都用上了电扇、空调之后,才渐渐有所改观,越来越罕见了。

朱光亚还记得,当时武汉街头常听见一些小商小贩,挑着各种吃食担子的叫卖声。

武汉自古就是一座商业城市,百年老店当然不在少数,不过它们主要位于一些繁华的、人气高的商业街面,而一些僻静的小街窄巷,往往成了那些肩挑小货担和身背小小货柜的小贩的天下。他们或高声叫卖,或手打响器,走街串巷,为那些生活在僻街窄巷里的平民人家送来日常生活必需的针头线脑之类。

除了走街串巷的流动小贩,还有就是那些固定的、往往在巷口或街角拥有一个自家小门面的贩卖部,他们所贩卖的东西甚至有糖食点心、四时鲜果、冰冻汽水、卫生刨冰等,显然比那些走街串巷的小贩要高一个"档次"了。他们和流动的小贩一起,点缀和渲染着武汉三镇角角落落里的烟火。

那时候,父亲还教朱光亚念过一些"汉口竹枝词",他到老年还记得几首,其中就写到了生活在这样一些小巷里的平民之家的日常生活。例如有一首竹枝词里说:"小家妇女学豪门,睡到辰时醒梦魂。且慢梳头先过早,粑粑油饺一齐吞。"武汉至今仍称吃早餐为"过早"。"粑粑"就是一种糯米粉裹馅的油炸食品,又叫"欢喜坨"。小户人家妇女"过早",也喜欢"学豪门"。

还有一首竹枝词写的是:"祈雨群儿戴柳条,大街抬着狗儿跑。若逢卖水人经过,水桶掀翻再去挑。"原来,旧时武汉逢到久旱,居民会自发"求雨",将一只狗绑在靠椅上,敲锣打鼓抬着狗游街,同时观众不断往狗的身上泼水,以此取乐。

另一首竹枝词,小朱光亚也很喜欢,因为那与自己敬爱的妈妈有关。竹枝词说的是:"三三节令重厨房,口味新调又一桩。地米菜和鸡蛋煮,十分耐饱十分香。"

"三三节令"指农历三月初三上巳节。据说,这一天用新鲜荠菜(地米菜)煮的新鲜鸡蛋,孩子们吃了可以明目,而且一年四季都不会肚子痛。武汉至今还保留着这个节令风俗。

朱光亚清晰地记得,每年三月三这天,细心的妈妈一大早就会到菜市场去,买回一把新鲜的荠菜,用荠菜煮一些新鲜鸡蛋给全家人吃。妈妈心灵手巧,勤俭持家,每年春天还会用新鲜的荠菜做成春卷给孩子们吃。朱光亚一生都没有忘记妈妈包的春卷的滋味,觉得小时候妈妈做的春卷,才是世界上最美味的小吃。

武汉人还有一个"陋习",也一直留在朱光亚的童年记忆里,那就是,武汉人喜欢挖苦和揶揄外地人,尤其对河南、安徽、江西等地在汉口做小生意的人,更是视为"乡里人"。他记得有一首竹枝词,就是和江西人开玩笑的,却带着点讥讽和挖苦的意味:"银钱生意一毫争,钱店先生虱子名。本小利轻偏稳当,江西老表是钱精。"对这首竹枝词,爸爸曾严肃地对孩子们说过:"这要不得,实在要不得!"

朱光亚懂得,爸爸是在教育他们要学会尊重他人,不应该随意嘲笑别人,更不能瞧不起那些没有文化的乡下人和劳动者。

朱光亚是长江之子,是武汉之子。虽然长江和武汉在他童年的记忆里留下过战争、水灾、逃难的伤痛,也留下过一些不太文明的,乃至狭隘、愚昧的生活陋习,但是,这里毕竟是他的故土。在他的生命和心灵里,时刻流淌着长江的涛声。

1938年,在中国,日本军队把战火烧向中国南方,占领了广州和汉口;在欧洲,希特勒的法西斯德军的铁蹄,即将踏上波兰的国土,第二次世界大战正处在一触即发的前夜。

这一年,人类的科学探索也正在战争前夕的黑夜中进行……

艾尔伯特·爱因斯坦和他的合作者利奥波特·因菲尔德一起写出著名的《物理学进展》,科学家约里奥·居里第一次向世界表明了分裂原子的可能性,格罗特·雷伯第一次从银河接收到短波……

1938年,不仅是武汉这座大城一个难忘的年份,也是使少年朱光亚的心灵蒙受了深重的家国之痛的一年。

山河破碎,故乡沦陷;同学离散,背井离乡……

这年冬天,为了能够继续孩子们的学业,朱光亚的父母亲做出了一个无奈的决定:让朱光亚跟着大哥朱光庭、二哥朱光乃一起,离开武汉,到暂时还比较安全的"大后方"重庆去继续念书。

于是,朱光亚兄弟三人忍痛辞别了父母和亲人,告别了他们熟悉的故乡武汉,乘着一条载满了逃难的人们的客轮,溯长江而上,去往重庆。

冬日的江面上,汽笛呜咽,浓雾低锁。混浊的江水在船舷边无声地流淌着。

江水浩荡。少年光亚的心中,也激荡着伤感的骊歌。

他俯身在船舷边,望着渐渐退后的大武汉,心里也似涌起了浓重的大雾。他不知道,明天会在哪里,未来将有什么样的命运在等待着自己。

渐渐地,武汉三镇已经看不见了。

再见吧,亲爱的故乡!再见吧,亲爱的爸爸妈妈……

就在那一刻,少年光亚觉得,自己好像已经长大,不再是一个孩子了。

第七章　嘉陵江边

嘉陵江是长江上游的一条有名的支流,发源于苍茫的秦岭北麓。秦岭北麓的陕西凤县境内有一道"嘉陵谷",这是嘉陵江的名称由来。嘉陵江水曲曲折折,从陕西汉中穿越过大巴山,流达四川省广元的元坝区昭化镇,与这里的白龙江汇合后,再往南流经四川南充市到达重庆,然后注入了滚滚的长江。嘉陵江是长江支流中流域面积最大的一条江,总长度也仅次于汉江。

在旧中国漫长的岁月里,奔腾不息的嘉陵江上,日日响彻着纤夫们高亢悲壮的号子声,它仿佛在倾吐着嘉陵江两岸的人民无尽的悲哀与苦难,又像是要穿透那日夜浓雾密布的黑暗的年代,与伟大的母亲河长江一起,聚集起万般力量,挽起沿岸的群山和林莽,冲出狭窄的夔门,奔向辽阔的东方的海洋……

嘉陵江是一条承载了一代代人的悲愤与苦难的大江,也是运载着一代代人的希望、信念和不屈的意志的大江。

这时,抗日战争已经全面爆发。重庆暂时还比较"安全",被称为"大后方"。国民政府及其主要机构,沦陷区的许多公益机构和学校,还有大量的来自上海、江苏、浙江、安徽、湖北等长江中下游的沦陷区的逃难的人,都纷纷迁到了重庆以及重庆周边地区的乡村。这些逃难的人当时有一个总的称呼——"下江人"。他们大都是沿着长江水路,一路西上,历经艰辛,辗转来到了"大后方"的。位于重庆北部的合川,自然也来了不少"下江人"。

1938年,14岁的朱光亚也成为这些"下江人"中的一员。他跟着两个哥哥,离开家乡武汉,也来到了嘉陵江边的重庆。当时的重庆已经人满为患,要生存下去已很困难,而且几乎所有的临时学校都迁到了周边的农村。于是,他们兄弟三个没有在重庆停留多久,就来到了合川。

随着越来越多的"下江人"来到合川,小小的合川立刻就有了很浓重的抗战气氛。当时,合川的大街小巷贴满了"还我河山""有钱出钱,有力出力""军民团结,抗战到底"等激励斗志的抗日标语,小城里也到处可以听到像《松花江上》《打回老家去》等激动人心的抗日歌曲。

"下江人"不仅为合川带来了活跃的抗日气象,也把合川的教育和文化氛围推到了从未有过的繁荣程度。当时,不少内地的学校也迁到了合川,开办了条件简陋的临时教学点。例如,从江苏迁来了著名的国立江苏二中;从苏北南通迁来了崇敬中学;从上海迁来了建国中学等等。当然,一大批著名的专家、学者、教授也随之来到了合川。其中就有著名的思想家、教育家陶行知先生。

1939年，陶行知先生在中共中央南方局的支持和帮助下，在合川草街古圣寺创办了著名的战时"育才学校"。当时，育才学校招收的学生，大多是抗战时期的难童、烈士遗孤以及古圣寺附近的农家子弟。陶行知先生亲任校长，给孩子们开设了文学、音乐、绘画、社会科学、自然科学及舞蹈六门学科，还邀请了著名学者翦伯赞、贺绿汀、郭沫若等来给孩子们上课。还有夏衍、田汉、阳翰笙等知名文学家，也到过育才学校为孩子们演讲或做专题讲座。不仅如此，陶行知先生还常常组织师生，与他们一道翻山越岭，去附近的煤矿、山乡、农家，为矿工、农民开办识字班，帮助这里的贫苦人和劳动者学习文化。老师和学生们还组成了抗日宣传队，到处宣传民主思想和抗日救国的道理，演出活报剧等，鼓励民众们起来抗日，坚定他们抗战必胜的信念。当时的古圣寺，被人们称为大后方的"红色小延安"，育才学校的美名，也传到了烽火连天的中国各地。

抗战初期，知识界有一些人对时局持悲观态度，甚至出现了一股失去民族自信心、投靠日本的"逆流"。但是，陶行知先生通过办教育的做法，给更多的人带来了信心，让人们觉得，中国不会亡！中国人还是可以站起来的！

当时，一批批战时的大学、中学和小学的出现，也给处在危急关头的中国带来了新的希望。"少年强则国强!"为了保全中华民族的一代血脉,当时,中国的许多家庭都自愿分散,宁愿忍受亲人离别之痛,也要让正处在求学年龄的学子们追随学校和老师,接续他们艰辛的迁徙、转移中的读书生涯。

当时正处读书年龄、后来成为著名历史学家的许倬云先生就曾这样回忆说:"当学校的队伍列队走过家门口时,每一个年轻的孩子,身穿制服,就像行军的军人一样,背一个背包和口粮、两双草鞋,列队行进。祖母看见二哥在队伍之中,实在舍不得,哭着要我的母亲将二哥从队伍中撤出来。母亲答道:'我们的孩子,能留一个,就是一个。国家快亡了,这些留下的种子,也许可以为我们再造中国,扳回自由和独立,不做日本人的奴隶。'"

这番情景,可以说是当时许多家庭和子女的真实情形的缩影。

随着日寇的入侵,一些大学和中学纷纷迁入偏僻的内地乡间,几乎每个省的教育厅都在各地设立临时的"联合学校",沿途收纳逃难的少年和青年学子前来就读。

即便是在不断迁徙的过程中,学校的教育也不曾中断过。学校各自找到一块偏僻和安全的地方落脚后,哪怕在极其简陋的条件下,也赶紧开课,维持着正常的课业教学。

朱光亚就是在这样的气氛中,来到合川的。因为他已是初中毕业生,不可能再进育才学校就读,于是临时选择了从江苏南通迁来的崇敬中学读高中。

在朱光亚保存下来的少年时期为数不多的几张照片中,有一张摄于 1939 年 6 月的,他与合川崇敬中学高中部第五宿舍同学的合影照。照片中的朱光亚留着短发,看上去可能是这帮同学中个子最为矮小的一个,毕竟他还只有 15 岁。但是从这张照片可以看出,这个小小少年质朴、坚毅,神情里带着一股自信。

崇敬学校设在一座极其简陋的破庙里,所谓教室,就是已经废弃的破庙的前堂,不仅潮湿、昏暗,而且四处漏风,十分寒冷。所以每次一下课,学生们就围着教室后面的泥台上的一尊慈眉善目的大佛像追逐嬉闹,跑热腿脚,以此取暖。到了晚上,十几个人拥挤在一起,睡在一片铺着厚厚稻草的地铺上。

后来,战时崇敬中学的一些学生回忆说,那几乎不能算是什么"校舍"了,与小难民们的避难所差不多。

生活和学习条件如此艰苦,倒也没有什么,大家都是"小难民",过的是一样的生活,在战争的岁月里,谁也不会去奢望更好的条件,何况苦中有乐,毕竟还能坐在一起听老师们讲课。

可是不久,就有一个实际问题让朱光亚着急了。崇敬中学的大多老师,都来自苏北,他们那一口苏北话,朱光亚实在是难以听懂,有时候一堂课下来,他就像在听天书一样。

光亚把这个情况给哥哥光庭讲了。这时候,已经考入从南京迁到重庆的中央大学就读的哥哥,为了弟弟的学业着想,当机立断,把朱光亚从崇敬中学转到了嘉陵江北的清华中学。

说起这所清华中学,它的"背景"可真是极其光荣的。1938年,作为中共中央南方局领导人之一的董必武,在重庆召集中国共产党在重庆的部分地下工作者开会时说:"我们应该在重庆办一所属于我们党领导的中学,为我们党培养一批思想进步、有知识有文化,又具有我党优良传统和作风的青年力量。"

董老的这个提议很快就得到了落实。中共重庆地下党组织动员清华大学在渝的校友,向一些社会贤达和当地爱国富商募集了一部分办学经费,然后租下了江北胡家湾的一户地主的祠堂作为临时校舍,聘请了一些清华大学的校友作为授课老师。因为筹备者和主要授课老师都是清华大学校友,所以这所学校就定名为"清华中学"。

清华中学的首任校长是著名教育家傅任敢先生。他学识渊博,办学经验丰富,是一位胆识过人、务实能干的爱国民主教育家。清华中学创办之初,他就制定了求实、民主、团结、进步、友爱互助、勤俭朴素、自强不息的校风和校训,形成了一种影响深远的"清华精神"。在教育方式上,学校提倡"德、智、体、美,四育并重",基本课业之外,体育、音乐、戏剧、壁报、辩论会、讲演会、读书会、科学实验等都搞得有声有色,闻名遐迩,成为整个大后方临时学校竞相效仿的楷模。

哥哥带着朱光亚从江北先搭了一条渡船,来到一个名叫"头塘"的埠头,然后沿着田野小路步行到了胡家湾。当时从重庆到胡家湾,全程要走三个多小时,交通非常不便。不过,这里四周皆为高山,地域偏僻,不会遭受到日本飞机轰炸,比较安全。

朱光亚一直到晚年还清晰地记得,胡家湾的这家地主,名叫王普生,替他管理祠堂的房东,名叫王逢全,校长、老师和学生们都学着重庆话的声调,叫他"王老板儿"。王老板儿为人很随和,每逢过年过节,还会多买一点肉菜"犒劳"一下大家。当时物价飞涨,生活条件极其艰苦,学校的伙食是由学生会自己管理的。王老板儿几乎每个礼拜都会让老师和学生们打一次"牙祭"。

王家祠堂的房屋虽然比较陈旧,但是修整得整洁得体,课堂、宿舍、教师办公室……安排得清清楚楚。祠堂前面还辟出了一块小空地,作为师生们的"操场"。

在清华中学初创时期,一共招了初一、高一两个年级的新生,每一年级又分成男班、女班,共四个班级,将近200名学生。学生们生活朴素,求知欲很强,学习认真,师生关系也处得十分融洽。当时学校里的老师多半也是流亡青年,未婚的居多。他们经常和这些少年学生一起开辩论会,讨论时事,谈论各自的未来和理想。清贫的岁月里,回响着欢乐的青春弦歌。

朱光亚在这里度过了一段愉快的学习时光。

那时候，少年学生们苦中作乐，最喜欢演戏。他记得，有一次学校举办"游艺会"，高中女班的学生演了一出小话剧《重逢》，初中女班不甘示弱，也排演了一出小话剧，名为《这不是春天》，两个班级有点"打擂"的性质，从中获益、尽情地看了两场好戏的是朱光亚他们男班。他们不会演戏，倒是做了最忠诚的观众和最热烈的"鼓掌员"。此外，那时候女生们还经常排演小歌舞。

除了演戏，同学们也经常在星期天或节日里，集合在小操场上或附近的打谷场上，合唱抗日爱国歌曲。

当时经常为同学们担任指挥的，是一位高年级的同学，名叫严伟年。朱光亚记得严伟年还在活报剧《放下你的鞭子》里担任过主演。

此外，男班的同学还能找到另一些属于自己的乐趣。例如在操场上拔河、踢足球。他们还喜欢到附近的田野里劳动，学习种地，也经常帮食堂的工友去田野里挖荠菜、青泥蒿等时鲜野菜。

蜀山苍苍，江水荡荡。
吾校庄严，巍然中央。
全民战里，经始方将。
清华园里，源远流长。

精神一贯传四方，

精神一贯传四方，

大家努力慎莫忘，

行健不息须自强。

……

这首雄壮有力、气势磅礴的《清华中学校歌》，每天都在激励着这群暂时停留在嘉陵江边的乡村祠堂里的少年学生，激励着他们爱国爱校、奋发向上、自强不息，再苦再难也不坠青云之志的精神和信念。

清华中学的办学条件虽然比较简陋，但是这里是爱国、进步、民主思想的一方沃土。傅任敢校长十分重视青年学生的政治思想教育，为他们营造了光明、自由、快乐的政治气氛。

学校里的训导主任由进步的教师或共产党地下党员担任，不设军训教官和童子军教练，更不让国民党、三青团、特务等进入学校捣乱。在这里，老师和学生们能自由地读到《新华日报》《群众》《大众哲学》《西行漫记》《七月》等进步报刊和书。尤其是斯诺的《西行漫记》一书，介绍了中国西北角和解放区的光明景象，使得学生们争相传阅，个个都对延安和北方解放区心驰神往。

朱光亚在清华中学这个时期，也亲身感受到了这种进步思想对他们这一代少年人的影响力和感召力。他的追求进步、向往光明的心,也从以前的懵懂状态中渐渐地苏醒了。

有一天,当一位同班的男生在叹息"漫漫长夜何时旦"的时候,他在一张白纸上书写了英国诗人雪莱的那句名诗:"冬天已经来了,春天还会远吗?"以此鼓励着那位同学。

在进入20世纪40年代之后的一个春天里,朱光亚在图书馆里读到了一首新诗,他非常喜欢,就抄写在自己的笔记本上。这首诗歌的作者叫"绿原",显然是个笔名。一个爱好文学的同学告诉他说:"绿原就是你们武汉的诗人,现在是重庆复旦大学的学生……"

朱光亚当时就把这首诗背诵了下来,一边背,一边也在想念着自己的妈妈、爸爸和妹妹们。

小时候,
我不认识字。
妈妈就是图书馆。
我读着妈妈——

有一天,
这世界太平了:
人会飞,

小麦从雪地里出来，
钱都没有用……

金子用来做房屋的砖，
钞票用来糊纸鹞，
银币用来飘水纹……

我要做一个流浪的少年，
带着一只镀金的苹果，
一支银发的蜡烛
和一只从埃及国飞来的红鹤，
旅行童话王国，
去向糖果城的公主求婚……

但是，妈妈说：
"现在你必须工作。"

可是，眼下这个艰辛而多难的时代，并没有给少年朱光亚送来"银发的蜡烛"和"镀金的苹果"。从他出生时起，他们一家就没有享受到多少"太平"的日子，虽然他是那么深爱着自己的故乡和亲人，也爱着自己的苦难中的祖国，爱着他所喜欢的学校、知识和学业……

1943年暑期,清华中学从江北的胡家湾王家祠堂,迁到了南岸土桥花滩溪畔(今天的重庆九龙坡区的花溪乡)的新校舍,开始了一段新的岁月。不过,这时候朱光亚已经离开清华中学,转学到了一所新的学校——重庆南开中学。

第八章　物理学的种子

如果说,重庆江北清华中学唤醒了朱光亚走向革命、光明与进步的少年之心,是培养他日后成为一名优秀的共产党员和坚定的共产主义战士的一片沃土,那么,重庆南开中学则在他少年的理想和志向里,最早播下了物理学的种子,为他日后成为一代科学大家打下了坚实的基础。

在中国,有两所知名的南开中学。一所众所周知,是天津的南开中学;另一所就是重庆的南开中学。这两所南开中学都是近代著名教育家、南开大学创始人和首任校长张伯苓先生一手创办的。

> 大江东去我西来,
> 北地愁云何日开。
> 盼到蜀中寻乐土,
> 为酬素志育英才。

这是张伯苓先生刚刚入川时写的一首诗。迫于抗战形势的紧迫,也为了南开中学的生存和发展,张伯苓早在1936年就亲自入川考察了一番,决定在巴渝大地的嘉陵江边筹建南开中学。

1936年夏,他在沙坪坝先后购地800多亩,建成了重庆私立南渝中学,并委派喻传鉴先生担任这所中学的教务主任和校长。

七七事变以后,天津的南开大学和中学校园都被日本侵略者的飞机炸成了废墟。像许多内地的名校一样,南开中学也南迁来到了"大后方"重庆,选择在沙坪坝继续招生办学。1938年,原先的私立南渝中学更名为重庆私立南开中学。

南开中学一向以治学严肃、扎实著称于世。南开中学的精神,其核心是爱国主义。张校长和南开学校的另一位创办人严修(严范孙)先生一起,为南开制定的校训是"允公允能,日新月异"。

这是什么意思呢?原来,按照张校长、严先生的教育思想,创办现代新式学校的宗旨,绝不同于办旧学。新式教育的目标就是要为国家培养人才,为全社会谋求进步,为公众谋求福利。张伯苓在1944年总结他办学四十年的回忆文章中写道:"……苓追随严范孙先生,倡导教育救国。创办南开学校,其消极目的在矫正民族'五病'(这'五病'指的是愚、弱、贫、散、私);其积极目的,为培养建国人才,以雪国耻,以图自强。"因此,南开中学的校训就是从这个目的出发而制定的。

其中的"允"字,是承诺的意思,对每一位前来受教的学生来说,也可理解为"要求";这里的"公",是指国家、人民大众和与之相联系的集体事业,同时,"公"又是对矫正"五病"中的"私"而言的。"允公",可解释为要求每一位学生热爱国家、热爱人民、热爱大众的事业,包括热爱教育事业、热爱自己的母校,要大公无私、一心为公,拥有无私的奉献精神。

"日新月异"比较好理解,就是要求受教育者必须拥有强烈的创造精神和进取精神。早在1916年9月,张伯苓在给学生们所做的演讲中就说道:"吾校与他校比较,各校中有进取者焉,有保守者焉。吾校进取者也。即以各校各项竞争而论,吾校所得结果如何,汝等之所共知也。此即进取之效力也。推而至于国家亦何不莫然,故欲强中国,非打破保守、改持进取不可也。"

他在这篇演讲中还强调:"进取之说,自古有之,《易经》曰:'天行健,君子以自强不息'。彼之所谓'天行健'者,乃指昼夜相承,春秋代继,无时或已,长此不怠而言也。"应该说,这就是"日新月异"的原始出处。

有了这样的校训来要求和激励着一代代学子,南开在重庆很快就办成了一所战时的模范学校。

在这里,男女生也是分班学习,学校实行军队化的严格管理,校风清正开朗,师生们团结齐心,积极向上,莘莘学子都以能成为一名南开学子而感到骄傲和自豪。

当时也是重庆南开学子,后来成为著名作家、学者和翻译家的齐邦媛回忆说:"当时的老师们,都有一股'楚虽三户,亡秦必楚'的气概。自离开南京到四川自流井静宁寺,整整一年。颠沛流离有说不尽的苦难,但是不论什么时候,户内户外,能容下数十人之处,就是老师上课的地方。学校永远带着足够的各科教科书、仪器和基本设备随行。"

她一直清晰地记得校长张伯苓先生对学生们说过的一句话:"中国不会亡,有我!""在战火燃烧的岁月,师长们联手守护这一方学习的净土,坚毅、勤勉,把我们从稚气孩童拉拔成懂事少年,在恶劣的环境里端正地成长。"她说,"就像张伯苓校长说过的,'你不戴校徽出去,也要让人看出你是南开的。'"

在未来的日子里,尤其是在新中国成立之后,这所中学培养出来的学生,仅当选为中国科学院、中国工程院两院院士的就有33人,如粒子物理学家、"两弹一星"元勋周光召,核物理学家、"两弹一星"元勋朱光亚,物理化学家、高分子反应动力学奠基人张存浩,生物学家、生物学科奠基人冯元桢,物理、冶金晶体专家郭可信,导弹火箭专家梁思礼,新型返回式卫星总设计师林华宝,物理化学家楼南泉等;更有邹家华、郑必坚、张皓若、阎明复等一大批党和国家的高级领导人,也曾为南开学子;其他如著名将军、著名学者教授、著名艺术家,等等,更是不胜枚举。

后来有人赞曰:"重庆南开中学,践行'公能'校训,为祖国培养了大批杰出人才,西南山城、沙坪岁月,是南开百年史上的华彩篇章。"而曾为南开中学1941级学生的朱光亚,晚年也自豪地说道:"'两弹一星'的核心组员中,有四分之一都是我们中学毕业的。"

朱光亚在江北清华中学读完高二上学期后,正逢南开中学在重庆招收插班新生。于是,学习成绩一向优秀的朱光亚,顺利考进了南开中学,开始了设在沙坪坝的这所名校的一年半的学习生活。

在这里,他在数学、物理、化学等理科学科上,渐渐表现出了自己特异的兴趣和志向。其中对他影响最大的一位老师,是当时的物理老师,后来成为著名物理学家、声学家、中国科学院院士的魏荣爵先生。正是魏老师,在他少年的心灵里播下了物理学的种子。

魏荣爵是湖南邵阳人,是清代著名学者魏源的后裔。他的父亲早年留学日本,参加过孙中山的"同盟会",与蔡锷将军是同窗好友。魏荣爵幼年随家迁往北京,小学毕业后到上海念书。1933年考入金陵大学物理系,获理学学士学位。1938年至1944年这段时间,魏荣爵一直在重庆南开中学担任物理老师。在这里,他不仅影响了朱光亚,还同时培养了邹承鲁、郭可信等一大批新中国的科学家和学者。后来,魏荣爵和朱光亚几乎同时在美国获得博士学位,并先后归国,以各自所学来报效新生的中华人民共和国。回国后,魏荣爵先生在南京大学创建了中国第一个声学专业,建立了南京大学的消声实验室和混响实验室,为新中国的声学发展做出了杰出的贡献。

魏先生在一次接受记者采访时曾谈到,当年在重庆沙坪坝时,朱光亚是个极为认真刻苦的学生。在他的印象里,"朱光亚性格严肃、内向,每次物理作业都书写得规范、整洁,显示出一种良好的、精益求精、一丝不苟的科学素质"。魏先生还记得,当年他甚至曾经向学校建议过,把朱光亚的物理作业交给书店,印刷出来,作为"物理课本"使用。

朱光亚在南开中学已经显露出来的一丝不苟的科学素质,后来得到了许多科学同行异口同声的赞赏和推崇。熟悉他的人都认为,认真、规范、精益求精、一丝不苟这一点,贯穿了朱光亚的整个科学生涯。在他承担新中国的"两弹一星"研制任务的岁月里,经他起草和修改过的文件与说明书,总是能用简明而通俗的语言,把复杂的问题阐述得清清楚楚,让人一看就懂。人们曾评价说,经他书写的文件,概念准确、逻辑严密,文字上字斟句酌,每一个数据、术语,乃至一个外文字母、一个标点符号,都会做到准确无误。

毫无疑问,这种严谨、规范、一丝不苟的求实作风,与他在南开求学时期就自觉地对自己进行严格的训练密切相关,也与南开中学治学严谨、教学扎实的学风不无关系。

一代人有一代人的性格特征,一代人有一代人的精神追求,一代人也有一代人所钟爱的理想与誓言。不过,无论是处于哪个时代的少年人,有一点是共同的,那就是都追慕高远,都崇尚真、善、美,都愿意与美德为邻、与高尚为伍,都富有理想,都钟情于浪漫、美好的梦想。而且都富有朝气,都富有力量,都渴望在天上飞。

在南开中学这一年半的时光里,朱光亚的个子仍然显得比一般同龄人要矮,但他的体重、他的肺活量……正在增加。

像在清华中学时一样,他除了学习认真、学习成绩优异,课余兴趣和爱好也比较广泛。他喜欢听音乐、阅读文学书籍、唱歌和演讲。虽然个子不高,但是他也经常与一些高个子同学在篮球场上奔跑、拼搏,锻炼着自己的体质和毅力。

因为初中是在家乡的教会办的圣保罗中学度过的,所以他对教堂里经常传出来唱诗班的合唱声,以及留声机里播放出的西洋歌曲,不仅敏感,而且特别喜爱。他不信教,但是他有时候会在礼拜天去附近的教堂里听唱诗班的合唱,甚至挤在一些大姐姐中间,尖着嗓子学女声,跟着合唱队一起唱歌。

在圣保罗中学时,他因为上台讲述《最后一课》的故事,获得了大家的掌声与鼓励,所以他对演讲也情有独钟。每当学校里有演讲比赛和辩论活动,他都会抢着报名参加。

不仅如此,他还和邹承鲁、郭可信等要好的同学一起,发起组成了一个名叫真、善、美的兴趣小组,互相交流各自的爱好、学习心得与理想志向,互相磨砺和促进。

这是一个情谊怡怡、志存高远的学习小组。"真善美"三个字也凝结着这一代处在战乱年代里的少年学子的雅好、志趣和梦想。多少年之后,"真善美"小组里有四个人,竟然都先后成为新中国的科学院院士。

除了朱光亚自己,邹承鲁先生在 20 世纪 50 年代初获得英国剑桥大学生物化学博士后,回到祖国,成为国内外著名的生物化学家、中国科学院院士、第三世界科学院院士。他还是著名地质学家李四光先生的女婿。1958 年,他参加发起人工合成胰岛素工作,为中国胰岛素的人工合成做出了重要贡献。还有郭可信先生,从瑞典皇家工学院物理冶金系、乌布撒拉大学化学系学成后归国,成为一代物理学家、中国科学院院士。

在沙坪坝的日子里,"真善美"小组的几个同学,有时会在夕阳西下的时候,坐在校园的草地上,望着漫天的晚霞,畅谈各自的理想。每当这个时刻,他们的心中都会涌动着一股立志报国的激情,恨不得大声呼唤未来的日子快快到来!

这种情景,令人想到 1827 年的那个玫瑰色的黄昏:14 岁的赫尔岑和 13 岁的奥格辽夫,曾经双双站在莫斯科郊外的麻雀山上,望着西沉的太阳起誓,要为各自选定的理想奋斗到底,甚至不惜献出自己的生命……

若干年后,赫尔岑成了俄国著名的社会哲学家、政论家和文学家;奥格辽夫成了著名的民主主义革命家和诗人。有一天,当他们回想起少年时代的那个黄昏时,赫尔岑仍然禁不住热泪盈眶。"不必再说什么了。"他这样写道,"我们的整个一生,就可以它做证……"

是的,每一个人在他的一生中,都会有一段最美好的时刻——浪漫、纯真和幸福的时刻:朝气浩荡,壮志凌云,情不自禁地为远大的抱负和献身的高尚而感动,甚至也幻想着踏上为理想而受难的旅程,即便是"在烈火里烧三次,在沸水里煮三次,在血水里洗三次"也无怨无悔!

朱光亚和他的"真善美"小组的当年的志趣,与赫尔岑他们那一代俄国革命者和理想主义者的使命,何其相似乃尔。

嘉陵江在滔滔不息地向前奔流。正在蒙受着战火和苦难的祖国母亲,正在等待着这一代学子更加强壮和成熟起来,好挑起抗日救亡、驱逐外寇、振兴国家的重担。

第九章　国破山河在

1941年7月1日,朱光亚从重庆南开中学毕业。战乱年代的同学少年,含泪唱起了壮行的骊歌:

> 长亭外,古道边,
> 芳草碧连天。
> 晚风拂柳笛声残,
> 夕阳山外山。

> 天之涯,地之角,
> 知交半零落。
> 一壶浊酒尽余欢,
> 今宵别梦寒。

想到自己的祖国正处在外寇入侵、山河破碎、国难当头的时期,很多同学都是远离了自己的故乡和亲人,有家不能回,空有寸草之心,却难报家乡和父母养育的三春之晖,毕业的那天,朱光亚和同学们都洒下了伤别的热泪。

这一天,他和"真善美"小组的同学一起去了当时设在沙坪坝的一家有名的照相馆"新生照片社"的沙坪坝分社,每个人都照了一张毕业照,然后互相赠送,作为永久的纪念。

照片上的朱光亚,仍然留着短短的寸头,神情依然那么坚毅、自信,但是看上去明显比在清华中学时成熟了一些,眉宇间已经透着一股少年的英气了。

盛夏时节,榴花绽放。少年朱光亚心中的理想之花,也到了开放的季节。

这年夏天,他就要考大学了。他的公务员出身的父亲,一向比较勤恳、务实,认为一个好男儿虽然不一定都能做到"治国""平天下",但是至少应该做到"修身""齐家",能够有能力成家立业,并且承担起孝敬父母、养育子女的责任。

因此,为将来的生计考虑,父母希望朱光亚在报考学校和专业的时候,能选择一个比较容易就业的工科专业。

然而,在南开中学里,他已经深深地受到了学识渊博、治学严谨的魏荣爵老师的影响,心中埋下的物理学种子,正在悄悄地萌发着。

他对自己的未来已有一个基本的认识:世界是由"物质"构成的,所谓"修身、齐家、治国、平天下"的理想的前提,就是能够

"格物致知",能够深入事物的本源、穷尽事物的原理,如《礼记·大学》所说的"致知在格物,物格而后知至"。因此他坚信,学好物理,弄清楚世界万物的"物之理",将来会有大用场的。

朱光亚是一个非常敬爱和孝顺父母的少年,苦口婆心的父母之命,他不愿意违背,虽然有些不情愿,可是在填写报考志愿时,他还是填写了一个工科专业。

也许,冥冥中原本就有某种因果联系和命运的安排。就在这个夏天,战乱中的重庆,一场疟疾开始肆虐,许多人都染上了这种传染病。正在准备参加升学考试的朱光亚,也染上了疟疾,不得不中断了大学录取考试。

疟疾过后,一些大学又在应届毕业生中进行了补招考试。这一次,朱光亚自己做主,毅然报考了重庆中央大学(现在的南京大学前身)物理系。结果,他被重庆中央大学和上海交通大学同时录取了,而且还是当年上海交大考分最高的学生,有的同伴称赞他登上了上海交大的"状元榜"。

在一片赞许和羡慕的目光里,17岁的朱光亚心无旁骛、胸有成竹地选择了中央大学物理系就读。

他明白,这样的选择,是他心目中的最理想,也最为理智的选择。他正在向着自己理想的起跑线走去。

这时候,他的大哥朱光庭已在中央大学读三年级了。这样,兄弟俩就在同一所著名大学里成了校友。

中央大学,也是抗日战争爆发后西迁到大后方的一所"国立"名牌大学。卢沟桥事变之后,中央大学连续遭到敌机轰炸,损失惨重。迫于形势,中央大学不得不在1937年10至11月,分批西迁。其中,文、理、工、法、农、教育学院,就设在重庆沙坪坝松林坡;医学院和农学院里的畜牧兽医系,设在成都的华西坝;实验中学则迁去了贵阳。战争时期,重庆的任何一处,都人满为患,普通的农村更是容纳不下一所大学的众多师生。于是,1938年,中央大学又在离沙坪坝25公里远的柏溪,建立了一所分校。

沙坪坝松林坡,原本是重庆大学东北面的一座小山丘,属于重庆大学的范围,因为山坡上长着稀稀疏疏的松树而得名。

这个地方的自然风光是美丽的,嘉陵江从山坡下流过。山风吹来,松林里飘出一阵阵松香的气息。站在松林坡上远眺,可以看见缓缓驶过嘉陵江的帆影,隐约听见船工和纤夫们时而高亢、时而低沉的号子声……

中央大学图书馆和阅览室就设在松林坡上的最高处。站在图书馆门口,可以俯瞰学校全景。坡上的一条主要通道,其实就是一条盘山公路,平时也成了全校师生锻炼身体的"跑道"。

进入中央大学后,朱光亚很快就喜欢上了这条盘山的"跑道"。虽然当时的生活是那么清贫和艰难,有时候甚至要为衣食发愁,为温饱奔波,但他分明已经觉得,自己的身体正在迅速地发育和成长,他的身高、他的体重、他的肺活量,都在一天天地发生着变化。

从松林里吹过来的山风,吹拂着、鼓荡着青春少年的身躯。他觉得,他也像一棵山风中的小松树,正在挺拔起自己的枝干,舒展开自己的松针,甚至就要结出自己的松果……

而且,他的头脑中也开始产生一些清晰的想法了,或者说,在他的心灵深处,已经充满某些美好的、崇高的理想和抱负了。也正是这些理想和抱负在激励着他、鼓舞着他,使他自觉地热爱起自己的生命来了……

当时,学校还陆续在松坡上修建了专用教室、实验室和学生俱乐部等设施。不久,松林坡上就房舍相连、层层叠叠,空间越来越狭小了。学校的规模在逐日扩大,而松林坡就只有那么大,所以,学校只好向校外谋求发展。于是,学校在沙坪坝镇上的小龙坎,又得到一片空地,修建了男生宿舍和教职工宿舍。接着,又在松林坡对岸的磐溪修建了工学院的大型实验室,还把航空工程系和艺术系都迁到了磐溪……

就在朱光亚刚入学那一年,1941年,时任中央大学校长的教育家罗家伦先生,颇带自豪意味地跟师生们说道:"造化的安排,真是富于讽刺性!我在南京没有建成大规模的新校址,但……竟使我在兵荒马乱的年头,免除了许多困难的手续,在重庆沙坪坝和柏溪两处建造了两个小规模的新校舍,使数千学生没有耽误学业。"

罗家伦校长说得不错。"国破山河在,城春草木深。"只要青年一代的学业没有耽误,只要一代代人艰苦奋斗、自强不息的意志、信念、精神还在,中华民族就不会亡!

这一年,刚从美国密执安(密歇根)大学留学归国的赵广增,来到中央大学物理系担任教授。

赵广增先生,字虚谷,1902年4月23日出生于河北省安国县,1924年考入北京大学理预科,两年后升入物理系,毕业后即在北京大学任物理系助教。1936年,他赴美国密执安大学留学,先后获得硕士学位和哲学博士学位,随后在该校从事高能电子散射的研究。抗战结束后,他担任北京大学物理系教授,成为一代物理学家和教育家,也是中国最早开展晶体激子光谱研究的科学家之一。

赵广增是朱光亚在物理学专业上的又一位良师和引路人。无论是他讲授的普通物理课,还是给学生们介绍的当时世界物理学最前沿的科学进展,都像是在朱光亚和同学们面前铺展开了一片新的天地,使得朱光亚对物理学的信心更加坚定,对自己所选择的专业前景也更加清晰和明朗了。

赵广增的物理课,也让朱光亚更加清晰地懂得了罗家伦校长经常向学生们提到的"不趋时尚,注重科学精神"的含义。

当时，罗校长经常在演讲中提醒学生们：科学的精神在探究真理，探究真理的时候，不应该更多地去计较其实用价值，一旦探究和追求到了这些真理之后，不定在什么时候，它们就会发生极大的作用。

罗校长还举了一个小例子，说世界遗传学科学家孟特尔，当年在一座寺院里选配豆种的时候，发现了优良品种与遗传的关系。可是，当时他哪里会想到，后来的植物、动物乃至人类品种的改良，都与他的这次选配豆种有关，都会应用到他所发现的"遗传定律"。

这个小例子，给朱光亚留下了深刻的印象，让他更加懂得了自己所选择的物理学专业，与父母亲当初期望他去选择的具有实用价值的工科专业，并没有本质的区别。物理学的大用场，说不定哪一天就会突然展现在人们面前呢！

想到这里，朱光亚脸上露出了满满的自信和欣慰。

这时候，我们也不能不说到中央大学所提倡的"诚、朴、雄、伟"的新校风。

崇高的理想，坚定的目标，伟大的使命，只有在良好的校风和学风中才能达到。罗家伦校长认为，新学风的养成，应该从"矫正时弊"入手，先"破"后"立"。所以，他为中央大学制定了"诚、朴、雄、伟"四个字的新校风。

具体说来,"诚",就是对学问要有诚意,不把学问当作升官发财的途径和仅仅为了获得一纸文凭的工具;"诚"还意味着对于自己肩上的崇高"使命",要有诚意,要朝着认定的理想、目标、使命义无反顾地走去。

"朴",就是质朴和朴实的意思。罗校长要求每一位学生,不把一知半解的学问当门面、做装饰,不能尚纤巧、重浮华,不把自己的大好青春时光耗费在时髦的小册子上,不去写那些能让自己出风头的短文章。他希望从中央大学出来的学生,都能刻苦用功,不计名利,在学问上付出长期艰苦的努力,唯崇实而用笨功,才能树立朴厚的学问风气。

"雄",就是"大雄无畏"的意思。罗校长认为,战争期间,学校西迁内地,不能像历史上的宋朝南渡偏安之时,朝野呈现出一派柔弱、萎靡和颓丧之风。而要扭转一切纤细文弱的颓败风气,就必须从"善养吾浩然之气"入手,要具有"大雄无畏"的凌云壮志,要有雄壮的男儿气概,而不能有弱女子的病态。只有这样,我中华民族的精气神就会屹立不倒,我中华民族的文化和精神根基就不会败亡。

"伟",就是伟大和崇高的意思。罗校长希望,全体师生要集中精力,放开眼界,从整个民族文化的命运着眼,即使在特殊的战乱时期,也要努力做出几件大事业来,切不可偏狭小巧,存门户之见,更不能降格以求,故步自封,怡然自满。

"诚、朴、雄、伟"这四个字,作为中央大学的校训,无论是在抗战期间,还是抗战结束后,都深深地影响着中央大学的一代代学子。

事实证明,朱光亚以及他们这一代在抗战中成长起来的青年大学生身上,"诚、朴、雄、伟"这四个字所包含的精神力量,就像血液一样,流贯在他们每个人的血管里,成为他们这一代人的"精神基因"。

罗家伦校长在中央大学还贯彻了"三育共进""二格占先"的教育思想。他认为,青年是国家的基础,若是青年的教育不完备,国家的基础便不巩固,民族的前途便无希望。而完备的青年教育,必须从知识、体格、人格三个方面进行,即德、智、体"三育共进"。

如果说,德、智、体"三育共进"已是当时教育界达成的共识,那么,罗家伦在此基础上提出的"二格占先"的教育思想,就是中央大学所特有的了。

"二格"是指"人格"和"体格"。"人格"就是指一个人的道德品质。完备的青年教育,道德品质教育是最为重要的。罗校长直率地批评说,有些青年在大学里虽然学到了一些知识,但没有养成一种健全的人格,一旦走入社会,恶劣的人格就会暴露出来,从而危害社会;还有一些学生太看重现实,尤其是物质的现实,缺乏远大的理想和抱负,这是断断要不得的。罗家伦认为,大学讲堂不是"贩卖知识"的商店和制造学位的场所，一所大学如果只是传授知识而忽略对学生人格的培养，那是错误的。他希望中央大学的教职员都要以身作则，潜移默化，不仅在知识上，更重要的是在人格修养上，引导和培养学生。他期望从中央大学里走出来的青年人，都不仅仅是堂堂正正的知识公民，而应该是顶天立地的人物，是继往开来的中坚。所以，早在1938年8月，中央大学就率先试行了"导师制"，要求每一位导师以自己的表率扶助学生品德之培养。罗校长自己也身体力行，经常给学生们做演讲，阐述问学、求知和做人的道理，深受青年学生们的欢迎和拥戴。

"体格"就是指一个人的身体素质。罗家伦校长在《教育的理想与实际》里具体解释说："体魄是完人第一个最重要的条件，没有健全的体格做基础，学问和事业是无论如何做不好的。"

他认为，大学教育理应注重体育训练和军事训练。体育训练可以增强体质，还能培养学生公开竞争、团结合作的精神。因此，抗战时期的中央大学，虽然只有一个山头，师生们的活动场地极其狭窄有限，但是学校还是能够因地制宜，把松林坡的盘山公路都利用了起来，把周围的大自然、把田野地头也当作了活动场所，经常组织学生们在松林坡的公路上举行拔河、立定跳远、接力赛等体育活动。同时对所有男生实施军事训练和军事化管理,对女生进行战地护理训练,既增强了体质,也适应了战时需要。

朱光亚对中央大学的这种注重学生体格、体魄训练的风气,一直念念不忘。他后来经常对身边的青年军人说,当年的这种军事化训练,改掉了许多学生懒散拖沓的生活习气,培养了学生守纪、整洁、勇敢、无畏的军人气质,改变了莘莘学子向来给人留下的文弱书生的形象。

此外,在如何处理爱国与学业的关系上,罗家伦校长也有自己独特的见解。他告诫青年学生们说:抗战是民族之战,是长期的,需要坚实的后备力量。你们现在在后方努力学习,与前方将士英勇杀敌一样,都是在报效祖国。他鼓励学生们:等战争结束后,祖国必会需要大批有扎实的知识、有高尚的人格、有强健的体魄的人才,来救治战争带来的创伤,来重建我们的家园,因此,你们现在就应该做好准备,在不久的将来,去担当起复兴民族大业的使命和责任。

罗家伦校长不愧为一位杰出的、有前瞻眼光的教育家。

抗战爆发后,社会上有些人认为,大学教育不能直接为抗战服务,起不到应有的作用,因此应该暂时停办大学;还有一些目光短浅的人提出,应该把战时的大学改为短期训练班、速成班,传授一些与战争有关的速成知识、简易技术。

对此,罗家伦认为,这种战时教育速成论者,是在幻想着有一种"万应灵丹",只要一吞下去就可以抗日。这种幻想是不切实际的。他主张,抗战时期更应该维护好完整和正规的大学教育,建设好我们的民族文化和传承机制。因为,一旦文化亡了,就一切都亡了;一旦教育亡了,国家和民族的未来就没有了。

当然,为了提高师生们的战时应对能力,在正规的专业学科课程之外,中央大学也开设了一些实用性的辅助课程,例如战时常识讲演、防空常识、战时国际公法常识、医药常识、战时急救、维护交通和侦察敌情的技术训练,等等。此外,学校还开设了电信、炮术和战地卫生三类训练班,规定无论什么院系的学生,每人必选一课,计算学分,中途不得退修。

无疑,这些战时课程的开设,不仅完备了学生的知识结构,也适应了抗战的特殊需求,体现了中央大学倡导的求真务实的科学精神。

冬去春来,柳色秋风。转眼之间,朱光亚在松林坡的中央大学里,已经度过了整整一年的学习时光。1942年刚放暑假,朱光亚的一位中学同学来到松林坡,给他带来了一个新的消息……

第十章　联大弦歌

> 万里长征,辞却了五朝官阙。
>
> 暂驻足衡山湘水,又成离别。
>
> 绝徼移栽桢干质,九州遍洒黎元血。
>
> 尽笳吹、弦诵在山城,情弥切。
>
> 千秋耻,终当雪。
>
> 中兴业,须人杰。
>
> 便一成三户,壮怀难折。
>
> 多难殷忧新国运,动心忍性希前哲。
>
> 待驱除仇寇,复神京,还燕碣。

这是抗战期间,由内地西迁到云南的著名学府西南联合大学的校歌《满江红》(罗庸作词,张清常谱曲)。

这首校歌的上阕写出了学校师生辞别古都、千里跋涉的悲愤心情;下阕抒发了师生们在国难当头、民族危亡的时刻,心怀家国,奋发图强,立誓洗雪国耻的雄心壮志。可以说,这是一代身处战乱年月的爱国知识分子和青年学子的精神风貌的写照。

1942年暑期,一位正在西南联合大学读书的中学同学,来到重庆松林坡看望朱光亚时,顺便告诉了他一个消息:西南联大物理系正在重庆补招二年级插班生。

这个消息,让满怀物理学梦想的朱光亚喜出望外!他凭着在中央大学已经获得的扎实的物理学基础,即刻买票上船,赶到重庆,找到了西南联大的应试考场。

几乎是如囊中取物一样,朱光亚毫不费力地再次金榜题名,顺利地被西南联大物理系录取,如愿以偿地进入了当时国内最好的高等学府,继续攻读自己情有独钟的物理专业。

进入西南联大,他就像一匹健壮的骏马,找到了可以任意驰骋的疆场;像一位怀揣梦想的水手,奔向了辽阔无边的海洋……

校园弦歌,鸡鸣风雨。从那时候开始,他在物理学的领域无怨无悔地探索和奋斗了一生。许多年后,不仅仅是西南联大要为这位物理系校友感到自豪和光荣,整个国家和民族也将为拥有朱光亚这样一位杰出的物理学家而感到骄傲!

现在,我们且来说说西南联大这座有着光荣历史的战时名校。

西南联大的全称是"国立西南联合大学"。它是中国抗日战争期间,从内地西迁到云南昆明的一所综合性大学,由当时的"国立"北京大学、"国立"清华大学、私立南开大学三所名校联合组成,所以称"联合大学"。

卢沟桥事变后,日本帝国主义全面发动侵华战争。为了保存中华民族教育精华,整个华北地区以及沿海许多大城市的高等学校纷纷迁往成都、重庆、昆明、贵阳等地。抗战期间,光是迁入云南的高校就有十几所,其中最著名的就是西南联大。

战时的西南联大,设立了文、理、法商、工、师范五个院,一共二十六个系,另加两个专修科和一个选修班。

众所周知,北大、清华、南开原本都是在全国赫赫有名的高等学府。在西迁之前,三所学校各有自己独特的办校历史、校训校风。组成"联大"以后,三所学校各个专业领域的著名教授、学者、老师会集到了一起,真可谓群贤毕至、少长咸集,集全国高等学府师资力量的一时之盛。

这么多的名教授济济一堂,在极其艰苦的条件下,坚持着严谨的治学态度,传承着优良的大学校风,使西南联大成为当时中国规模最大、影响力最为深远、培养出的人才最多的高等学府。

梅贻琦先生有一句名言,道出了中华民族独有的大学理念:"所谓大学,非有'大楼'之谓也,乃有'大师'之谓也。"

这个理念与刘禹锡在《陋室铭》里传达出的优秀传统遥相

呼应，让西南联大在特殊的战争年代里，更显示出一个民族的文化坚守精神。

如果把当时在西南联大任教的著名教授、著名学者的名字一一开列出来，那就是一份无比辉煌的名单！

例如，叶企孙、陈寅恪、赵元任、吴有训、梁思成、金岳霖、陈省身、王力、朱自清……

例如，冯友兰、王竹溪、沈从文、陈岱孙、闻一多、钱穆、钱钟书、吴大猷、周培源……

例如，费孝通、华罗庚、朱光潜、赵九章、李楷文、林徽因、吴晗、吴宓、潘光旦、卞之琳……

例如，李宪之、梅贻琦、张伯苓、蒋梦麟、杨武之、冯景兰、袁复礼、冯至、刘文典、穆旦、赵以炳……

这份豪华的教授名单，还可以继续开列下去。

再看当年在西南联大就读的学生名单：

例如，杨振宁、何泽慧、李政道、朱光亚、邓稼先、彭珮云、汪曾祺、邹承鲁、冯宗璞……

例如，王希季、陈芳允、郭永怀、屠守锷、吴讷孙、陈忠经、戴传曾、何兆武、李长之……

例如，何其芳、吴大观、任继愈、吴庆恒、叶笃正、谢玮、黄昆、王浩杨、凤林景、查良钊……

这份名单当然更可以继续开列下去。

有的研究者统计过,西南联大存在的时间不满九年,在校就读的学生不过八千,而且条件简陋、生活艰苦,却为国家培养出了一大批杰出的人才,其中包括两位诺贝尔奖获得者:杨振宁、李政道;三位新中国的最高科学技术奖获得者:黄昆、刘东生、叶笃正;六位新中国的"两弹一星"功勋奖章获得者:郭永怀、陈芳允、屠守锷、朱光亚、邓稼先、王希季;还有上百位中国科学院和中国工程院院士;此外,在教育、新闻、出版、工程技术、文学、艺术等各个领域,出自西南联大的著名校友更是数不胜数。

尤其值得大书一笔的是,抗战期间,从西南联大的学生队伍里投笔从戎、直接奔赴抗日前线的热血青年,前后有八百多人,其中包括清华大学校长、著名教育家梅贻琦先生的儿子梅祖彦。

在国难当头、中华民族面临着生死存亡的时刻,西南联大还有不少学生报名参加了远征军和空军。

1942年3月2日清晨,一辆辆满载着国民革命军官兵的军用卡车,从中国西南边境云南下关市出发,向着缅甸南部的战略要地东瓜(又名"同古")驶去。一路上,那些毅然脱下了学生服、穿上了军装的远征军士兵,高声唱着二〇〇师师长戴安澜作词、作曲的战歌《战场行》:

弟兄们,向前走!
弟兄们,向前走!

五千年历史的责任,

已落在我们的肩头,

已落在我们的肩头。

日本强盗它要灭亡我们的国家,

奴役我们的民族。

我们不愿做亡国奴,

我们不愿做亡国奴!

只有誓死奋斗,

只有誓死奋斗,

只有誓死奋斗……

而在1942年至1945年间,为了保证著名的空中运输线"驼峰航线"的畅通,曾经有1500名中、美空军士兵血洒长空。根据记载,其中就有从西南联大报名加入中国空军的学生。

这已经不再是校园弦歌了,而是西南联大的爱国学生们在中国伟大的抗战史诗中,用年轻的生命写下的最为壮丽的战歌!

那么,为什么在如此艰苦和简陋的战时条件下,西南联大能培养出那么多一流的科学家、文学家和各行各业的专家,为国家做出了如此突出的贡献呢?

二三十年来,中外已有很多学者和研究者专门在探讨和研究"西南联大"这所特殊的大学的短暂的历史和它的近乎奇迹般的教育方式、培养人才的方式。每一位为国家做出过杰出贡献的西南联大校友，也都是值得研究的对象。其中，当然也包括当年的物理系学生朱光亚。

朱光亚作为插班生考进联大物理系二年级，当时他所在的班级的学生人数尚不足两位数。但是，班里的每个同学，人人手握灵蛇之珠，家家怀抱荆山之玉，谁也不可小觑。

同学中有一年前转学来的邓稼先，多年后，他成为了新中国的"两弹一星"元勋之一。邓稼先是从日寇铁蹄下的北平逃出来的，来到昆明后，他不忘父亲送别时对他一再叮嘱的"学科学能救中国"，报考了西南联大物理系。

在朱光亚毕业留校后不久，未来的诺贝尔物理奖获得者李政道也作为插班生来到了这里，投师在著名教授、物理学家吴大猷先生门下。李政道大学一年级是在浙江大学读的，二年级才经亲戚介绍转学到了昆明。吴大猷先生通过解题验证，看出了这是一个"物理奇才"。李政道后来回忆说："带我的主要是吴大猷先生和叶企孙先生，他们答应我，选二年级的课，教我三年级的内容。"

李政道进入联大这个例子，正如战火中的"人才接力棒"，包含着吴大猷等联大教师和教育理念中的美好的"惜才"传统。

同时在这里学习的，还有1942年考取了著名物理学家、量子力学专家王竹溪教授的研究生的另一位未来的诺贝尔物理奖得主杨振宁。

正如后来的人们所赞誉的那样,共同的物理学志趣,把邓稼先、朱光亚、李政道、杨振宁这四位未来的物理学大师紧紧地联系在了一起,在极其艰苦的条件下互相砥砺,共同推动了20世纪40年代中国物理科学研究的车轮与帆篷,在中国现代科学史上写下了一段青春佳话。

新中国成立后,朱光亚和邓稼先又一起共事多年,把各自的智慧和心血一同融入了共和国的核科学和国防事业,为国家和民族做出了永载史册的不朽贡献。

而在美国留学和从事研究的李政道、杨振宁,联袂摘取了1957年诺贝尔物理奖的桂冠,为中国人在全世界的科学领域赢得了荣誉。

特别值得一提的是,在战火纷飞、各种经济渠道都被封锁的年代里,梅贻琦校长想方设法,托人从欧美购回来大学教科书的样本,然后在上海商务印书馆成批复印出来,又辗转从香港运到昆明,才使得西南联大的教学一直与国际一流大学接轨。因此,当朱光亚、李政道等人后来赴美学习时发现,他们所学到的知识,并不比欧美学生落后多少。

朱光亚在联大学习期间,更是如鱼得水,畅游自如。从进入二年级开始,先后给他授课的著名教授就有周培源、赵忠尧、王竹溪、叶企孙、饶毓泰、吴有训、朱物华、吴大猷等先生。众多的科学名师的教诲和栽培,让他如沐春风,理想的种子得到了最好的萌发机缘,科学的天赋也如花怒放。

有一次,著名电子学家朱物华教授在他们这班学生中考试无线电学,当时,有不少同学对这门课望而生畏,甚至担心考不及格,结果,一场考试下来,竟然有一个同学得到了满分。

因为公布分数时仅仅宣布了学生注册的学号,所以大家都纷纷猜测这是哪位"学霸"和"学神",考出了这样空前绝后的分数。

不久,同学们就弄清楚了,这位"学霸"原来就是"湖北佬"朱光亚。

"天上九头鸟,地下湖北佬。果真是名不虚传啊!朱光亚,了不起!"老师和同学都对他竖起了大拇指,说他这个成绩既是"前无古人",肯定也是"后无来者"的。

大家还引用了联大文学系赫赫有名的诗人、教授闻一多先生的一句诗,对这个"湖北佬"做出了一致的评价:"莫问收获,但问耕耘。"

这种不计收获、只顾耕耘、对待学业孜孜以求的刻苦精神,实际上也是西南联大"刚毅坚卓"的校风在朱光亚身上最形象的体现。

后来的人们研究归纳西南联大的诸多精神,除诸如学术独立精神、大学独立精神、科学与民主精神、兼容并包与学术自由的精神等之外,还有就是艰苦奋斗、奋发图强的精神和不计收获、只顾耕耘的勤奋敬业精神。

生活虽然艰苦而清贫,但是,心中有梦不觉寒,年轻的朱光亚正满怀着联大校训所倡导的那种"刚毅坚卓"的澡雪精神,鸡鸣风雨,无怨无悔,昼夜不舍地盘桓、流连在现代物理学科的最高端和最前沿,领略和享受着那些鲜为人知的旖旎风光……

第十一章 "千秋耻,终当雪"

许多在战时的西南联大有过一段学习生活的人,许多年后回忆起往事,常常引用英国作家查尔斯·狄更斯在他的小说名著《双城记》开卷时所写的一段话:

> 那是最好的年代,那又是最坏的年代;那是智慧的岁月,那又是愚蠢的岁月;那是信任的世纪,那又是怀疑的世纪;那是光明的季节,那又是黑暗的季节;那是希望的春天,那又是失望的冬天。我们拥有一切,我们又一无所有。所有的人正在朝向天堂,所有的人又正走向地狱……

朱光亚和他的同学们在西南联大就读的那个时期,和狄更斯笔下的那个时代,是多么相似啊!

那时候,光明与黑暗正在斗争,救国的希望与亡国的可能同时存在,年轻人的理想与战乱不息的现实,正在发生尖锐的矛盾。与其说,当时那些年轻的大学生读的是文学系、历史系、哲学系、物理系、数学系等，不如说，他们首先要读懂的，就是"政治系"和人生哲学第一课。

因为，从这里开始，每一个人在光明与黑暗、爱国与投降、进步与倒退、新生与死亡等这些大是大非面前，都必须做出自己清醒的选择。

在西南联大的校园里，年轻的朱光亚，除了在物理专业上突飞猛进外，在世界观、人生观和价值观这些方面也发生了质的变化。当时的西南联大有着"民主堡垒"之称，吸引了全国各地的进步青年和进步教授，大家都怀着"千秋耻，终当雪；中兴业，须人杰"这样一个共同的爱国理想，为了民族的复兴，团结起来，抵御外侮，抗日救国，也是大家共同的政治抱负。

中国共产党的地下秘密组织，也在联大校园里秘密组织和领导着学生们的爱国民主运动。这是因为，国民党反动派的倒行逆施，使得越来越多的青年学生逐步认识到了共产党的进步，坚信只有共产党才能够拯救民族和国家于水火之中。这个时期，朱光亚经常与志同道合的同学一起讨论时事，明辨是非；他还悄悄地阅读了不少马克思主义、共产主义的书，如《共产党宣言》《共产主义 ABC》《法国的革命战争》《新哲学大纲》《资本论》等著作。和他交往密切的一些同学和朋友，大多是倾向革命、向往光明的进步学生，和他们的交往与讨论，渐渐促成了他在思想上和世界观上的飞跃，如同从原本只是埋头在学业中突然又被另一种声音唤醒了一样,从此,他追随一个更宏伟的理想和真理了。

1939年3月,中共西南联大地下支部成立,袁永熙任支部书记。皖南事变后的1943年春天,西南联大又重新建立了以马千禾(后来的著名作家马识途)为书记,齐亮、何志远(何功楷)为委员的中共地下党支部。《国立西南联合大学校史》记载:"1945年2月和5月,有两部分同学各自成立了秘密的群众组织民主青年同盟(简称'民青')。后经中共地下组织协调,分别称为'民青'第一支部和第二支部。……1946年春,工学院也成立了党支部,由方复负责。在党的领导下,民青组织不断发展壮大,并由联大发展到其他大中学校,各校学生自治会和社团的领导骨干多为中共地下党员或民青成员,到1945年10月底,民青组织已发展到约300人,在爱国民主运动中发挥了重要作用。"(《国立西南联合大学校史》第348页,北京大学出版社2006年1月出版)

就是在这样的日子里,朱光亚秘密地加入了校园里的进步学生组织,与中共地下党员王刚(王树勋)等人保持着密切的接触,在政治上坚定地站在代表光明、进步和真理的一边,并且随时准备听取中共地下党的秘密指示。

——这也是他日后成为一名优秀的中国共产党党员,成为一名坚定的共产主义战士的一个起点。

联大时期的生活,也是极其艰苦和清贫的。大家经常吃的是发霉的糙米饭,没有多少油水,能吃上白水煮的青菜已经很满足了。兵荒马乱的动荡生活,把大家都逼到了生活的最底层,许多名教授也是生活窘迫,难以养家糊口,有的只好在教学之余,靠另一些"手艺"谋取生计。例如诗人闻一多先生,有一门刻图章的手艺,于是他有时候就给人治印,收取几个小钱,聊补家用。

有时候,昆明的市民们会看见一些戴着眼镜的先生,腋下夹着一包书,用本地的土布包着,徒步穿过小城去上课,或者回到城外乡下的家。有的先生的衣衫到处破着洞,打着不同颜色的补丁。

还有一位喜欢穿皮夹克的先生,皮夹克穿得又脏又破了,说是要等打败了日寇才换洗。还有两位先生,胡子很长了,却不刮也不修剪,也说是要等胜利了才剃掉。

这些赫赫有名的大学者、名教授,在贫困和艰辛的岁月里,无一不是保持着贫寒而又高洁的操守,秉持着"先天下之忧而忧,后天下之乐而乐"的士大夫传统和精神风骨。

当时,西南联大的所谓"校舍",其实就是由著名建筑家梁思成、林徽因夫妇设计的一批土坯铁皮屋。但是,从这些铁皮或草顶的土屋里,却走出了使中华民族崛起的一代精英。

一些教工的宿舍,也只是茅草覆盖的农舍而已,昆明又是一个多雨的地方,一下雨,宿舍就成了"水帘洞",屋子里一片泥泞,甚至成了"汪洋";学生教室的屋顶,有的就是简单地用油毡或铁皮覆盖,太阳一晒,整个屋子像蒸笼一样。

就是在这样的条件下,西南联大的师生们也"不改其乐",用最乐观的精神、最坚强的意志,谱写着特殊年代里的校园弦歌。

当时,日本侵略者也时常派飞机来轰炸昆明,他们也并没有实际的轰炸目标,只不过想用不时的轰炸对中国的后方施加威胁,让人产生恐惧心理。但是,他们哪里明白,中华民族长期生于忧患、长于战乱,这些恐吓与灾难岂能吓倒中国人?更何谈征服中国!

于是,在西南联大,就有了"跑警报"的故事。

当时在西南联大文学系读书,后来成了著名作家的汪曾祺先生,写过一篇有名的散文《跑警报》,让我们得以知晓西南联大师生们"跑警报"的事情。当时,防空部门三天两头就有敌机要来轰炸的警报发出。一有警报,没有别的办法可以躲避,大家只能往郊外山野里跑,叫作"跑警报"。当时的警报有三种,第一种叫"预行警报",一有预行警报,昆明郊外的五华山上就会挂起三个红色大气球。五华山是整个昆明市的制高点,红色气球一挂出,全市的人就能看见。有了"预行警报",城市里的人就向郊外转移,躲避在山沟里。第二种叫"空袭警报"。第三种叫"紧急警报"。警报跑得多了,大家都有了一些"经验"和过硬的"心理素质"。西南联大的师生只有到了"空袭警报"和"紧急警报",才会纷纷穿过新校舍北边围墙上的一个后门,进入后面的山沟里暂时躲避一会儿。如果只是"预行警报",联大师生一般都是照常上课的。

即便是躲避在郊外的山沟里和简易的防空洞里,师生们也大都带着各自的专业书、工具书或读书卡片,坚持学习,不浪费一点时间。

朱明远、顾小英在他们的书中写到了父亲朱光亚这个时期"跑警报"的情景。当时,朱光亚正跟着物理学家吴大猷教授学习。

那时吴先生家住昆明郊区,由于战乱,那里不通汽车,甚至连黄包车都没有。父亲就常常背着吴师母到很远的医院去就医,有时遇上日军的飞机空袭,他还要背着吴师母"跑警报"。每当此时,吴师母看着已是满头大汗的父亲,不忍心,让他歇息,他都擦擦汗说一点儿也不累。在父亲看来,能为自己的恩师分一点忧,帮老师照顾一下师母,是最令他欣慰和快乐的事了。

朱光亚在这个时期和吴大猷先生结下了深厚的师生情谊,

他的勤奋好学、严谨稳健的为人风格,也深得吴大猷先生的赏识。这为他日后能被吴先生挑选出来,作为五位优秀的青年人才之一赴美深造,去参与执行为祖国计划"建立一个科学研究机构"的特殊任务,打下了坚实的基础。

在这个时期,朱光亚的父亲因为患有肺病,每月仅能领取一半的薪水,所以,家里已经无力负担子女们的学习费用了。于是,朱光亚在联大一边学习,一边利用业余时间,在校外附近的小店里做店员,获得一点点酬劳作为自己的学费。他省吃俭用,稍有结余,还会赶紧寄给父亲,聊补家用。

1944年9月,经中共地下党员王刚的介绍,朱光亚在昆明天祥中学(后来的昆明一中)谋到了一份教职,担任兼课老师,一度还兼任了班主任。他不仅把自己所学的专业知识用在了这份教职上,作为一名进步的爱国青年和爱国民主运动的积极参与者,他同时也悄悄给天祥中学带来了光明和进步的民主风气,让爱国民主运动之风在这所中学校园里也悄悄吹刮了起来。

一直到1945年他大学毕业、被西南联大遴选留校担任助教为止,朱光亚都在天祥中学兼课。所以,今天的昆明一中,也以自己的校史上曾经有过这样一位著名的教职员工而感到自豪。

艰苦的年代里,朱光亚和他的同学们经常以孟子的那段名言安慰、提醒和鼓励着自己:"天将降大任于斯人也,必先苦其心志,劳其筋骨,饿其体肤,空乏其身,行拂乱其所为,所以动心忍性,曾益其所不能。"

有时候,仿佛要有意试一试自己的意志和胆量,遇见有翻江倒海般的暴风雨的日子,他会约上几位要好的同学一道,沿着昆明郊外的五华山古道,骄傲地奔跑着。他们一边疯狂地、漫无目的地奔跑,一边挥动着双臂,哟嗬嗬地呼喊着,好像每一个人都和大自然的风雨雷电融成了一体,暴风雨中的一切声音都化作了他们生命的声音。这时候,他会觉得,他的周身,既充满了力量也充满了胆量。他们大声地呼唤:"让暴风雨来得更猛烈些吧!"

而当暴风雨停住,大地重又归于平静的时刻,他们就会像一群胜利者一样,一起站在高高的、天清气爽的山巅上,遥看远处大团大团翻涌的白云,聆听着一阵阵如同交响乐一般的林涛的奏鸣,心中似有万种神秘的激情在冲撞、荡漾……

这时候,他们还会对着山谷,对着丛林,对着辉煌的落日,高声地朗诵起他们所喜欢的诗歌来。那时候,西南联大校园里出现了很多诗人,几乎所有的学生,无论是文科院系的学生,还是理工科的学生,都热爱诗歌,都念过不少俄罗斯的浪漫主义诗歌。朱光亚喜欢普希金的诗。他一直记得这样一些诗句:

无论命运把我们抛向哪里,
无论幸福把我们带到何方,

我们永不变心：整个世界都是异域，
而只有皇村才是我们的故乡……

在朱光亚和他的同学们心中，他们的"皇村"就是西南联大。他们的"皇村之歌"，就是那首每次唱起来，都让他们热血沸腾的"西南联大校歌"：

……
千秋耻，终当雪。
中兴业，须人杰。
便一成三户，壮怀难折。
多难殷忧新国运，动心忍性希前哲。
待驱除仇寇，复神京，还燕碣。

第十二章 恩师

吴大猷先生是一位在世界物理学界享有盛誉的科学家,被誉为"中国物理学之父"。

吴大猷祖籍广东省肇庆市高要县,1907年9月29日出生在广州。他的祖父吴桂丹被称为"粤东时贤第一人",21岁时(光绪元年)应考秀才,名列第一;1889年殿试中进士,任翰林院庶吉士、散馆授编修、国史馆协修、功臣馆纂修等职;1901年又任记名御史。甲午战争时,吴桂丹倡办团练,对内维持治安,对外抵御日寇,可谓一代爱国先贤。吴桂丹育有四子四女,吴大猷的父亲吴国基是吴家的第二个儿子,也是清朝光绪年间的举人,曾任美国使馆随员,后被保奏为直隶(今河北省)的知州。

吴桂丹早年在肇庆五经里置有大量房产,在没有出仕做官之前,长期在肇庆当教书先生,可谓桃李满门。吴氏的后世子孙里从事教育工作者有十四人之多,其中任大学校长的就有四人。在这种家学渊源深厚的成长环境里,吴大猷与他的堂兄弟吴大业、吴大任、吴大立先后都考进了著名的南开大学,成为有名的

"南开四吴"。

吴大猷是在 1925 年考入南开大学物理系的,成为物理学名师饶毓泰先生的得意门生。从南开大学毕业后,1931 年,吴大猷获得一份研究奖学金,遂赴美留学。本来他是想去德国留学的,后来担心语言上有困难,就改去美国了。

在选择学校时,他还闹了这样一个笑话:他在列有许多学校的"一览表"中,选了加州大学、芝加哥大学、密执安大学和另一所学校。可是当他接到所选学校中的最后那所学校的回函时,回函竟然称他为"女士",他这才知道,原来那是一所女校。最终他选择了密执安大学,因为当时这所大学的收费最低,每学期只收 100 元学费。而芝加哥大学、加州大学,每一季就要交 100 元。

20 世纪 30 年代,是世界物理学领域的研究突飞猛进的时代。吴大猷主要研究的是多种原子分子光谱,还有苯及其衍生物的拉曼光谱。显然,这是一些距离我们的日常生活十分遥远的、极其专业的学科研究。正如著名原子物理学家奥本海默在谈到 20 世纪上半叶原子物理的发展时,曾经说过的那样:"这是一个多么伟大的创造的时代!"

可是,面对这个时代的人们,尤其是面对人文知识分子,奥本海默又不得不发出这样英雄气短般的感慨:"但是,它(指原子物理学)也许不会作为历史而被全面地记录下来。作为历史,它的再现,将要求像记录希腊悲剧人物俄狄浦斯,或(描述英国大革命时期的历史人物)克伦威尔的动人故事那样的崇高艺术。然而这个(原子物理学的)工作领域,却和我们日常经验的距离如此遥远,因此很难想象,它能为任何诗人或历史学家所知晓。"

在美国密执安大学期间,吴大猷研究的就是这个很难为人知晓的领域。1934年,他获得密执安大学物理学的博士学位。这年秋天,他应聘回国,在北京大学物理系任教,讲授古典力学、量子力学、理论物理学等课程。在北京大学任教的两年期间,他的学生中就有马仕俊、郭永怀、马大猷、虞福春等,这些人后来都成了科学名家。

抗日战争爆发后,北京大学、清华大学、南开大学联合组成西南联大,南迁到了昆明。吴大猷在1938年夏天也来到昆明,在西南联大物理系担任教授。在他的诸多学生中,他最为赏识和器重的一个,就是朱光亚。朱光亚也一直视吴大猷先生为自己的"恩师"。

吴大猷在他的散文集《回忆》一书中,写到过他们师生在西南联大时期的窘迫和艰苦的岁月。

当时,从吴大猷一家住的岗头村农舍到学校,要走上一两个小时的路程。有课程时,吴大猷每天早上五点钟就得启程出发,六点半左右到达学校。给学生们上完课后,再赶回岗头村。

"累是不必讲了,穿皮鞋走石子路,一天两个来回有二十多里,用不了几天,皮鞋就要打掌。更费的是袜子,不知穿破了多少双。那时,我有一条黄卡其布裤子,膝盖上都补上了像大膏药一样的补丁,虽然学校里有人穿得好一点,但不论谁穿什么,倒也没有人感到稀奇。"吴大猷这样回忆说。

因为大家都是一样艰苦,物资极其匮乏,所以彼此的衣衫再怎么褴褛,也没有人嗤笑。当时有一位哲学系的老夫子,没有像样的衣服穿,就只好穿着一件女衣,照样可以给学生们上课讲述中国哲学。

吴大猷还写到了一件极其幸运的事:有一天下午,空袭警报来了。以往大家对待警报都是不慌不乱,泰然处之,经常是虚惊一场。这一次在乡下竟然真的看见了日本的飞机飞过,还听到了炸弹的爆炸声,看见了空袭后卷起的烟尘。

五点多警报解除,我便步行进城,先去理发。店里人在谈论什么地方被炸,什么地方着火了,我也随口乱说了一通。理完发顺便到郑华炽先生家去吃了一顿饭,然后高高兴兴地走向自己的住处——周部长公馆,打算睡一觉,次日清晨一早上课,免得我多跑十里冤枉路。

当走到西仓坡(联大校园所在地)附近,遇见江安才助教带着一个工友,挑着一担东西仓皇而来。原来,下午空袭被炸的地方,就是我们借住的周部长的房子,中了四枚小炸弹。我们的行李、铺盖、什物等都埋在灰土瓦砾的下面。事后,他们特意掘出一些东西。最有趣的是我家有两只瓦缸,囤积的是两袋早就买好的面粉。缸本来是盖好的,空袭后瓦缸依然完好,但面粉里却掺进了一些碎玻璃和泥土。虽然这样,但还是舍不得把它丢掉。后来用水冲去杂物做成了面筋。那天晚上,只好又跑回郑华炽兄那里睡了一晚。假如我们未留在岗头村,那天也许不去躲警报,那便正好中"头彩"。后来,我在瓦灰堆中挖出了不少要用的东西,陆续搬到岗头村。

艰难的战时岁月,一切都简朴、简陋得无法形容。吴大猷自己动手,组装了一个"土制"的分光仪,他略带自嘲地说:"我想,在20世纪,在任何实验室里,都不会找到一个仅靠一个三棱镜,并且是用一个简陋木架做成的分光仪。我们为此动了不少脑筋。通过实验,虽得到了一些结果,但都不是比较重要或极有意义的研究项目。但我觉得这样做,总比坐着不干要好得多。"

在联大讲授古典力学课程结束时,吴大猷拟了十多个不同的论文题目,让他的学生们自选一个。当时杨振宁选的是《以群论讨论多原分子之振动》。

——十几年后的1957年,吴大猷从无线电广播里听到了杨振宁、李政道获得当年的诺贝尔物理学奖的消息。不久,杨振宁、李政道不约而同地给吴大猷先生发来信件。杨振宁告诉吴先生说:"我后来的工作及获得该奖金,均与对称性有关,这些都可以追溯于那年所做的论文。"

另一位获奖者李政道,当时是经人介绍,来到吴先生身边的。李政道刚来时还并非正式的联大学生。吴大猷回忆说:李政道原在广西宜山浙江大学读过一年级,由于日军逼近宜山,他便奔往重庆。后来又经介绍,来到昆明。"那时,恰值学年中间,不经考试,不能转学。我便和教二年级物理、数学课的几位老师商量,让李随班听讲考试,他若及格,则等到暑假正式转入二年级时,可免读以前课程。其实,这不过是我个人认为的一个合理的办法,而没有经过学校正式的承认和许可。"仅此一例,也可感知吴大猷先生识才的眼光与爱惜人才的胸怀。

朱光亚和杨振宁、李政道一起,当时是吴大猷最为赏识的几个得意高足。1945年,朱光亚大学毕业之时,被学校遴选留校担任助教。

这一年,发生在世界上的最大的一件事,莫过于美国成功地爆炸了第一颗原子弹……

早在1941年,科学家格罗夫斯在纽约曼哈顿区购得了一块土地,他们将在这里进行一项由美国政府担保的,可以说是最神秘，也最为危险的工程项目研究。这个工程被称为"曼哈顿工程"。

四年之后，1945年7月，第一颗原子弹爆炸成功。这时候人们才如梦方醒！原来，"曼哈顿工程"的破土动工，标志着人类核时代的正式开始。也有人称"曼哈顿工程"是一项伟大的创举，它开创了科学、军事和工业三位一体的"大科学"典范，具有领导统一、组织严密、分工明确、高效协调等优势。而同时，这也是一场关于生命、死亡、战争、正义与反正义、理性与疯狂的竞赛和较量。

"曼哈顿工程"不仅揭开了原子能的神奇之谜，也第一次把一种最具破坏力和杀伤力的武器——原子弹，送到了人类面前……从此，一把前所未有的达摩克利斯之剑，就高悬在人类的头顶上，恐怖的核阴影开始笼罩着全世界。

这一年，因为吴大猷先生看中了朱光亚扎实的理论基础、出色的钻研能力和诚恳稳健的为人风格，对他格外器重和赏识，所以不久后，朱光亚在自己的人生道路上，就迎来了一个新的转折点。

第十三章　远渡重洋

早在 1933 年，德国希特勒纳粹上台后，就开始疯狂地迫害犹太人。当时正在国外访问的犹太物理学家爱因斯坦的著作，也被视为"犹太人邪说"而遭禁，爱因斯坦因此定居在美国。在这之后不久，费米、波尔、西拉德等犹太科学家也相继逃出纳粹的魔爪，到达了大西洋彼岸。

著名科学家居里夫妇的女婿、后来担任法国科学院院长的法共党员，也是中国科学家钱三强的导师约里奥·居里，则在德军占领挪威前夕，把制造核弹必需的 200 升重水，悄悄运到了美国。而此时，全世界其他实验室中的重水加在一起也不过数升。就此，美国在核研究方面已有了最优越的人力、物力资源。

1939 年初，丹麦著名物理学家波尔，从两位刚从纳粹德国逃亡出来的物理学家那里，获知了德国已经开始研制原子弹的确切消息。波尔立即前往美国，把这一消息告诉了流亡在美国的费米、西拉德等科学家。这些深知核能巨大威力的科学家对此忧心忡忡。他们明白，如果纳粹德国抢先制造出了原子弹，那么，人类将面临一场史无前例、无法想象的核灾难！

于是，一个由美国政府担保的秘密工程项目，在纽约的曼哈顿开工了。这个工程被称为"曼哈顿工程"。

1945年7月，美国成功爆炸第一颗原子弹。原子弹的一声巨响，向全世界宣告了人类的"核时代"早已随着"曼哈顿工程"而揭开了帷幕。

此时在欧洲大陆，第二次世界大战即将接近尾声的时候，英国第二军已经越过莱茵河，希特勒还在做着垂死挣扎。为了实施最后的报复，希特勒疯狂地向英国发射出了最后一批共计1050枚V-2火箭……

就在这时，一个不为人知的神秘研究中心，也在偏远的哈威尔悄悄建立起来。而在哈威尔研究中心主持工作的人，就是著名的原子能科学家富克斯。

富克斯本来是德国人，1933年希特勒纳粹上台执政后，他逃往英国。后来，他同一些英国科学家来到美国，协助实施"A3曼哈顿工程"，并在此后多次参加过原子弹爆破装置试验。伴随着二战胜利日的到来，富克斯重新返回英国，在哈威尔开始了新的核物理研究……

1945年8月6日和9日，美国向日本广岛、长崎投放了代号分别为"小男孩"和"胖子"的两颗原子弹。两座城市顷刻变成人间地狱，化作了永远的废墟，数十万生灵涂炭。原子弹成了日本军国主义的噩梦。

中国人民艰苦卓绝的抗战,世界人民的反法西斯战争,也随着两颗原子弹的巨响而胜利结束。

美国在广岛、长崎投放的两颗原子弹,震惊了全世界,也震动了当时的"国民政府主席"蒋介石。这年秋天,蒋介石找来"军政部"部长陈诚和"军政部"次长、"兵工署"署长、国际弹道专家俞大维,向他们下了一道命令:中国也要制造原子弹!蒋介石希望他们尽快地秘密筹划出中国的"原子弹计划"。

于是,"原子弹计划"被紧锣密鼓地提到议事日程上来了。

1946年6月,著名航空工程专家钱昌祚被任命为"国防部"新设第六厅厅长,着手领导铀的提炼等工作;"中央研究院"院长兼"教育部部长"朱家骅,设法弄到了必需的科研设备;科学家吴有训、赵忠尧等也被召集到南京,在"中央研究院"着手铀矿含量测定等工作。同时,在"北平研究院"也设立了一个原子研究所,著名科学家钱三强、何泽慧夫妇开始了原子核反应方面的研究。

这年6月30日,美国在太平洋比基尼岛再次进行了原子弹爆炸试验,英国、苏联、中国等二战时期的盟国,都派人前去参观了这次试验。中国科学家赵忠尧在刚刚参观完这次试验后,接到了中国驻美使馆的一个秘密通知:国内已经汇来12万美元,委派他购置一些从事原子核研究的主要设备。

此事非同小可。赵忠尧一得到秘密通知，马上就着手行动。他通过秘密关系，几经周折，买到了一台电子加速器。对原子核研究来说，这可是一件大宝贝！

8月6日，另一位中国科学家顾毓琇，拜访了制造原子弹的材料专家、美国加州大学原子研究所所长劳伦斯，劳伦斯表示，愿意帮助中国建造加速器。

顾毓琇兴奋地赶紧写信给蒋介石，恳请蒋主席"高瞻远瞩，赐准制造原子试验器，为国家民族树科学救国、国防救国第一百年之基"。

蒋介石正在梦想着拥有中国自己的原子弹，二话没说，就特批了50万美元，作为研制原子弹的经费。

不久，俞大维就找来从美国麻省理工学院毕业的化学博士曾昭抡，面授机宜，让曾昭抡秘密去找他的同事、著名数学家华罗庚和著名物理学家吴大猷商量，把政府想发展原子弹武器的意见告诉这两个人。很快，吴大猷、曾昭抡和华罗庚三位名教授就到了重庆。俞大维对他们说道："蒋主席指示，中国也要搞原子弹，你们要什么给什么，房子、地、钱，要什么都给！"

三位科学家虽然觉得事情来得有点突然，但是大家心里也都有数，懂得原子弹作为一项"大国重器"，对一个饱受外寇践踏和战争重创的国家与民族来说，意味着什么，是多么重要！于是,三位科学家几乎是异口同声地对有着数学博士身份的俞大维说:"现在缺少的不是房子、地和钱,最缺少的是人才!缺少的是懂得怎样制造原子弹的物理学家、化学家和数学家!"

"既然这样,那就请你们尽快拿出一个计划报上来,以有助于国防科学机构的工作。"俞大维交代说。

不久,吴大猷就把三人的建议综合了一下,拟就了一个"计划",报了上去。计划里最重要的有这样两条:一是成立一个研究机构,培植各项基本工作的人才;二是初步可行的是,先选派几位物理、化学、数学人员出国,研习观察近年来各部门科学进展的情形。

总之是要筹建一个研究机构,并立即选送数位来自各部门的优秀青年出国,学习上述各科基本科学。

吴大猷在《回忆》一书中写道:"我拟写的建议,经陈(诚)、俞(大维)两位考虑后,以为可行,即嘱华(罗庚)和我负责数学、物理两部门。我与华建议,化学部门就请曾昭抡先生负责。"

从重庆返回昆明后,他在物理领域毫不犹豫地就选了李政道和朱光亚两人。在他看来,当时在西南联大的研究生和助教之中,没有比李政道、朱光亚更具天赋、学习上更加勤奋的了;数学领域,华罗庚选出了孙本旺,到了美国后,他又推选了徐贤修;化学领域,曾昭抡选了王瑞酰、唐敖庆。

为了让这五位青年科学俊杰在去美国前,对原子物理和原子核物理有更多的了解，吴大猷专门为他们开设了量子力学课，给每个人"开小灶"，加速讲授近代物理。

同时，吴大猷还拿到了一份讲述美国原子弹秘密研制经过的、在当时尚未正式公布的绝密文件。这份绝密文件仅有一册，而且是由美国交给国民党军政部，由俞大维亲手交给吴大猷的。吴大猷就把文件分为五份，让那五位选出的青年分头翻译成中文，最后再交由吴大猷校阅修改，然后送军政部。——据吴大猷回忆，很可惜的是，这份译稿后来还没等到正式出版，就被军政部给弄丢了。

朱光亚接到国民政府下达的赴美任务之后，悄悄地与中共地下党组织联系，获得了地下党组织同意他去美国的意见。

临行前，朱光亚又特意去了一趟南京，向正在南京担任国民政府外交官的大哥辞行。言谈中，朱光亚表现出了自己内心的一些忧虑：一是对蒋介石政府未来的前途和命运，实在是没有多少信心，因为从当时的时局来看，国民党在各个战场上正在节节败退，国统区的人民对蒋介石政府怨声载道，而对毛泽东和共产党却充满了期待；二是他们无法猜测，此去美国，到底会有怎样的结果，美国人究竟能否真的对中国科学家开放自己的原子弹研究成果，大家心里都没有底。

对此，大哥朱光庭安慰他说："事情既已至此，就不要考虑那么多了，好在这是一个难得的开阔眼界、提升专业知识的机会,先把技术学到再说吧。"

1946年8月的一天,朱光亚和李政道、唐敖庆等一起,随同华罗庚先生,从上海登船,踏上了远渡重洋的航程。

在他此行的朋友当中,李政道成了他一生的莫逆之交。他们的友谊,从西南联大校园里开始,一直保持到了他们各自的晚年。

——许多年后,李政道在一篇回忆文章中,高度评价了朱光亚的人生境界和道德情操,也深情地回顾了他们从青春少年时期就建立起来的美好的友谊和赴美时的细节。他说:

我和光亚初次相识是近六十年前的事,那时,他21岁,已从西南联大物理系毕业后留校做助教。我19岁,是联大物理系二年级的学生。……光亚和我在上课和课外建立我们之间的友情。

1946年夏我们赴美时,曾昭抡先生先赴美国,吴大猷先生因需去英国开会再转道去美,也未能同行。于是,华罗庚先生、唐敖庆、王瑞酰、孙本旺、光亚和我,一行六人,从上海坐船出发赴美考察、深造。在赴美的轮船上,在横跨太平洋的十几个日日夜夜同舱共处,光亚和我的友谊逐渐加深变厚,一直持续至今。

正如朱光亚所忧虑的那样,李政道在回忆中也说到了自己当时同样的心境:"那时候我们也猜测到,美国不会向任何其他国家开放原子弹研制技术。到美国后,更证实了这一情形……"

同行的人中,除了华罗庚和五位青年科学家,还有吴大猷先生的夫人、朱光亚和李政道的师母阮冠世女士。

大海茫茫……

海鸟追着船尾的浪花,在高声地、凄厉地鸣叫着……

渐渐地,他们这一行人离自己的祖国越来越远了。朱光亚俯在船舷边,望着茫茫无边的大海,望着渐渐消失在海岸线那边的祖国,心里头不由得感到了一种沉重的乡愁。他不知道,在前方等待着他们的,将是一个怎样的未来。

第十四章　密执安的日日夜夜

事情果然就像朱光亚出国前所担心和估计的那样,美国是不会轻易地向任何其他国家开放原子弹研制技术的。朱光亚一行到达美国后,这个猜测很快就变成了事实。

1946年9月,华罗庚带着朱光亚、李政道、唐敖庆等刚刚抵达旧金山,先行而来的曾昭抡就告诉他们说:"看来我们是一厢情愿了!想在美国学习原子弹研制技术,根本不可能,完全没门儿!"

曾昭抡与美国有关方面接洽后得知,美国当局对原子弹这个高新技术,对外实行了全面和严格的封锁政策,拒绝向任何其他国家的科研人员开放这方面的信息。

这样,就像一瓢冷水浇到了朱光亚他们一行人的头上,大家面面相觑,一时间不知如何是好。

这时候,抗战的全面胜利也使国内的形势发生了巨变,国民党反动派对共产党重新开始了全面内战,国统区反饥饿、反内战、反压迫,要民主、要自由的爱国民主运动的声浪,一天高过一天,时局大变,中国的命运前途难卜,因为倒行逆施而使得民怨沸腾的蒋介石政府,已经焦头烂额、自顾不暇……在这个时候,政府派出的这个考察小组,实际上已经工作无门,只好宣布解散,各奔东西。

朱光亚、李政道等人根据曾昭抡的建议,各自选了自己心仪的大学和专业,或是去担任教职,或是作为留学生入学学习去了。

至此,蒋介石政府倡议发起的"中国也要制造原子弹"一事,就这样昙花一现、不了了之了。

吴大猷在他的《回忆》一书中写到了当时的一些实情:

> (此时)军政部已改为国防部,我们方案统归第六厅办理。由于战况及一般情况日变,政府实在不能照顾到今后长期性的科技发展计划。当局似乎依据顾毓琇先生的建议,另外成立了一个类似原子能委员会的组织,我虽是委员之一,但从未参闻其事。以后方听说"中央研究院"派赵忠尧先生到美国加州理工学院订购某些设备,这样似乎原来军政部赋予我们的任务已无形告终。李政道等五人亦已分别入学专心研习。由于华罗庚在出国前在国内仅选了一人,后来将另一空缺所领之款,给予先期在美的徐贤修。

这年秋天,吴大猷回到了他的母校密执安大学,并且跳出了他原先一直从事的原子分子研究这个领域,选择了一个新的方向即核子物理(高能质子·中子的散射原理),开始了研究工作。

与此同时,朱光亚也跟随着他的恩师吴大猷来到密执安大学,一边作为吴先生的助手做理论物理课题,一边在该校研究生院攻读博士学位,研读的方向是实验核物理研究。——也正是有了在密执安大学这一段不寻常的专业学习和研究经历,朱光亚后来回到新中国的怀抱里,才能够成为新中国核事业的开拓者、领导者和奠基者之一。

李政道在他的文章《光亚和我》里回忆说:

在密执安大学学习的第二年,光亚在年轻的核物理学家 M. L. Wieden Beck 的指导下从事核物理实验研究,发表了《符合测量方法(1)B 能谱》《符合测量方法(2)内变换》等论文,在核物理这门当时迅速发展的尖端科学里,留下了自己的足迹。1949 年秋,他通过了博士论文答辩。毕业后,1950 年春,光亚毅然从美国回到中国,投入新中国创业的热潮之中。几十年后,每当回忆这段往事,我常说,当初蒋介石派出去学做原子弹的几位,只有光亚是派对了,他回国来时做原子弹了。选我是选错了,我没有学做原子弹,仅在纯物理的领域中工作。其他几位也都没有去做原子弹。

密执安大学的日日夜夜,对年仅20来岁的朱光亚来说,是极其珍贵的一段求学时光。他亲身感受到了美国对原子弹研制技术的封锁政策,在他们这一代中国青年科学家心中留下的是什么滋味,因此他也更能真切地理解什么叫"奋发图强",什么叫"少年强则国强"。

那些日子里,他不时地重温在中学时就读过无数遍的梁启超的《少年中国说》中的一段话:"故今日之责任,不在他人,而全在我少年。少年智则国智,少年富则国富,少年强则国强,少年独立则国独立,少年自由则国自由,少年进步则国进步,少年胜于欧洲则国胜于欧洲,少年雄于地球则国雄于地球。"

他明白,当国内的局面和国民党当局越是混乱、腐败和反动的时候,人们的心理状态越是萎靡不振、濒临绝望的时候,就越是需要崇高和伟大的英雄光华来支撑、来照耀这个民族的精神天空。而他们这些身在海外的学子唯一能够做到的,就是发奋读书,以期有朝一日报效国家,担当起振兴国家和民族的重任。

"天下兴亡,匹夫有责!"

"千秋耻,终当雪。中兴业,须人杰。便一成三户,壮怀难折。多难殷忧新国运,动心忍性希前哲⋯⋯"

在密执安校园里,他的脑海里经常浮现出西南联大的同学们激情澎湃、"位卑未敢忘忧国"的壮志豪情,耳边也不时响起他们唱过无数次的《西南联大校歌》的激越、豪迈的歌声……

因为有了这样的"精神支柱",朱光亚在这里的学习情形真可以用"悬梁刺股""壮士断腕"来形容了。

——许多年后,他的密执安大学的校友和老师们回忆说,他勤奋、刻苦,不苟言笑,但是在同学中威望很高;他各科成绩全是A,连续四年获得奖学金。这种状况在密执安大学校史上是不多见的;他每次上交的研究报告、考试卷面,都特别整洁干净、一丝不苟、条理清楚,每一位老师批阅他的研究报告和考试卷子,都觉得"是一种享受",他赢得了几乎所有教授的好评和喜爱,教授们亲昵地称他为"KY"(光亚)。同学们对他有一个总的印象是:这个人,"做起实验来很拼命"。他之所以选择了当时尚未成名的、一位特别年轻的核物理学家 M. L. Wieden Beck(M. L. 维登·贝克)做自己的博士生导师,一方面是因为他在这里遇见了西南联大时的学长、后来成为著名物理学家的张文裕、王承书夫妇,听从了他们的建议;另一方面更为重要的是,他观察到,这位 M. L. Wieden Beck 十分痴迷于科研,经常一个人待在实验室里,不为外界的任何享乐声色所诱惑,而且动手能力很强,富有实践经验。朱光亚觉得,这正是他目前所需要的。

他跟着 M. L. Wieden Beck 做研究,两个人都变成了"核物理狂人"。朱光亚作为较早地在核物理这门刚刚兴起却正在迅猛发展中的尖端科学领域,留下了探索足迹的中国科学才俊,他通过博士论文答辩时，才 25 岁。

这个时候，在全世界范围内，整个物理学，尤其是核物理这样的高端领域，一些崭新的研究成果正在诞生：

英国已经在 1947 年前后，在哈威尔建起了第一个原子反应堆；

1948 年，美国在新墨西哥州实验的导弹高度已可达到 78 英里，时速为 3000 英里；

1949 年，苏联也正在进行他们的第一颗原子弹的试验；

仅仅过了一年时间，1949 年，美国又把他们的导弹发射高度提升到了 250 英里，这可是人类从未达到的最高高度……

就在朱光亚顺利通过了论文答辩，获得了物理学博士学位不久，新中国成立的喜讯，已经传到了美国。

那些日子里，旅美的留学生们和身在海外多年的华侨们，许多人都欢欣若狂，有时流着激动的热泪，不断地举行各式各样的聚会、晚会，庆祝多灾多难的祖国的新生。朱光亚在密执安大学校园里，也切身感受到了这一激动人心的时刻。

当时，在美国的中国留学生和旅美的知识界有两个较大的组织：一个是北美基督教中国学生会，另一个是留美中国科学工作者协会。朱光亚和他的朋友们也经常在星期天或假日里，参加这些组织里的联谊活动。他们身在大洋彼岸，却时刻关注着国内的形势进展。因为为人谦和、诚恳，又乐于为大家服务，朱光亚深得大家的信赖，这个时期他被推举为北美基督教中国学生会中西部地区分会的主席。

在新中国诞生的喜讯传来的那些日子里，他像变了一个人似的，一改过去不苟言笑、只愿意埋头在实验室里的习惯，经常发起和组织一些小型聚会和联谊活动，召集大家坐在大学校园的草地上，他亲自朗读《华侨日报》上有关国内的喜讯给大家听。有时也请大家互相传阅和宣读一封封同样是带来喜讯的家书……

这期间，大家还推举朱光亚出面组织了中国留学生赴芝加哥参加夏令营、冬令营活动，意在向在美国的更多中国留学生和爱国青年宣讲国内的大好形势，引导留学生们和海外华侨更多地去了解中国共产党和新中国，宣讲刚刚诞生的新中国百废待兴，急需大批的科技人才和知识分子……

当然，这个时候，无论是美国政府，还是不甘失败的蒋介石集团，都对中国共产党和新中国百般敌视与防范。有一天，正在美国东部工作的华罗庚先生特意抽出时间来到密执安大学，看望朱光亚等中国学生，亲自参加了中国留学生们组织的爱国活动，意在为大家鼓气助阵，同时也特意来提醒和叮嘱这些热血沸腾的年轻人，平时要多留个心眼，要注意安全，注意无处不在的各种利诱……

第十四章 密执安的日日夜夜 / 131

"白日放歌须纵酒,青春做伴好还乡。"这些日子里,有一种大家虽然都是心照不宣,却又掩饰不住的渴望,正在朱光亚和他的朋友们之间酝酿着、传递着。隔着辽阔的太平洋,他们好像听到了祖国母亲殷切地召唤他们的声音……

第十五章　心心相印

1949年夏天,也就是朱光亚到美国后的第三年,他在密执安大学里结识了美丽、聪慧的女留学生许慧君。两个人一见倾心,心心相印,成为终生不渝、志同道合的恋人和伴侣。

在未来的日子里,他们还是在新中国的科技战线上,为了同一个神圣的使命并肩工作的同事和战友。

许慧君出身于近代中国的名门世家,是一位真正的大家闺秀。让我们从她的父亲许崇清先生说起。

许崇清,别号志澄,广东广州人,出生于1888年,是我国近代著名的教育家和教育哲学家,被公认为"新教育学和新中国高等教育的奠基人之一"。

1900年,许崇清到湖北武昌的一所教会学校念书,寄住在他的姑丈家。五年后考取了官费留学生的资格,到日本,就读于日本第七高等学校。1911年,经宋教仁介绍,加入同盟会组织,随后回国参加了辛亥革命。

1912年,许崇清再次返回日本修完学业,从第七高等学校毕业后,进入日本帝国大学文学部学习,本科毕业后又进研究院。1917年,他发表了一篇题为《再批判蔡子民先生在信教自由会演说之订正文并质问蔡先生》,成为第一位向国内介绍爱因斯坦狭义相对论学说的中国学者。

1922年9月,革命家廖仲恺赴日本与苏俄代表进行秘密会谈,约许崇清同行。廖仲恺十分赏识许崇清的才干,这年10月24日,许崇清和廖仲恺、何香凝夫妇的侄女廖六薇在东京结婚。事后大家才恍然大悟,廖仲恺这次赴日本与苏俄代表秘密接触,同时也是借助了许崇清和廖六薇成婚的机会做了掩护。后来何香凝曾开玩笑地对廖六薇,也就是许慧君的母亲说:"你们这段姻缘啊,也是一件对国家有益的事儿。"

廖六薇的父亲廖仲舒与廖仲恺是同胞兄弟,曾任中国驻日本公使。廖六薇与后来的著名华裔陈香梅女士的母亲也是姨表姐妹关系。

1923年,许崇清由廖仲恺介绍加入国民党,并被孙中山指派为国民党临时中央执行委员会执行委员,参加了改组计划的草拟工作,也是《中国国民党第一次全国代表大会宣言》中的教育部分的起草人之一。是年,许崇清开始出任广东教育厅厅长。1931年,他第一次出任中山大学校长。许崇清先后三次担任中山大学校长,也曾担任过广东省副省长。

许崇清在中山大学先后主政近二十年。他年轻时就开始追随孙中山先生,对这所由孙中山亲手创办的大学怀有深厚的感情,因此,他几乎把毕生心血都奉献给了中山大学。许多出身于中山大学的师生回忆说,在中山大学校内,许校长对学生爱国运动态度开明,极力保护;他十分尊重人才,大批聘用进步学者,倡导学术研究的自由气氛,在中山大学校园里营造了进步和自由的风气,对整个中山大学文化传统的形成与延续,产生过巨大的影响。有的教育研究学者认为,每一所中国近代大学的成长,几乎都与它们身为教育名家的校长相连,如蔡元培、蒋梦麟之于北京大学,梅贻琦、潘光旦之于清华大学,邹鲁、许崇清之于中山大学……

抗日战争时期,中山大学迁到了云南澂江。1940年,许崇清再度被任命为中山大学代理校长。因为他的奔走,中山大学从云南迁回广东,校址在坪石。此时,许崇清在学校公开讲授唯物主义哲学,推崇苏联式的大学教育,还聘请了洪深、李达、王亚南等一大批进步的学者、教授前来任教。他的这些做法引起了校内反动势力的不满,有人曾向当局告密,说他"引用异党,危害中大"。于是,1941年,许崇清再次被免去代理校长的职务。不过,此后他以第七战区编纂委员会主任委员的身份,主编了《新建设》《教育新时代》《阵中文汇》《学园》等讴歌光明、追求民主与进步的期刊,被许多追求真理和光明的知识分子誉为"浓黑中几盏微弱的灯火"。

许慧君是许崇清和廖六薇的长女。朱光亚认识她时,她正在密执安大学攻读化学硕士学位。

在密执安大学校园里,这一对相亲相爱的恋人,经常一起出席留学生组织的讲演会、座谈会和夏令营活动。在这些洋溢着热烈的爱国热情的聚会中,两个年轻人都真切地感受到了新生的祖国对身在海外的青年知识分子和华侨游子们的吸引力,也萌生了随时准备听从祖国母亲的召唤,回国报效国家和民族的心愿。

顾小英、朱明远在他们的书中这样描述了朱光亚与许慧君最初相识时的精神状态:"当时的父亲并未沉湎于儿女情长的个人幸福之中。在他眼里和胸中,还有着对祖国与人民的大爱与大抱负,因为他认为,国家兴亡,匹夫有责。他始终把自己的命运与祖国的命运紧紧相连,儿行千里,却始终不忘故乡、祖国——母亲。不管走多远,尽管与祖国远隔重洋,但忠心依旧,这就是父亲当时的情怀。后来,新中国成立的消息传来,父亲欢欣鼓舞。他在同学们中间奔走相告,并积极组织集会和庆祝活动,和同学们交流、讨论回国参加建设。因为当时,在历史的抉择时刻,留美的中国学生最关心的焦点问题便是,回祖国大陆还是滞留美国,或去宝岛台湾。这个话题,成为当时每一个中国留学生日思夜想的重要问题与核心话题。父亲和许多进步师生,积极鼓励大家回祖国大陆效力。从文字记载上看,自 1949 年

11月至12月,父亲与曹锡华等人在密执安大学所在的安娜堡,多次以留美科协的名义组织召开中国留学生座谈会,分别以'新中国与科学工作者''赶快组织起来回国去'等为会议主题,介绍国内情况,讨论科学工作者在建设新中国过程中的作用,动员大家:祖国迫切地需要我们!希望大家放弃个人利益,相互鼓励,相互督促,赶快组织起来回国去……"

在那些日子里,朱光亚和朋友们还用他们所熟悉的《打倒列强》的歌曲旋律,自己填词创作了一支《赶快回国歌》,每次聚会的时候,大家都会齐声高唱:"不要迟疑,不要犹豫,回国去,回国去!祖国建设需要你,组织起来回国去,快回去,快回去!"

1949年的冬天已经悄悄地来到了密执安湖畔。

有一天,朱光亚和许慧君一起在密执安湖畔散步时,无意中看到了一个令人感动的场景:一群大乌鸦,正在呱呱地鸣叫着,聚集在湖畔的雪地上。乌鸦们发出的声音是那么凄凉,好像发生了什么不祥的事情……

朱光亚拉着恋人的手,悄悄地站在远处,想看个究竟。仔细地观察了一会之后,他们才看明白了。原来,有一只乌鸦不知什么原因,不幸死亡了,其他的乌鸦都站在它的尸体周围,排成弧形的队伍,呱呱地悲鸣着,好像在表示自己的"哀悼"。

过了一会儿,其中的几只乌鸦竟然合力衔起了那只死去乌鸦的尸体，飞到湖水的上空，将尸体抛入了水中，仿佛是给那只死去的乌鸦完成了"水葬"，然后，这群乌鸦又悲伤地叫上了一阵后，才盘旋着离去了……

"原来，密执安的乌鸦真的是非同凡鸟啊！"朱光亚告诉许慧君说，他刚来到密执安的时候，空闲时偶尔也来密执安湖畔游玩。闲谈的时候，有一位经常来这里给乌鸦喂食的当地的老人告诉过他，在鸟类世界里，乌鸦的语言是最丰富的，它们的叫声有三百多种。乌鸦还有很多属于自己种族的"方言土语"。比如说，密执安湖畔的乌鸦，和意大利佛罗伦萨郊区的乌鸦之间，就存在着"语言障碍"；生活在城市里的乌鸦和乡下乌鸦之间，也有一些语言隔阂……

"现在我们又意外地看到了这样一番情景！真是不可思议啊！如果不是亲眼所见，说出来一般人是不会相信的。鸟犹如此，人何以堪！"

说到这里，朱光亚的目光又望向了茫茫的远方……

许慧君当然十分明白，这些日子里朱光亚最大的"心事"是什么。

朱光亚在当时的日记里，也记下了这样一个激动人心的时刻。1950年新年前夕，大家在一个小型晚会上聚会，用唱机播放了《嘉陵江上》等歌曲，然后一起高唱起《团结就是力量》《民主建国进行曲》：

......

看,我们胜利的旗帜在迎风飘扬,

看,灿烂的太阳升在东方……

咳! 我们,我们可爱的祖国呀祖国,

从今要打碎那专制枷锁……

我们要过自由民主和幸福新的生活!

......

——可惜的是,朱光亚在密执安时期写的这本弥足珍贵的日记,后来散失了。

但这时候,他想返回祖国的决心已定,并开始悄悄做着回国前的各项准备。

当时,美国成立了一个名为"经济合作总署"(英文简称"ECA")的机构。其源于1947年6月5日,时任美国国务卿乔治·马歇尔在哈佛大学毕业典礼上发表的一次演说。

马歇尔在演说中说,鉴于战后欧洲经济的衰落,美国愿意通过经济援助来刺激欧洲的复苏,"无论何时,无论何地,它都是一个民族对另外一个民族的最慷慨之举"。这项计划遂被命名为"马歇尔计划"。当时有不少人对此抱有美好的幻想,认为这个计划就像是对溺水之人抛出了一条救命的绳索,它会把许多遭受过战争创伤的国家从经济灾难中拯救出来。

但是,也有不少人对这个计划的动机和可能的功效产生了怀疑,甚至认为它真的会如此"利他"和"无私"吗？它真的能拯救这个世界于衰落与灾难之中吗？因为这样的质疑,这个计划也很快就遭到了北美和欧洲的冷漠、阻挠,甚至有不少美国人也对这个计划提出了反对的意见。当时的威斯康星州参议员亚历山大·威利就声称："我们当费力不讨好的山姆大叔的时代应该结束了。"同样是这个州的另一位参议员约瑟夫·麦卡锡后来说,这个计划是"浩浩荡荡的一通白忙活儿",它把美国变成了"现代世界的馅饼"。

不过,1948年4月3日,时任美国总统杜鲁门还是正式签署了这个"马歇尔计划",同时还批准设立了一个"经济合作总署"(ECA)来负责这一计划的实施。

当时,清醒的人们似乎都很清楚地知道,美国实行的这个"马歇尔计划",其真正的目的就是"使欧洲国家在经济上和政治上对美国资本俯首称臣",同时,美国也即将开始对"红色中国"实行全面的政治打压和经济封锁,包括用所谓高薪职位、提供研究经费等手段,利诱、笼络和阻挠在美的高级知识分子和留学生返回自己的祖国。

正是在这种复杂的背景下,朱光亚与许多富有良知、富有崇高的爱国情怀的知识精英、留美学生一道,对自己的人生道路做出了义无反顾的抉择。

1950年2月27日,朱光亚毅然拒绝了美国经济合作总署给予的旅费"救济",并悄悄地抢在美国对华实行全面封锁之前,自筹经费,暂别了尚未毕业的女友许慧君,取道香港,辗转回到了祖国的怀抱。

——在他回到新中国一年之后,许慧君也完成了在密执安大学的研究生学业,获得了化学硕士学位之后,也迫不及待地回到了祖国,和自己最亲爱的人并肩走到了同一个工作岗位……

没有好父母,哪来的好儿女? 没有好儿女,哪来的好家园? 当星光隐入了云层,浩瀚的太平洋上涌动着不平静的波澜时,新中国的太阳,带着炽热的光芒,正在跃出东方的地平线……

我们苦难的祖国啊,终于跨过了多灾多难的20世纪前半叶,迎来了20世纪50年代的一个个崭新的春天和秋天! 英雄的中华儿女,也扬眉吐气,暂时走出了外侮与内战的双重忧患,跨越了寻求救国真理的曲折历程,终于露出了自信与欢欣的笑脸……

第十六章　一封公开信

朱光亚所做的回国前的各项准备，其中尤为重要的一项，就是从1949年年底开始，他作为北美基督教中国学生会中西部地区分会主席，牵头起草了一封激情洋溢的书信，并开始秘密地在美国各地区的中国留学生中间传阅。留学生们传阅着、讨论着，然后郑重地签上自己的名字……

到第二年2月下旬，已经有53名决定在近期回到祖国怀抱的留学生在这封书信上签上了自己的名字。

——后来，这些签了名字的留学生中的大部分人，都成为新中国自然科学、社会科学领域里的著名学者、教授和专家，有的还走上了重要的领导岗位。

1950年2月27日，朱光亚和他的朋友们归心似箭地登上了驶往香港的"克利夫兰总统号"远洋客轮。就在他们回国途中，这封有着53名血气方刚的爱国留学生签名的书信，寄达了设立在纽约的留美中国学生通讯社，不久就刊登在了3月18日出版的《留美学生通讯》第三卷第八期上，题目就叫《致全美中国留学生的一封公开信》。

公开信全文如下：

同学们：

是我们回国参加祖国建设工作的时候了。祖国的建设急迫地需要我们！人民政府已经一而再,再而三地大声召唤我们,北京电台也发出了号召同学回国的呼声。人民政府在欢迎和招待回国的留学生。同学们,祖国的父老们对我们寄托了无限的希望,我们还有什么犹豫的呢？还有什么可以迟疑的呢？我们还在这里彷徨做什么？同学们,我们都是在中国长大的,我们受了二十多年的教育,自己不曾种过一粒米,不曾挖过一块煤。我们都是靠千千万万终日劳动的中国工农大众的血汗供养长大的。现在他们渴望我们,我们还不该赶快回去,把自己的一技之长献给祖国的人民吗？是的,我们该赶快回去了。

同学们！我们来美有的一年,有的两年,有的三年五载,都是说要"学成归国",怎样才叫"学成"呢？硕士？博士？从前硕士博士回国可以换官做,现在可不成啦。现在新中国评定工作人员的标准,百分之五十是才干,百分之四十是工作热忱,只有百分之十才是资历。老实说,博士头衔从此吓不住人了。要空头衔干什么？

你也许说自己学得还不够，要"继续充实""继续研究"，因为"机会难得"。朋友，学问是无穷的！我们念一辈子也念不完。若留恋这里的研究环境，恐怕一辈子也回不去了。而且，回国之后，有的是学习的机会，有的是研究的机会，配合国内实际需要的学习才更切实，更有用。若待在这里钻牛角尖，学些不切中国实际的东西，回去之后与实际情形脱节，不能应用，而招牌又唬不到人，到时候真是后悔都来不及呢！你舍不得这个"机会"，为了这个"机会"，你也许在学习之余，还要做苦工出卖时间与精力，还得受人歧视。也许你已得到了ECA的"救济金"，也不管它以后还能继续多久，也不管它有没有政治作用，想靠它完成你"继续研究"的打算，把个人的兴趣看得太重了，太忽视了国家人民的迫切需要，这种思想太自私自利了。

你也许是学工的，留在学校里，也许在复习以往念过的课程，也许在钻牛角尖，实际工作经验则太差。朋友，你也许觉得能力不够回国干实际工作怕塌台。要想不塌台，就该早些回去，在国内现实的工厂设备材料条件之下去从事实际工作才是办法啊！不能再彷徨了，而且，我们是要从工作中学习，还怕什么"塌台"不"塌台"呢？

也许你在工厂实习，想从实际工作中得到经验，其实也不值得多留。美国工厂大,部门多,设备材料和国内相差很远,花了许多工夫弄熟悉了一个部门,回去不见得有用。见识见识是好的,多留就不值得了,别忘了回去的实习机会多得很,而且是配合中国需要,不是吗?中国有事要我们做,为什么却要留在美国替人家做事?

你也许正在从事科学或医学或农业的研究工作,想将来回去提倡研究,好提高中国的学术水准。做研究工作的也该赶快回去。研究的环境是要我们创造出来的,难道该让别人烧好饭我们来吃,坐享其成吗?其实讲研究、讲教学,也得从实际出发,绝不是闭门造车能弄得好的。你不见清华大学的教授们教学也在配合中国实际情况吗?譬如清华王遵明教授讲炼钢,他用中国铁矿和鞍山钢铁公司的实际情形来说明中国炼钢工作中的特殊问题。这些,在这里未必学得到。现在回去教书恐怕再不能让你说白话,只晓得美国怎么办、怎么办,而不知道中国该怎么办,还是赶快回去学习吧!

你也许学的是社会科学:政治,经济,法律。那就更该早点回去了。美国的社会环境与中国的社会环境差别很大,是不可否认的事实。由高度工业化的资本主义社会基础所产生出来的一套社会科学理论,能不能用到刚脱离半殖民地半封建社会基础的中国社会中去,是很值得大家思考的严重问题。新民主主义已经很明显地指出中国社会建设该取的道路。要配合中国社会的实际情况,才能从事中国的社会建设,才能发展我们的社会科学理论。朋友,请想一想,在这里学的一套资本主义的理论,先且不说那是替帝国主义作传声筒,回去怎样能配得上中国的新民主主义建设呢？中国需要社会建设的干部,中国需要了解中国实情的社会学家。回国之后,有的是学习机会。不少回国的同学,自动地去华北大学学习三个月,再出来工作。早一天回去,早一天了解中国的实际政治经济情况,早一天了解人民政府的政策,早一天参加实际的工作,多一天为人民服务的机会,现在祖国各方面都需要人才,我们不能彷徨了！

一点也不错,祖国需要人才,祖国需要各方面的人才。祖国的劳动人民已经在大革命中翻身了,他们正摆脱了封建制度的束缚、官僚资本的剥削、帝国主义的迫害,翻身站立了起来。从现在起,他们将是中国的主人;从现在起,四万万五千万的农民、工人、知识分子、企业家将在反封建、反官僚资本、反帝国主义的大旗帜下,团结一心,合力建设一个新兴的中国、一个自由民主的中国、一个以工人农人也就是人民大众的幸福为前提的新中国。要完成这个工作,前面是有不少的艰辛,但是我们有充分的信念,我们是在朝着充满光明前途的大道上迈进,这个建设新中国的责任是要我们分担的。同学们,祖国在召唤我们了,我们还犹豫什么?彷徨什么?我们该马上回去了。

学工的回去参加炼钢、筑路、架桥梁、修河道的工作吧!现在全国大陆上的土地已经完全解放,建设工作已经展开,东北、华北、华中、华南,哪里不要人?譬如说东北吧,就有不少工厂在等待着我们去,鞍山炼钢厂、沈阳机械厂、开滦煤矿……都在迫切需要人。

学农的回去建设中国的新农村吧!回去改良品种,制造农具,开办农场吧!东北、华北、华东都已经在试办农场。回去改良农产品保存和运输的方法吧!让我们去享受祖国土壤的芳香,那里是我们的土地。

学医的回去办医院、设诊所、训练卫生干部吧!回去改进人民的卫生环境,推广医药常识吧!你看:我们中国四万万五千万同胞中才有七千多个正式医生,父老兄弟都在渴望着我们即刻回去。

学社会科学的回去吧!新中国需要改造社会环境的干部,由小说到大,农村调查、合作社、工人福利、工业管理、银行、海关、税务、财政、文化教育、内政外交,哪里没有我们工作的机会?!

学自然科学的回去吧!回去训练理工人才,推动中国的生产工作。回去普及科学教育,为中国的科学打好基础。

回去开创科学研究的环境,祖国需要我们!

同学们,听吧!祖国在向我们召唤,四万万五千万的父老兄弟在向我们召唤,五千年的光辉在向我们召唤,我们的人民政府在向我们召唤!回去吧!让我们回去把我们的血汗洒在祖国的土地上,灌溉出灿烂的花朵。我们中国要出头的,我们的民族再也不是一个被人侮辱的民族了!我们已经站起来了,回去吧,赶快回去吧!祖国在迫切地等待我们!

朱光亚等53名留美学生的签名(略)

就是这封情真意切、激情澎湃的公开信,在当时全美的中国留学生和学者中间引起了前所未有的呼应和反响!

不仅在美国的许多留学生响应着这封信的号召和呼吁,冲破重重阻力,拒绝了种种诱惑,毅然选择回到了祖国的怀抱。这封信很快也传到了欧洲,在英国、法国等地的留学生中,同样引起强烈的呼应,在那里的许多留学生也陆续回到了新中国的怀抱。

例如,后来成为与朱光亚同一个战壕里的战友、为新中国的核事业和国防事业做出了杰出贡献的程开甲先生,就是当时从英国爱丁堡大学毅然选择回国的青年科学家之一。

人们常说,科学是无国界的。但是,每一位科学家,却是拥有自己的祖国的。到祖国最需要的地方去,到祖国母亲召唤我们的地方去!现在,我们报效祖国母亲的时候到了……这些话成了当时身在海外的留学生们和众多知识分子共同的心声。

程开甲先生后来在一次对青年科学家们的演讲中,这样动情地说出了他们那一代留学生的相似的心情和不约而同的选择:

> 同志们,我们都是从旧中国走过来的知识分子。日本侵略者带给我们这个民族的耻辱与苦难,大家都亲身经受过。这将是我们每一个中国人永远的伤痛!1945年,在李约瑟博士的帮助下,我到了爱丁堡大学,成为著名物理学家玻恩教授的研究生。就在我面临着人生最重要的选择的时刻,我们的多灾多难的祖国,也正在经历一场翻天覆地的历史性转折。当时,中国人民解放军以排山倒海之势向江南进军,南京解放了!上海解放了!大英帝国耀武扬威、不可一世的"紫石英号"军舰,因为不听解放军的警告,被我们果敢地击溃了!当时在海外,我每天都被这些大快人心的消息振奋着!我当时就想,我们的国家有指望了!我们的民族再也不是被人任意欺凌的民族了!我要尽快回到自己的祖国去,报效新生的国家和新生的人民!同志们,我相信,现在我们的心情是一样的,我们为祖国贡献自己力量的

时候到了……

朱明远、顾小英作为后辈人,这样谈到了他们读到父亲这一辈知识分子当年写下的这封公开信的感受:

> 对于这封信,我们已看过多遍,但每每读来,还是觉得那样鲜活而感人。信中那些特别感人肺腑的话语,大致也耳熟能详了,但次次读来,我们都仿佛又一次触摸到父亲那颗赤子之心。它总有一种让人热血沸腾的感召力,在催人奋进,教人像父辈那样去面对祖国与人民,去忠诚于党的事业,去无私地奉献,去拼搏人生。这爱国的激情在字里行间浸透,在段落之中挥洒,像一杯饮之不尽的炽烈浓酒,耐人回味无穷,令人百感交集。细细琢磨起来,这封公开信的意义与当时所发挥的效用,远不仅限于这53位签名者。它甚至像一个号召令,因为在此之后,从美国到欧洲,和父亲有着同样抱负的海外学子,比如当时留学英国、后来也成为"两弹一星"元勋的程开甲等,就是在父亲这封公开信的感召下而效法回国的。这些海外学子,这些当时祖国建设急需的人才,从四面八方回到了百废待兴的新中国的怀抱,他们中的不少人后来与父亲一样,成为建设新中国的各方栋梁。也正是因为有这一代爱国知识分子的无私奉献,我们

的中华人民共和国才拥有了一座座令世人瞩目、惊叹的丰碑,才有了自然科学和社会科学各个领域中无数奇迹的诞生。而他们这辈人作为中华人民共和国强盛的基石,将功在千秋。对于他们的付出与牺牲,祖国不会忘记,人民也不会忘记。而在中华巨龙腾飞的今朝,作为爱国主义精神的传承,他们的伟大精神对于我们和我们的后辈,是一笔值得继承和发扬的巨大精神财富。父辈们当年那样一种精神和爱国赤子情怀,也是永远值得我们去效仿、去学习的。

啊,春兰怒放,红梅吐艳;云雀高歌,层林尽染……

此时此刻,新中国的光芒已经照耀在莽莽的长城内外和浩浩荡荡的长江黄河两岸,照耀在巍巍的黄山、泰山、昆仑山和喜马拉雅山美丽的峰巅。它使所有的森林和草原比往日更加青翠、更加鲜艳;它也使所有的笑声和歌声比往日更加清朗,也更加舒展……

第十七章　崭新的日子

"祖国，我回来了！"在踏上久违的祖国的土地的那一瞬间，朱光亚情不自禁地在心里这样说道。

这是一个崭新的国家，也是一个崭新的春天！

走在新中国诞生后第一个明媚的春天里，在朱光亚眼里，一切都是那么地亲切、美丽，蓬勃向上，充满朝气；一切都是那么地年轻、明朗，给人一种扬眉吐气的自豪感！

啊，早安！刚刚走上脚手架的建筑工人！新生的共和国绯红的黎明，为你们披上了一身华贵的衣衫……

啊，早安！风尘仆仆的环卫女工！温柔的夜色，刚刚滑下你们辛劳的臂膀和你们饱经风霜的容颜……

啊，早安！所有的、所有的劳动者！无论你们是来自郊区、校园、机关、写字楼和沸腾的矿山，还是来自军营、实验室、热闹的集贸市场和工厂车间……无论你们是售货员、人民教师、治安员，还是医生、律师、电车司机、绿衣邮递员……

在朱光亚看来，每个人虽然岗位平凡却都志向高远；每个人都满怀着报国的热情,恨不能把自己的心血和智慧全部奉献给光荣的岗位、伟大的国家!站在新中国的土地上,朱光亚的心情是那么激动!他在想象着,正是他们——这些平凡的劳动者,在用辛勤的双手,在我们伟大的祖国的大地上,写下了一首首不朽的、瑰丽的诗篇……

是啊,若问新中国辽阔的天空,为什么这样安详、这样霞光灿烂?只因为有无数忠诚的好儿女,在将她守望,将她眷恋!若问中华人民共和国九百六十万平方公里的大地江山,为什么这样壮丽、这样生机无限?只因为有无数双勤劳的手,来为她梳妆,为她打扮!

坐在返回故乡武汉的列车上,望着车窗外不停地闪过的山川、河流和村庄,朱光亚的心里情不自禁地升腾起一种崇高的感情:生在这样一个伟大的、从无尽的苦难中新生出来的祖国,真是无上的光荣和骄傲啊!他在心里暗暗地立下了一个誓愿:谁言寸草心,报得三春晖!今生今世,一定要把自己所有的智慧和力量,献给伟大的祖国和人民……

1950年春天,朱光亚从海外一回来,先回到阔别了十多年的故乡武汉,看望了已经年迈的父母亲和暌违已久的兄妹们。

年迈的父母亲几乎认不出自己的儿子了!因为他离开家乡的时候还是个青葱的少年,现在却是一位高大、英俊的成年人了!

父母亲噙着喜悦的热泪,把朱光亚上下好好打量了一番,拉着他的手,久久不肯放下。要知道,十多年来,他们几乎天天都在为这个心志高远的孩子担忧啊!尤其是在光亚去美国留学的那些年里,老两口偶尔也听说过,有些人家的孩子一去就不再回来了,变成了"美国籍",不再是"中国人"了……

"不过我们还是应该放心才好,我们养的儿子,我们知道!光亚不是那样的人……"有时候,两位老人又会这样互相安慰着,坚定地否定了偶尔闪过的那种担心。是的,他们相信自己的儿子一定会回来的!只有这里才是他的家,才是他的根,才是他的家园和祖国啊!

看着父母亲已经斑白的双鬓和苍老的面容,朱光亚的心里也有着深深的愧疚。这么多年来,他一直辗转在外,忠孝难以两全,照顾父母的事情,全靠在家的兄妹了。

朱光亚回到了祖国,原本想在武汉多待一些日子,对父母亲多尽一点孝心,同时也在武汉三镇到处看看,看看故乡的新变化。然而,就在他回家的第三天,一份"加急电报"送到了他的手上:北京大学希望他尽快到京,尽早开课。在这之前,他已经接到了北京大学的聘书,聘请他到物理系任教。

"去吧,孩子!国家的事情最要紧!家里的事不用担心,托共产党、毛主席的福,我们的身体还结实着呢!"

父母亲都是深明大义的人,虽然心里都是那么依依不舍,但是他们明白,自己的儿子现在是国家的人,是要为更多的人去干大事的人,他们不应该把儿子"占为己有"。

于是,仅仅在武汉的家里、在年迈的父母双亲身边待了四天,朱光亚就背起简易的行李,又踏上了北上的列车。

——许多年后,朱光亚回忆起这次与父母亲的匆匆离别,这样愧疚地说道:"游子离家多年,如今又要远行了,总是不能伺候年老的双亲,深感内疚啊!"

年仅25岁的朱光亚在北京大学物理系担任了副教授。

北京大学在位于沙滩的红楼校区,为当时聘任的一批风华正茂的青年教师——其中不少是从海外归来的留学人员,每个人安排了一套平房作为宿舍,宿舍里包括书房、卧室、卫生间等。在新中国成立之初,能有这样的宿舍,已经是相当不错的条件了,这也说明了中国共产党领导的新中国对知识分子的重视。因为,新中国百废待兴的建设事业是多么需要知识、需要人才!

年轻的朱光亚站在新中国最高学府的讲台上,感到无比自豪!正是朝阳与云一同年轻的时刻,置身在北京大学青春焕发的校园里,置身在一群满怀求知欲和爱国热情的青年学子中间,朱光亚每天都觉得自己精力充沛、热情高涨,总是有着使不完的劲头!

因为年龄的差距并不大,他和学生们相处得十分融洽。他把满腔的热情投入到教学第一线,恨不能把自己所学的知识在短时间内就全部传递到学生们的头脑里,用他当时的话说,恨不能让他们一口就吃成个"大胖子"!

为了和学生们联络感情,沟通理想和志趣,朱光亚几乎把所有的时间都用在了学生们身上。他和他们一起参加文体活动,一起参加赴郊区的劳动,一起奔跑在篮球场上,一起不分昼夜地泡在实验室里……以至于物理系的不少老教授难得见到这位年轻的副教授几面,经常把朱光亚当成是刚刚入学的研究生呢!

除了在物理教学上的投入,朱光亚还充分发挥了自己在美国担任学生会主席、做组织工作的"特长"。一到星期天,他就会组织热心的学生们,尤其是共青团员们,到郊区的通县去慰问从朝鲜战场上归来的志愿军伤病员;有时也带着学生们去参加当时的土改工作参观学习团和赴老区访问团。他把自己多年来在美国所感受到的热爱祖国、报效祖国、听从祖国母亲召唤的真切情感,通过这样一些活动,一一地传递给了自己的学生们。

在红楼的日子里,朱光亚不仅精力充沛,而且兴趣广泛。他一直是一位音乐爱好者,尤其喜欢古典音乐。

"父亲除了从美国带回来不少书,以及他上学时用的笔记本,再就是唱片,其中有贝多芬、莫扎特、柴可夫斯基、亨德尔和冼星海等国内外著名音乐家的作品。这些唱片都是父亲省吃俭用购买的,足见他对古典音乐的钟爱。这些物品都堆放在他的书房里,一向以整洁著称的父亲,还来不及一一仔细打理好它们,就一头扎进北大物理系……好像又回到了意气风发、朝气蓬勃的学生时代……"朱明远、顾小英这样描述了他们的父亲这个时期的精神状态。

在物理教学之余,这个时候的朱光亚也始终没有忘记一个更大的梦想,那就是当年他被恩师吴大猷先生选中,又跟随着华罗庚先生一同漂洋过海,在美国立下的那个志向:中国人有朝一日也要拥有自己的原子弹!

美国政府可以对中国人封锁所有的原子弹研究与制造的资料,但是封锁不了中国人的梦想与志气! 因此,在红楼的那些日子里,朱光亚见缝插针,一直没有放下对自己所学的原子能专业的钻研。

果然,功夫不负有心人。1951年5月,他就在商务印书馆出版了自己的第一本专著《原子能和原子武器》。

这本书较为详尽地介绍了世界原子能科学的发展脉络,介绍了原子弹、氢弹的爆炸原理和威力的秘密,以及相关核武器发展的前景等方面的内容。这本书是新中国出版的、系统地介绍核武器方面的专业知识的较早的学术著作之一。

当时,朝鲜战争已经爆发,美国依仗着自己拥有核武器,曾经扬言威胁说,要在朝鲜战场上使用原子弹。

因此,朱光亚写这本书还有一个针对性很强的现实意义:他想让自己的同胞们了解原子弹的制造原理和防御的方法,呼吁大家行动起来,反对核战争。因此,这本书也代表着朱光亚回国后,用自己所学的专业知识,在维护世界和平、反对使用核武器的正义事业中率先发出了中国人的声音。

当然,这本书的写作,以及朱光亚在这个领域的专业造诣,也为日后他承担起共和国的神圣使命,成为中国核武器事业的元勋之一,埋下了"伏笔"。

1951年8月,朱光亚在美国的恋人许慧君,也从密执安大学化学系研究生毕业,如期回到了祖国。

朱光亚收到电报后激动不已,专程抽出时间赶赴广州,接到了许慧君,然后一同回到北京。许慧君回国后,受聘在当时的中央卫生研究所,担任化学方面的科研和技术工作。这一对志同道合的恋人,终于在祖国的大地上,站了同一条起跑线上。

1951年10月,在祖国首都金色的秋天里,朱光亚和许慧君这一对心心相印的恋人喜结良缘,终成眷属。

为了答谢来道喜的亲朋好友,他们在位于金鱼胡同口的一个饭庄摆了简单的两桌饭。这是当时普遍流行的既热闹而又简朴的"革命式"的婚礼。许慧君的二叔婆何香凝、姨妈廖梦醒等长辈,还有朱光亚和许慧君在北京的一些同学、同事和老师,都来参加了婚礼。

席间,在大家的要求下,朱光亚还欣然从命,一展歌喉,为大家清唱了当时正在热演的歌剧《王贵与李香香》里的一段。这段歌词中写道:"不是闹革命,咱们翻不了身;不是闹革命,咱们成不了亲……"一曲唱罢,引得全场一片热烈的喝彩声。

朱光亚对大家说:"我从心底里感谢慧君!她是大家闺秀,而我只是一名身无长物的青年教师,用《王贵与李香香》里的话说,真是'鸡蛋壳壳点灯半炕炕明,烧酒盅盅量米不嫌哥哥穷'!"

一位长辈一边为他们鼓掌一边打趣说:"'哥哥也是个好后生'!你和慧君可是郎才女貌,是一对新中国的革命夫妻嘛!"

何香凝事先为他们两个精心绘制了一幅《红梅图》,用高洁的梅花祝福他们生活美满,也寓意着他们的革命理想、人格情操,也能像灼灼红梅一样,崇高、纯洁,不畏严寒,为人间吐露芬芳!

婚后,两个人把自己的小家从北大红楼朱光亚的宿舍,搬到了东城内务部街上许慧君的工作单位中央卫生研究所的宿舍。房子虽然也不太宽敞,但那是两个人幸福的小巢,他们两个人都不慕虚荣,不尚奢华,把这个小家布置得简朴而又温馨。

他们住的地方距离何香凝住的北新桥王大人胡同较近,所以每逢星期天或节假日,两个人就会一起去看望何香凝叔婆。在那里,他们也时常碰到廖梦醒和廖承志。当时,廖梦醒还多次表扬说:"光亚的脾气真是不错,会体贴爱人,又孝顺长辈,是一个好丈夫,也是一个好儿子!"

第十七章 崭新的日子 / 159

第十八章　在燃烧的土地上

1952年12月下旬,朝鲜战场上一连降下了好几场大雪。雪花纷纷扬扬,茫茫无际,覆盖了朝鲜半岛那美丽的三千里江山……

屈指一算,朱光亚作为国家从高等院校选派出来的一名翻译人员,来到朝鲜战场已经有大半年了。

这是残酷的战争年代。在一片片战地上,大雪刚一落地便骤然失去了它原有的素洁,被浓烈的硝烟和爆炸的尘埃染成了一片片可怕的黑色……

那还是在1950年10月1日这一天,北京的大街上还回响着载歌载舞的人群庆祝国庆一周年的欢呼声,新中国的最高领导人却收到了朝鲜金日成首相和朴宪永外长的加急电报。

这是一封关于美帝国主义入侵朝鲜以来的战场局势的告急电报。电报上说,自开战以来,美军已经动用了上千架各式飞机,日夜轰炸朝鲜前方和后方。9月中旬,美军在仁川登陆后,长驱直入,已经完全切断了朝鲜南北部队的联系。照这样打下去,如果美军一旦继续进攻三八线以北地区,那么只靠朝鲜自己的力量是远远不够的,其后果将不堪设想……

因此,金日成明确地向新中国的领导人请求:"恳望您给予我们以特别的援助,即在敌人进攻三八线以北地区的情况下,急盼中国人民解放军直接出动,援助我军作战。"

毛泽东主席看完电报,一把将它拍在桌子上:"真是欺人太甚了!唇亡齿寒,我们岂能袖手旁观!"

三天之后,一架专机急飞西安,把当时的西北军政委员会主席彭德怀接到了北京中南海。当时中央正在开会,研究出兵朝鲜的问题。

"打!打烂了,等于解放战争晚胜利几年。刚才在飞机上我就寻思着,美国如果占领了朝鲜,把军队摆到了鸭绿江边和台湾,那不仅仅是威胁了东北,而且直接威胁上海和华东。老虎注定是要吃人的,什么时候吃,取决于它的肠胃。眼下这美国正是这样一只老虎,向它让步是不行的。它要发动侵华战争,就像日本一样,是随时都可以找到借口的。既然有侵略,就要有反侵略。不同美帝国主义见个高低,我们要建设社会主义则是困难的,不安稳的!"彭大将军一点也不隐瞒自己的看法。

10月8日,中央正式决定由彭德怀率领中国人民志愿军出兵朝鲜。彭德怀临危受命,二话没说,立即乘飞机直奔沈阳。

不久,中国人民志愿军神速地跨过了鸭绿江……

第十八章 在燃烧的土地上

当中国人民志愿军趁着夜色跨出祖国的北大门,踏上了被炮火震荡着的朝鲜半岛时,正逢"联合国军"总司令、骄狂自负的麦克阿瑟承奉其美国上司的旨意,大举北犯的时刻。麦克阿瑟当时幻想着要在当年的感恩节到圣诞节前的这段时间里,将自己的地面部队迅速推进到鸭绿江、图们江边,从而一举吞并朝鲜半岛,扑灭整个东亚的革命烈火,结束整个侵朝战争……为此他信心百倍地把这个计划命名为"圣诞攻势"。然而他怎么也没有想到,他的强大的"圣诞攻势"迎面碰上的竟是英勇顽强的中国人民志愿军的当头一棒!他的美梦第一次在朝鲜战场上被迅速地粉碎!最终他不得不重新考虑自己的计划,而将自己的部队撤退到清川江南岸,一边喘息休整,一边考虑着如何发起新的攻势……

半个月前刚刚结束了第一次战役的志愿军各部,此刻也正遵照彭德怀的指示,"集结休整,准备再战"。

这是新的大战前的一段短暂的平静……

果然,骄横的麦克阿瑟在溃退到清江南岸,得到了十多天的喘息与休整之后,重拾野心,又亲自组织和指挥着东西两个重兵集团,西起清川江口,东到赴战岭,呈一长蛇阵势,开始了对我军的又一次进攻。当进攻的命令发出后,麦克阿瑟立即乘坐"斯卡普号"飞临战场上空视察,并大言不惭地吹嘘道:"放心吧,我们的弟兄们毫无疑问可以回家吃圣诞晚餐了!"

与此同时，美国各大报刊也纷纷在显要位置刊出了战前的消息：麦克阿瑟将军保证，圣诞节前将结束战争，圣诞节前士兵可以回家。胜利在望，圣诞节还远吗？……

然而麦克阿瑟怎么也没有料到，他的狂妄，不久后竟会成为一个世人皆知的笑柄。麦克阿瑟高兴得太早了！

早在11月初第一次战役刚刚结束时，作为志愿军统帅的彭德怀，一边命令部队"集结休整"，一边对全军的侦察部队做了周密而统一的布置。

第五十军侦察分队位于定州以南至清川江以北的正面上；第六十六军的侦察分队位于博川以南的正面上；第三十九军侦察分队位于宁边以南的正面上；第四十军侦察分队位于宁边以东至清川江渡口的正面上；第三十八军侦察分队位于球场以南的正面上，并伸进德川以北地区；第四十二军则以大部分兵力用于黄草岭到长津湖正面上……

彭总命令，各侦察分队除掩护主力休整，积极开展侦察活动外，还要在敌我缓冲地带采取"敌进我退，敌驻我扰，敌退我追"的游击战术，不间断地与敌前沿分队保持战斗接触，从而麻痹敌人、牵制敌人，使之分不清我军的主力所在，而各分队掌握的材料均要及时呈报"志司"。

与此同时，彭总又电令四十二军，派出两个步兵营在朝鲜人民军一部的配合下组成游击支队，深入敌后的阳德、孟山地区，

第十八章　在燃烧的土地上 / 163

牵制、迷惑元山之敌,不使其向宁远之接合部援兵增马……这些计策果然使求胜心切的麦克阿瑟判断失误。所以当麦克阿瑟发起新攻势的征候日益明显时,彭总运筹帷幄,知己知彼地做出了相应的对策。

白茫茫的雪野上一片寂静。

雪夜里,空气也像凝固了似的……

不久,一场新的大战又打响了!红色的信号弹和蓝色的曳光弹腾空而起。紧接着,炮声隆隆,枪声大作,茫茫雪野被一阵阵炮火映得透亮!总攻开始了……

多年之后,美国的一位战地作家肖克莱·布莱尔这样描述当时的这场战斗:"……11月25日天黑不久,灾难降临了。约20万中国军队穿插进沃克的第八集团军与阿尔蒙德的第十军之间的空隙,向第八集团军的右翼即韩国的第二军发起了攻击。韩国部队崩溃了,仓皇逃跑,使中部美国第九军暴露出来,先是收缩,然后坚守,最后与左边的第一军一起后退。两天后,11月27日,在东部战场,另一支中国集团军攻击了第十军的陆战师,中国军队穿插到背后,将海军陆战队围困在楚新水库地区……尤其令人吃惊的是,中国军队纪律严明,指挥有方,沃克的第八集团军被这突然的袭击完全打晕了头,很快开始全线后撤……"

布莱尔写出了美军在这次战斗中的情景。这也正说明了我军中线出击对于敌军实在是致命的一击！第二次战役胜利结束。从此,志愿军第三十八军以"万岁军"的美名,传颂在整个朝鲜战场的冰天雪地间,如同美丽的金达莱花,向志愿军战士和朝鲜人民军战士预示着春天的希望和胜利的信念……

曾几何时,一贯骄横、自负的麦克阿瑟大肆喧嚷着要在感恩节到圣诞节期间占领朝鲜全境,并疯狂地发动了两次总攻势,但最后都被我志愿军和朝鲜人民军一起彻底地粉碎了。麦克阿瑟因此遭受了上司及其同僚的责难,原本嚣张十足、不可一世的气焰顿时消沉了……

我志愿军审时度势,乘胜前进,在 1950 年 12 月 31 日黄昏,即中国传统的除夕之夜,一举突破了敌人阵地的"三八线",以锐不可当的破竹之势,胜利地攻占了朝鲜古都汉城。1 月 3 日攻占汉城的当天,新华社向全世界人民发出了这个振奋人心的报道。20 天后,麦克阿瑟灰溜溜地离开了朝鲜战场。美陆军总部随即宣布由"少壮派"李奇微继任"联合国军"总司令。

但李奇微在我志愿军和朝鲜人民军的一次次强大的攻势面前,丝毫改变不了他们在朝鲜战场失败的命运。果然,仅仅半年之后,即 1951 年 6 月 30 日,李奇微便奉其主子杜鲁门的指令,通过新闻媒介向中朝军队发出了要求停战谈判的声明。

在收到李奇微声明的第二天,彭德怀、金日成便做出了同意和平谈判的回复。从此,朝鲜战场结束了大规模的运动战时期,进入了谈谈打打、边谈边打的僵持局面。

到1952年春天,战争仍然处在阵地战的胶着状态。这时候,停战谈判也成为国家外交战线的一件大事。大家心里都明白一个道理:美国侵略者用武力实现不了的阴谋,也休想用假谈判、真备战的方式得到。

为了加强谈判中的翻译力量,这时候,国家从一些高等院校里抽调出了一批政治上可靠、英语水平过硬的优秀教师作为战地翻译,派到朝鲜战场参加谈判工作。

当时北京大学选派了两人,一位是年届半百的钱学熙教授,另一位就是物理系年轻的副教授朱光亚。

1952年4月,朱光亚与钱学熙教授,以及清华大学的赵诏熊教授、复旦大学过家鼎教授等十几个人,穿上了志愿军的军装,从北京秘密地出发,经沈阳抵达了丹东。

一过了鸭绿江,他们看到满目疮痍的朝鲜大地上,到处都是燃烧之后的村庄和被炮火摧毁的建筑物。残酷的战争已经把朝鲜原本美丽的三千里江山变成了一片焦土!

为了安全起见,朱光亚一行人乘坐着一辆披挂着迷彩遮蔽网和树枝的苏制敞篷卡车,昼伏夜行,沿着崎岖不平的山路,不停地向目的地进发。经过两天一夜的紧张奔波,他们终于到达了志愿军谈判代表团总部所在地开城。

在一处临时搭起的简易驻地里,谈判代表团领导李克农、乔冠华向译员们做了形势报告,介绍了敌我双方斗争的形势,布置了当前的工作任务,并告诉大家,我们的工作会随时向毛泽东、周恩来汇报与请示。

谈判工作十分紧张,而且有点要与美国人斗智斗勇的架势。

朱光亚一行每天晚上都要加班,拉上防空布帘,在极其微弱的灯光下紧张地工作着。一旦听到了防空警报,大家就得赶紧收好文件,抱起资料钻进防空洞里,等到危险过后,再继续投入工作。

早在朱光亚写《原子能和原子武器》这本书的时候,他就得知,美国人曾威胁说要在朝鲜战场上使用核武器。来到朝鲜之后,大家经过分析,认为美国人在常规战中占不到什么便宜,肯定不会甘心自己的失败,他们很可能孤注一掷,存在着使用核武器的可能性。美军的陆军参谋长劳顿·柯林斯就曾扬言说:"在中国共产党发动全面攻势的情况下,对部队和物资集结地使用原子弹,也许是使联合国军守住两条防线或尽早地实现一次向满洲推进的决定性因素。"当时,核物理学家王淦昌先生也奉命来到了朝鲜战场,他曾带着专业探测器,亲临前线,验证美国人是否在朝鲜战场上使用了原子武器。

朱光亚来到朝鲜,也亲眼看见、亲身感受到了拥有核武器的美国人的做派。骄横的美国人在谈判桌前大耍核武威风,不止一次地挥舞着自己的"核武器大棒",对中朝人民进行赤裸裸的核讹诈。

但是,国家对参加这场谈判的工作人员有明确的指示,要求大家具有高度的原则性和政策性,在谈判语言上要保证绝对准确、严密,不能让对方有任何空子可钻。

针对美军的狂妄、骄横,我方代表不卑不亢,寸步不让,以牙还牙,以眼还眼。最终,谈判陷入了僵局,双方谁也不发言了。久而久之,双方谈判人员仿佛在比赛各自的耐性与"坐功"一样。

于是,就出现了这样一个小插曲:看着美国人一支接着一支地吸烟卷儿,然后一口接一口地吐着烟圈儿,我方人员也只好"奉陪"到底,也互相递烟、吸烟。朱光亚本来不会吸烟,就在这样长时间的忍耐和沉默中,也渐渐学会了吸烟和吐烟圈儿。

后来朱光亚曾告诉同事们说,当时,必须要练就这样一种长时间一言不发,不轻易表态的"功夫"。当然,一旦开口发言,就都是经过了深思熟虑的,一语既出,就要使对方猝不及防、无言以对!

也是在朝鲜战场上,从志愿军首长的口中,从一些指战员的言谈中,朱光亚亲耳听到了这样惨痛的事实:美军仗着自己手中的精良武器,例如喷火器、燃烧弹等,顷刻间就把我们的战士烧成了"火人"……残酷的战争场面,敌我双方武器优劣的悬殊对比,以及美国人一再以核武器相威胁的事实,使朱光亚越来越清晰地认识到,现在再也不是用小米加步枪打日本鬼子的时代了。我们的共和国要想真正独立和强大起来,不再受帝国主义的欺负和威胁,中华民族想要真正自立于世界民族之林,就必须拥有自己强大的国防!

这时候,朱光亚在心里也更加坚定了一个信念:中国也应该拥有自己的尖端武器!中国也应该拥有自己的原子弹!

不然,帝国主义就会凭借着自己的核武器,有恃无恐地对我们进行"核威胁"和"核讹诈"。

在朝鲜的这场旷日持久的"谈判",一直拖到了1952年底。

这时候,美国国内开始了一场新的大选。为了拉选票,新的总统候选人艾森豪威尔声称,在他上台之后要尽早"结束朝鲜战争"。就在杜鲁门总统与艾森豪威尔政权交替之际,朝鲜局势又变得紧张起来,"谈判"再次被激烈的炮火代替了。

于是,朱光亚和有关译员暂时结束了谈判工作,返回了祖国,并且"随时待命",准备重返朝鲜。

将近一年的赴朝工作,给朱光亚留下了两个"习惯"。

一是前面说过的,他学会了吸烟和吐烟圈儿。在后来的很长一段时间里,每当他集中精力、绞尽脑汁地思考问题的时候,都忍不住要点上一支香烟……

还有一个习惯就是平时喜欢穿军大衣。

朱光亚从朝鲜回来后,最喜欢披在身上的就是那件见证过朝鲜战场的战火硝烟,也见证过板门店漫长的谈判过程的军大衣。

一直到了 20 世纪 60 年代初,朱光亚受命担任核武器研究所的副所长时,仍然穿着那件在朝鲜战场上穿过的军大衣。

有一天,他的秘书胡干达好奇地问他,为什么对军大衣情有独钟。朱光亚笑着告诉他说:"我曾经是志愿军里的一名军人,参加过停战谈判,在谈判桌前面对面地与美国人较量过。"

后来,朱光亚又当了核武器研究院的副院长,无论是在飞雪连天的青海草原,还是在飞沙走石的新疆罗布泊核试验场,或者是在北京的研究所里,一到冬季,同事们、战友们都会看见,他还是喜欢穿着那件已经褪色的军大衣。

1953 年,艾森豪威尔就任新一届美国总统。这年 7 月 27 日,《朝鲜停战协定》终于在板门店签署。至此,一场从朝鲜三八线上爆发的战争,在历经三年多之后,终于又在三八线附近宣告结束。

第十九章 师者风范

1952年,朱光亚从朝鲜战场回国后,那件军大衣上战火硝烟的气息还没有散尽,一个新的任务已经摆在他的面前了。

当时,出于正在全国展开的社会主义建设事业的需要,国家对全国范围内的高等院校的师资力量进行了一次大调整。年轻的朱光亚服从国家需要,也作为国家的骨干师资力量,在1953年春天,从北京大学物理系调到了东北人民大学(今天的吉林大学前身),在新组建的东北人民大学物理系,先后担任副教授、教授,兼普通物理教研室主任、系副主任、代理系主任等职。

从此,他的又一段教书育人的生涯开始了。

当时的东北人大物理系,一切都处在起步和初创状态。教学人员少,教学力量和实验设备短缺,而国家下达的教学任务又一样也不能落下。好在当时的朱光亚年富力强,每天都处于激情满怀、恨不能把一天当成一个月来使用的兴奋状态。现在的人们几乎无法想象,他那时候竟然可以在教授一年级力学、热学课程和三年级原子物理学大课的同时,还要辅导答疑、批改作业、组织测验等等,亲力亲为,丝毫也不怠慢。有的同事回忆说,当时,他在主讲力学课时,竟然创造了半个月内主持召开了七次研讨会的纪录,同事们都称赞他像一个"钢铁铸造的人"。——那时候大家都爱阅读苏联小说,"钢铁铸造的人"通常都是苏联小说里的革命者和英雄人物。由此可见,同事们对朱光亚的评价有多么高!

朱光亚不愧是经过吴大猷等作风严谨的物理大师的引导和培养,又沐浴着密执安大学的优良学风成长起来的一代俊彦。他在给学生们上课时,恪守着严谨、一丝不苟、毫厘不爽的科学规范,不仅条理性强、思路清晰,就是每一次的板书,也是工工整整、从不潦草,一个符号、一条曲线、一个字母,都写得清清楚楚,绝不马虎对待。学生们都爱听他讲课,觉得是一种享受。

这种严谨的、一丝不苟、毫厘不爽的作风,不论是在生活中、教学中,还是以后他在核科学方面的研究与领导工作中,都一直伴随着他,成为大家公认的一种"朱氏风范"。

在20世纪50年代初期的东北人民大学物理系,朱光亚和他的同事们为国家培养出了不少日后在科技领域卓有成就的优秀学生,这些人有的成为国内外知名专家、学者,有的甚至成为中国科学院院士。例如陈佳洱、宋家树院士,当年就是朱光亚亲自教过的两个学生。

陈佳洱1934年10月1日出生于上海,是著名教育家、儿童文学家、编辑家陈伯吹先生的儿子。他在东北人民大学物理系跟着朱光亚学习时,年仅 19 岁。从东北人民大学毕业后,在 60 年代,陈佳洱作为访问学者,先后到英国牛津大学和卢瑟福高能研究所工作;80 年代又在美国纽约州立大学石溪分校核物理实验室和劳伦斯伯克利实验室做访问科学家;90 年代出任北京大学校长。他还先后获得过美国加州门罗学院、日本早稻田大学、香港中文大学、英国拉夫博鲁大学等院校的荣誉理学博士学位,并当选为中国科学院院士、第三世界科学院院士、英国物理学会特许会员、纽约科学院院士。

作为新中国自己培养出来的物理学家、教育家,陈佳洱这样回忆过朱光亚在他青年时代带给他的影响:

> 那时,同学们听说他是从北京大学来的原子核物理专家,是系里最年轻的副教授,又曾在中国人民志愿军朝鲜停战代表团中参加过举世瞩目的板门店谈判,为国家立下了功勋,所以在大家的眼里,他是一位了不起的英雄,是我们一心想学习的又红又专的榜样。同学们都怀着十分尊敬和虔诚的心情来聆听他给我们开设的课程。
>
> 光亚老师热爱教育、热爱学生。当时的物理系因处于初创期,老师们的教学工作都十分繁重。尤其是光亚老师,不仅要给我们讲原子物理,同时还担任着力学和热力学课

的全套教学任务以及系副主任等繁杂的行政工作。面对这么多的任务,他夜以继日地忘我工作,把全部精力倾注在教育上。虽然在科学上他已有很高的造诣,但是为了给我们讲好每一堂课,每周总是花大量的时间精心编写讲义、精心备课。所以每一堂课,他都讲得那么透彻精彩,板书又写得那么工整飘洒,听他的课程真是一种享受!他给我们讲量子论时,不是简单地讲述基本原理和相关的数学证明,而是从一些历史背景娓娓道来,引导学生跟着他思考历史上提出过的种种问题,包括什么是黑体辐射,原有理论和实验上出现了哪些矛盾,当时提出了哪些假设,普朗克是如何提出量子论来解决理论和实验间的矛盾的,当时又曾遭到哪些反对,等等,在此基础上,帮助学生建立量子论的物理图像,掌握相关的数学方法。这种启发式的教学使得课堂上高潮迭起,我们都听得入神了!光亚老师不仅课讲得好,而且对于学生对课程的掌握也有很高的要求。每周课后,他总要亲自到班上来进行辅导,检查同学们的学习情况,鼓励同学们提问。他对学生提的每一个问题,都听得十分认真,不时用符号把学生提问的要点记在黑板的边上,然后逐一讲解。我记得为了启发我把握科学的思维方法,他往往根据我所提的问题的症结,逐一反问我,直到把我问懂为止。平时如此,期末考试时要求就更严了。在口试中,他总是多方面检查你对课程掌握的程度,容不得你在答题中有半点含糊。我有幸留下了一张他对我进行口试的照片,一直珍藏至今。他的课给我的教益太大、太深刻了,受用一辈子!

陈佳洱当时是学校里的团支部书记,所以他在组织团日活动时,就请朱光亚老师来给学生们讲述抗美援朝的故事,也讲一些他在美国求学时期的故事。每当这时候,朱光亚总是把科学家的爱国立场、国家使命、民族尊严……这些字眼,语重心长地嵌进学生们的心头,让大家懂得了一个道理:科学无国界,但是,中国的科学家和知识分子有自己伟大的祖国,有中华民族的崇高的尊严!这些教导,陈佳洱从来也没有忘记,在后来的人生道路上,心里时刻装着"祖国的荣誉"和"民族的尊严"这些字眼。

1954年,光亚老师成为指导我做毕业论文的导师,带我做题为《薄窗型盖格—缪勒粒子计数管研制》的研究。这使我又一次深深体会到光亚老师治学的严谨、细致和对学生的严格要求。在阅读文献的阶段,他不仅要求我每周向他报告阅读心得和进展,还要把阅读文献的笔记交给他审阅批改。他看得非常认真细致,在不少我对文献意思理解不准确的地方,都画上红线,容不得有半点差错。论文进入实验阶段,他更是常来检查有关进展状况,考察我的实验操作和实验的数据记录。在他面前,任何差错和疏漏都逃不过他那双锐利的眼睛,我也因而常常看到自己的许多不足而更加努力地学习。在计数管研制中需要使用当时国内还没有的一些器材,他就把从美国带回来的许多很珍稀的材料,统统都拿给了我。这种无私奉献教育事业的精神也是我一辈子所不能忘怀的。正是在他的精心培养下,我通过毕业论文完成了我国第一只能检测软贝塔粒子射线的核子计数管的研制。

除了在大学时代的物理课和团日活动中受到了朱光亚老师的深刻影响,在后来的五六十年代里,当国家做出了在建立核工业、发展核武器、建立中国原子能事业的决策之后,响应着神圣的国家使命,朱光亚、陈佳洱师生二人先后都被调往了北京大学,一度成为并肩作战的同事。

当时,周恩来总理亲自批复,要求建立我国第一个原子能教育基地。于是,中科院化学所专门辟出一层楼,作为朱光亚、陈佳洱他们的实验室。当时,陈佳洱的工作是和这个专业里刚毕业的学生一起,负责一项很专业的"测计数管的性能"。朱光亚老师是他们专业上的领路人。

有一次,陈佳洱正在埋头做实验,正好遇上朱光亚来检查他的工作。当朱老师看见荧光屏上显示的计数管失效时间的波形时,连声称赞说:"真漂亮！就像毕加索创作的美丽的抽象画一样！"

陈佳洱听到老师的赞美,心里感到无比欣慰和兴奋。

几年之后,陈佳洱又开始做加速器的研究了。朱老师每次见到陈佳洱,总会详细地询问,加速器做得怎么样了？遇到了什么"拦路虎"没有？陈佳洱说:"即使岁月在流逝,时光的脚步在匆匆地向前迈动,但是师生间的这种融洽和默契的关系从来没有中断过。"

后来,当陈佳洱任职北京大学校长、任职国家自然科学基金委员会主任后,在做国家中长期科技发展规划时,仍然不时地向朱老师请教。其中有一次,朱光亚提醒陈佳洱说:"基础研究必须要靠前沿推动,要靠国家需求推动,这个是基础研究最基本的动力。"

陈佳洱对这句话一直记忆犹新,还把它写进了国家科技发展规划之中,得到了国家领导人和专家们的一致肯定。

在陈佳洱心目中,朱老师永远会把自己的学生当成自己的孩子一样关心和疼爱着。"他对科学的贡献,他的为人师表,是我们的宝贵财富；他是伟大的科学家,更是中国人的骄傲！"陈佳洱后来是这样赞美自己的老师和科学道路上的引路人的。

东北人民大学物理系的创建几乎是"白手起家",创系初期,招收的学生们的基础知识掌握程度也是参差不齐。当时朱光亚的学生里有个刘家政,是一位仅仅具有高中文化程度的回国志愿军女战士。她先是被抽调到当时的长春商学院,参加了文化课的集训,目的是用三个月的时间恢复荒废了的学业,然后再报考重点理工科专业。仅此一点,也足见当时国家对知识人才、专业人才的培养是多么急切,祖国的建设事业多么急需人才。

为了帮助像刘家政这样的刚刚从战场回来的"最可爱的人"在短期内补足考试所需的基础知识,国家专门从各高等院校组织了一批水平高、工作热情高、责任心强的教师为他们授课辅导。

第一次摸底考试时,刘家政仅得了倒数第二名。后来经过努力,她以375分的成绩被东北人民大学物理系录取。

刘家政很幸运,她进入大学遇到的第一位老师,就是从美国留学回来的、年轻的朱光亚教授。

当时,朱光亚不仅要给几个班同时上"大课",还兼各个班上的"小课";学生上晚自习时,他也经常到各个小班去转转。转到刘家政所在的那个班时,刘家政都会得到朱老师特别的"关照",甚至给她开"小灶"。因为她的数理化基础太差了,一堂课听下来,大部分内容还是云里雾里、懵懵懂懂的。

朱光亚内心一直对志愿军战士怀有深深的敬意,再加上他对学生们本来就有责任感,所以,在了解了刘家政的真实情况后,他就特意安排了一位助教对她进行重点辅导,又指定了班里成绩最好的一名男同学,负责一对一地帮助她。

正是有了细心的朱老师与同学们的悉心施教和耐心辅导,刘家政的学习有了很大的进步。她记得,有一次期末考试,首先是口试,题目是《用唯物论和唯心论的观点谈热素论》。

面对一排正襟危坐的老师们,刘家政开始还有点紧张,但当她看到了朱老师那充满了鼓励和信任的眼神时,她微微一笑,长舒了一口气,很快就平静了下来,然后从容地回答了她对这个问题的理解和看法。最终,她的口试得了个满分。

接下来是笔试,题目是《单摆定律》。当她把公式列出来时,朱光亚正好默默踱步到了她的座位边。朱老师看到她的卷子后,轻轻拿起笔,在卷面的右上角快速地打了个 5 分(当时采用 5 分制)。刘家政感激地抬头看了看朱老师,顿时感受到了朱老师对她的无声的鼓励。她站起身,轻轻地对朱老师说:"朱老师,我还是有点担心,怕计算不好……"

"不要着急,你把公式都列出来了,难道还算不出来?用计算尺算呀。"朱老师微笑着,用赞许的口吻鼓励着她说。

"可是,计算尺我还没学会呢。朱老师,那我就用笔来计算,我一定把它算出来,算不出来决不收兵!"

"嗯,这就对了!志愿军战士从来就不怕任何困难嘛……"

第十九章 师者风范 / 179

刘家政专心地一笔一笔、一页纸一页纸地计算,终于交上了一份准确的答卷。

卷子发下来的时候,朱老师语重心长地对她说道:"物理这门学科和数学有着紧密的关系,一个小数点错位就差十万八千里。你心地聪慧,又有毅力,也非常努力,这都很好!但你的计算能力和计算速度可不行哪!这样怎么能够跟得上我们国家的建设速度?所以,你还要尽快把数学赶上去,尽快把计算尺学会!有什么不懂的,请尽管来问我。"

"是!请首长放心,我会坚决完成任务!重伤不哭,轻伤不下火线!"刘家政一个立正,向朱老师行了一个标准的军礼。

正是有了朱老师的循循善诱和耐心教导,刘家政走出大学校园后,也走上了教育岗位,成了一名优秀教师,先后四次被评为区、市级先进工作者。她说,她在心中一直把自己取得的成绩,当作对朱老师那些年里给予她的谆谆教导的感恩与回报。

朱光亚在东北人民大学工作的那几年里,一些发达国家在科学领域里探索的脚步,也从来没有停止过。

1952年,英国首相丘吉尔高调宣布:英国已经制成原子弹,并且在位于澳大利亚以西的蒙特贝洛群岛上,进行了首次核试验。

相隔没有几个月,杜鲁门总统也向全世界宣布:1952年11

月6日,美国在太平洋埃尼威托克—艾托尔岛上成功爆炸了第一颗氢弹。

几个月后,刚刚当上苏共中央第一书记的赫鲁晓夫也向世界宣布:苏联研制出的氢弹爆炸成功!

美、苏这两个超级大国仿佛正在加紧较劲一样,紧接着,美国又在比基尼岛上开始新的氢弹试验……

至此,美、英、苏三国的原子能与核试验,都进行得如火如荼,争先恐后,互不相让。

世界风云正在翻腾变幻。浓重的核阴云,早已笼罩在人类的头顶。此时,我们高瞻远瞩的共和国的缔造者们,也不能不重新思考和谋划着整个国家和民族的国防安全,以及未来的命运……

第二十章　共和国使命

1956年春天的一天,在美国华盛顿的五角大楼里,一位高级将军在阔绰的办公室里,手持一份密件,向一位高级情报人员询问说:"两年前,红色中国的一支参战部队从朝鲜撤回中国本土不久,就神秘地失踪了,再也没有在任何地方出现过。不久前,英国《曼彻斯特卫报》刊登出一条消息,说这支神秘失踪的部队出现在了中国西北地区的沙漠上。总统先生想尽快知道,这件事情,国防部怎么看?"

情报人员回答说:"据我们了解,中国已有大批的军队脱下了军装,集结到了西北部沙漠地区,这早已不是什么秘密。"

将军问道:"他们到沙漠上去干什么?应该不是去晒太阳或者去寻找矿泉水吧?"

"红色中国现在正在狂热地建造着他们的共产主义'乌托邦'。他们现在最需要的是粮食和棉花。他们的人民,还大面积地处在饥饿和寒冷之中。所以,他们需要征集大量的人力,去西北部开垦荒地,种植玉米和棉花。"

将军又满脸狐疑地问道:"他们能在沙漠上种出玉米和棉花?"

"将军,共产党不信上帝,但相信'人定胜天'!"情报人员回答说。

美国国防部掌握的情报还算比较准确。1956年,中国的确有一大批科学家和军人秘密地进入了遥远的大西北的沙漠和戈壁深处,开始实施一项重大的共和国使命……

随着新中国的诞生,全世界正义的目光都在时刻关注着这个新生的红色国家。

1948年5月,当钱三强、何泽慧这一对青年科学家夫妇即将从法国回到祖国的时候,他们的老师——法国科学院院长、诺贝尔奖得主,同时也是一位法国共产党员的约里奥·居里(居里夫人的女婿)意味深长地对他们称许道:"我要是你们的话,也会这样做的。科学没有国界,但是科学家是有自己的祖国的!祖国是母亲,你们应该为她的强盛去效力。"

临别前,约里奥·居里夫妇还特意把他们提炼出来的一点珍贵的放射性材料,交给了这两位得意门生,满怀希望地叮嘱他们说:"回到你们的祖国,一定要去为科学服务,而科学,终归要为全人类服务!"

三年后,1951年10月,当另一位中国青年——放射化学家杨承宗也准备离开法国回到中国的时候,约里奥·居里又特意约见他说:"原子弹并没有那么可怕,原子弹的原理也不是美国人发现的。争取世界和平,反对原子弹的最好办法,就是自己研究出原子弹来。"

说完,像上次送别钱三强、何泽慧夫妇时一样,约里奥·居里夫妇又把一小瓶仅有10克的碳酸铁镭标准源,小心翼翼地交给了杨承宗,请他带回新中国去。"这个,你们是用得上的。"满怀正义感的约里奥·居里夫妇叮嘱杨承宗说。

杨承宗回到祖国后,找到他的学长钱三强,钱三强立刻通过有关部门,向中共中央转达了法国科学家约里奥·居里的建议。

中国人民从心底里感激约里奥·居里夫妇对新中国的关注和支持。也就是在这样的背景下,反对超级大国的核威胁,打破英、美、苏三国的核垄断,很快就被毛泽东勾画进了共和国宏伟的蓝图之中,成为新中国当时梦寐以求的一个强国梦想。

到了1953年春天,美国又把核导弹运到了日本冲绳岛上,扬言要向中国东北投放原子弹,给中国人实施什么"节育手术"。

同年,美国又派出载有原子弹的B-29轰炸机飞往东亚,配合已被赶到台湾的蒋介石集团"反攻大陆"的叫嚣,在第二年又与台湾签订了《共同防御条约》。

1955年3月,美国总统艾森豪威尔扬言道:如果远东发生战争,毫无疑问,美国会使用小型战术核武器。同时,美国还拟订了向中国全面进攻的计划……

种种迹象表明,美国人正在挥舞着核武器的大棒,肆意地威胁,甚至讹诈新生的中国。这使得百废待兴、刚刚开始社会主义建设事业的新中国,不得不把发展自己的原子能事业早早地提到议事日程上来。

1954年,地质科学家们在广西山区发现了珍贵的铀矿。毛泽东主席在听取了科学家们关于我国铀矿资源情况汇报后,高兴地说:"好哇! 有了'铀'这个大宝贝,我们也能发展原子能了。"

1955年新年刚过,毛泽东等中央领导就召集了物理学家钱三强、地质学家李四光和地质部副部长刘杰等人,听取发展原子能事业的汇报。毛主席以他一贯的风趣口吻,对科学家们说:"今天,我们这些人当'小学生',请你们这些大科学家、大知识分子来讲课喽。"

在这次会上,曾经在1953年就向党中央提出了要发展原子能事业建议的钱三强,向领导们汇报了国内外原子能研究工作的现状。接着,李四光拿出了一块黄褐色的铀矿石标本,给大家做了详细的介绍。随后,钱三强还就铀的放射性原理,给大家做了一个直观的演示:他把一个计数器放在桌子上,然后将铀矿石标本放进自己的衣袋内,当他从桌前走过时,人们便听到了放射线通过时发出嘎嘎嘎的响声。在场的领导人都发出了会心的笑声。有的中央领导听得兴起,不断地提出各种问题;有的还站起身,像钱三强那样亲自试了试。

毛主席在会议最后讲话说:"好哇!我们国家现在已经知道有铀矿了,只要进一步勘探,一定还会找出更多的铀矿来。现在到时候了,该碰一下这个'大家伙'了!"

毛主席说的这个"大家伙",指的就是原子能事业。

会后就餐时,毛主席高兴地举起酒杯,豪放地为科学家们祝酒:"让我们为我国原子能事业的发展,干杯!"

这年1月,毛主席、党中央做出发展原子能事业、研制核武器的决定,并把实施原子能计划列为新中国科学技术发展十二年规划中的"重中之重"。

后来,在一次军委扩大会议上,毛泽东主席又强调道:"原子弹,就是那么大的东西,没有那东西,人家就说你不算数。那么好吧,我们就搞它一点。搞一点原子弹、氢弹、洲际导弹,我看有十年工夫完全可能。"

蓝图既然已经绘出,接着就开始调兵遣将、具体部署了。

1956年11月,国家成立了一个名为"第三机械工业部"的机构(这个机构在1958年又改为"第二机械工业部",简称"二机部"),秘密地开始了共和国的强国大业——发展原子能事业,尽快研制出我们自己的核武器。这个部由宋任穷担任部长,刘杰、袁成隆、刘伟、雷荣天、钱三强任副部长。

1957年的酷热的夏日里,当时的西藏军区副司令兼参谋长——43岁的李觉将军,正在北京养病。这一天,宋任穷部长趁着前来探病的时机,凑到身材魁梧的李觉将军耳边,神秘兮兮地说道:"李觉同志,党中央决定,让你来干一件前所未有的大事哟!"

"什么大事?还'前所未有'?是去解放台湾吗?"

"你看看,光想着打仗了!党中央决定调你来搞这个'大家伙'——原子弹。"宋部长用双手比画着,故意压低声音说,"毛主席说了,我们要创造一个奇迹出来!"

就这样,李觉将军作为高层领导人,领受了核武器研制事业这个艰巨而光荣的共和国使命。从此,他把自己毕生的心血和智慧,都献给了中国的核武器事业和原子能国防事业。

许多年后,已经88岁高龄的老将军对来访者说:"当时,我是做梦也没有想过去搞原子弹,只知晓鸡蛋、鸭蛋、鹅蛋,也接触过那么多的子弹,包括成千上万的炮弹、手榴弹,可就是从来没有想过搞原子弹。那时候对于原子弹到底是个什么东西,一无所知……"

那时候,苏联作为社会主义国家,还是中国的"老大哥",答应要在原子弹研制方面给中国提供一些技术帮助。当然,他们也是有条件的。在以后的合作中,他们竟然依仗自己所掌握的技术，向中国提出极其苛刻的交换条件，以至于把毛泽东主席彻底给惹火了！当然，这是后话了，暂且不说。

1957年9月，以聂荣臻为团长，陈赓、宋任穷为副团长，刘杰、李强、方毅、钱学森等为成员的中国代表团，与苏联代表团就原子弹、P-2导弹等项目的技术援助在莫斯科进行了历时35天的艰苦谈判。10月15日，中苏两国签订了《国防新技术协定》。《国防新技术协定》规定，苏联援助中国研制原子弹，包括提供原子弹教学模型和技术资料。

1958年7月，二机部在北京组建了核武器研究所，建起了科研楼和准备迎接苏联教学模型的大车间，以及一个17号工地爆轰试验场。中国的原子能科研人员，尤其是从国外归来的一批物理学家和化学家，悄悄开始了原子弹理论、实验等方面的研究与探索。

——后来人们发现，这是一项意义重大的决策，它使我国在不久后面对苏联撕毁援助协议时，有了一定的应变余地，为以后我国自力更生地进行核武器研制赢得了宝贵的时间。

就在科学家们筹建青海核武器研制基地时，在北京西北郊的一片高粱地里，耸立起了两座四层的红砖楼房。

在这两座神秘的楼房北面，有农人的稻田、菜地，还有一些低矮的农舍。不远处，是一条古老的、大半年时间里都处在干涸状态的元代护城河,河上还有一座同样古老的石桥,叫"虻牛桥"。

一些枝干苍劲而茂密的老枣树,掩映着更远处的一座破败的古塔,塔上有着元代风格的金黄色的琉璃瓦。阳光明媚的日子里,站在红砖楼房里,远远就能看到那些琉璃瓦闪耀着明亮的光芒。

当时,34岁的物理学家邓稼先,带着胡思得、孙清和、朱建士等十几位刚刚毕业的大学生,就在这两座神秘的小楼里,开始了新中国研制原子弹的前期理论探索工作,包括收集爆炸力学、中子输运、核反应等方面的数据。

除了在红砖楼房里工作的人们,谁也不会知道,这里正在秘密地进行着一件怎样惊天动地的大事业!

当时,苏联专家要求中国方面要尽快盖好储存原子弹教学模型的大车间。于是,这些年轻的科学家和大学生,白天要在工地上抬大筐、搅拌水泥、搬运砖头,晚上开始钻研业务,常常工作到凌晨两三点钟。

等到大车间盖好了,苏联方面所承诺的原子弹模型和相关技术资料,却迟迟不能到位。

邓稼先和同事们想方设法,试图从前来中国指导工作的那位苏联专家口中探听到一点什么。可是,他总是顾左右而言他,用支支吾吾的言辞搪塞过去。气得这些年轻的科学家和大学生给这位光头的洋专家起了个形象的外号："哑巴和尚"。

1959年6月20日，苏联给中国写来一封信，说苏联与美国、英国在日内瓦经过谈判，做出了一个禁止核武器试验的协定，因此，苏联暂时不会将原子弹的样品和其他设计上的技术资料交给中国，而需要等两年之后，视局势变化状况再做决定。

显然，苏联这是单方面破坏了双方签署的《国防新技术协定》。苏联背信弃义、出尔反尔的举动，一下子把毛主席和党中央其他领导给惹火了！不久，周恩来总理向二机部部长宋任穷传达了毛主席和中共中央的决策：自己动手，从头摸起，准备用八年时间搞出原子弹！

就在这时，宋任穷部长委托副部长兼原子能所所长钱三强，尽快再挑选出一位"有本事"的科学技术带头人来，担负起核武器研制中科学技术工作的领导任务。

钱三强面对着自己开列出的好几个人选的名字，经过慎重的考虑和反复的选择，最后把目光停留在"朱光亚"三个字上。

在钱三强看来，朱光亚虽然还只有35岁，属于目前科技界的"中字辈"，但是，他除了是一位专业的物理学家之外，同时也具有较敏锐的判断事物的能力，有较强的组织观念和科研组织能力，还有较强的团队合作意识，而且年富力强、精力旺盛。

主意既定，钱三强很快就把朱光亚找到了自己的办公室，神色严肃地向朱光亚说出了这个决定。

那一刻，朱光亚的眼睛湿润了。

在他眼前，一瞬间闪过了他在朝鲜战场上见过的，美帝国主义把燃烧弹投向我志愿军阵地，有的战士被活生生地烧成焦炭的一幕……

中华民族一百年来的屈辱史。近些年来，美、苏、英这些核大国对新中国的技术封锁与核威胁、核讹诈……一幕幕在他眼前闪过。

朱光亚感到，他将接受的不仅仅是一份普通的工作任命，而且是一份神圣、庄严和艰巨的"共和国使命"！

1959年7月1日，在中国共产党38岁生日这天，35岁的共产党员朱光亚被正式调入核武器研究所。几个月之后，他被二机部党组任命为副所长，全面负责核武器研制中的科学技术工作。

任命书下达的当天，朱光亚独自坐在办公室里，沉思了良久。

他已经好久没有抽烟了。这时候他突然觉得，自己好想狠狠地抽上几支香烟过过瘾！

直到黄昏的时候，他才起身离开安静的办公室。长长的走廊里空无一人。办公室的小黑板上，留下了他用粉笔奋力写下的一行字：

"不打无准备之仗，不打无把握之仗！"

一缕斜阳，无声地照射进了黄昏时分的走廊内……

第二十一章　自强不息

在朱光亚进入核武器研究所之初的那些日子里,他的口袋里总是装着一个记事本,那上面工工整整地写着他奉为圭臬的一段语录,那是卡尔·马克思中学毕业作文中的一段誓语:

> 如果我们选择了最能为人类的幸福而劳动的职业,那么,重担就不能把我们压倒,因为这是为大家而献身;那时我们所感到的就不是可怜的、有限的、自私的乐趣,我们的幸福将属于千百万人,我们的事业将默默地,但是永恒发挥作用地存在下去,而面对我们的骨灰,高尚的人们将洒下热泪。

这个时期,在朱光亚的心中,一直涌动着一种崇高的信念和热忱,他感到自己从来没有像现在这样,变成了一个十足的英雄主义者和无所畏惧的战士。

他知道,他的力量、热忱和信念,来自于伟大的祖国和人民,来自于年轻的共和国的强国梦想!

到研究所工作后,朱光亚所迎接的最大的挑战,就是苏联方面的技术封锁。

早在 1958 年 3 月下旬,苏联方面根据中苏制定的《国防新技术协定》,派出了专家来华,其中科学调查组里有组长聂金,还有实验物理学家加弗利洛夫和马斯洛夫。

加弗利洛夫是由苏方指派的科技顾问,准备长时间在中国工作。他来中国后不久就向钱三强提出,需要给予他一些科研人员,并提出了"想要见一见朱光亚同志"的要求。

钱三强告诉他说:"很遗憾,今天是礼拜天,朱光亚回城里去了。如果能等到明天,还是可以见到他的。"

加弗利洛夫听了,耸了耸肩膀,表示遗憾。他是个办事认真却有点性急的俄罗斯人。第二天上班以后他又急匆匆地提出:"应当调朱光亚来工作,一定得让他来。"

钱三强和吴际霖都好奇地问道:"您怎么知道有一个朱光亚,并且对他这么感兴趣?"

加弗利洛夫认真地解释说,1956 年春天,朱光亚曾经到过莫斯科,当时,苏联的诺贝尔物理学奖获得者 N. E. 塔姆院士接见过他,在学术交谈中,朱光亚给塔姆留下了很深的印象。当得知加弗利洛夫要来中国工作时,塔姆院士特意向他推荐了朱光亚,说朱光亚是一位有头脑、能力很强、有才华的青年科学家。

因此,朱光亚进入核武器研究所工作,与这位苏联专家也有一些关系。遗憾的是,当朱光亚进入研究所后,加弗利洛夫却又奉命返回了苏联,而且一去不复返了。随后,苏联又派来了一位名叫列杰涅夫的顾问,也就是前面说到的,被大学生们称为"哑巴和尚"的那位专家。

朱光亚被任命为核武器研究所副所长后,与李觉、吴际霖、郭英会形成了一个精干的领导班子。后来,郭英会因病入院,整个研究所的工作便形成了被赞誉为"三匹马"的李、吴、朱领导核心。

当时的分工是:李觉将军负责抓总体大事,经常往返于二机部大楼、研究所和西北基地之间;吴际霖、朱光亚负责抓科研生产,其中,朱光亚重点抓核物理方面的工作。

李觉将军后来回忆说:"那时候,每次向中央专委、向总理汇报工作,朱光亚几乎都会参加。在技术上他能给总理讲清楚。汇报之前,他要做大量的准备工作。……60年代重大的、向中央报告的文稿,研制规划、计划都出自他手。"

这时候,"三匹马"的领导核心有一项重要举措,就是"招兵买马"和"调兵遣将",即在全国各地选调专业技术人员。

仅仅1960年、1961年这两年里,中央先后批准,把王淦昌、彭桓武、郭永怀、程开甲、陈能宽、龙文光、疏松桂、宋光洲、俞大光等高、中级科技骨干调来,加入核武器的研制队伍。

后来,又陆续调来了黄祖洽、周光召、张兴钤、方正知、黄国光等126名科学家与高、中级科研人员和工程技术人员。

这些科学精英和科研技术专家,与先期到达的朱光亚、邓稼先等人一起,构成了新中国的原子弹研制的骨干方阵。

按照苏联专家的意见,当时的核武器研究所分为理论、实验、设计、生产四个部,共13个研究室。

与此同时,从1960年起,先后有2000多名转业军人、7000多名民工、2000多名建筑工人,也从全国各地集结到了青海省海晏县的金银滩大草原上……

金银滩大草原位于青海省海北州境内。在它的西边,有美丽的青海湖,北边和东部被绵延的崇山峻岭环绕,南边与海晏县著名的历史遗址"三角城"接壤。所谓"三角城",是古代西海郡遗址,建于西汉王莽秉政时期。在这片方圆约有1100平方公里的辽阔草原上,还有两条碧波荡漾的大河——麻皮河和哈利津河蜿蜒流过……两条大河流经的两岸都是水草丰茂的大草原,牧人把它们分别称为"金滩"和"银滩",合称"金银滩"。

在这片远离尘世的草原上,生活着一代代逐水草而栖居的藏族兄弟。这里是他们世世代代的家园,也是他们的生命和心灵的乐园。因为原野平展、水草丰茂,金银滩大草原多年来一直都保持着30多万只牛羊的数量。尤其是到了初夏和盛夏时节,大草原上的野葱花、油菜花、格桑花竞相盛开,千里草原牛羊如云,百灵高唱,牧歌悠扬……据说,王洛宾那首家喻户晓的经典作品《在那遥远的地方》,就诞生在这片美丽的大草原上。

那是一个浪漫的草原之夜,音乐家和那位美丽的"好姑娘"共骑一匹白马,在夜色迷离、空旷辽远的金银滩上,远远地躲开了众人,互相依偎着奔驰在月光下野葱花盛开的原野上……

从20世纪60年代初开始,这片远离尘世的梦幻般的大草原,又托起了一个足以惊天动地的强国大梦——新中国的第一个核武器研制基地建设的大会战,在这里热火朝天地开始了……

可是,当时的国际政治形势也如夏日草原上的天气,一日数变,谁也不知道什么时候将会骤雨来临。

1960年7月16日,苏联政府突然照会中国政府,宣布停止先前制定的那个《国防新技术协定》,随即不容分说地撤回了全部专家,带走了全部资料,并且停止提供设备、关键部件和重要物资。

苏联人的这个出尔反尔的举动,无疑是给中国刚刚开始的核武器研制事业当头浇了一盆冷水!

当时,英、美等国对红色中国遭遇的这场变故,颇有些幸灾乐祸的意味,他们评论说,中国受到了"毁灭性打击"!还扬言:

中国人进入了技术的真空时代,过不了两年,那些设备就变成了废铜烂铁;没有外界的帮助,中国人就是再过二十年,也休想搞出原子弹来!

有人还以讥讽和嘲笑的口吻说:就让这个国家守着那些废铜烂铁去吧!

真是欺人太甚了!英勇、顽强、智慧的中国人,岂能咽得下这口气?近代以来被外国列强入侵、欺凌、讹诈的屈辱,岂能在新中国的历史上重新上演?

就在苏联宣布撕毁协定的第二天,7月18日,在北戴河召开的中央工作会议上,共和国的领导层达成了一致的意见:让他们嘲笑去吧!没有他们的援助,我们自己来搞!赫鲁晓夫不给我们尖端技术,极好!如果给了,这个账是很难还的。我们自己要下决心搞尖端技术!

是的,伟大的中国人民从来就是不怕压、不信邪的。有道是:"有志者事竟成,破釜沉舟,百二秦关终属楚;苦心人天不负,卧薪尝胆,三千越甲可吞吴!"就在苏联宣布撕毁协定、撤走专家的几天之后,毛泽东主席和中央领导迅速、果敢地做出了决定:自力更生,突破原子弹的研制!

虽然当时我国正值经济困难时期,全国不少地方还处在饥荒和贫穷的边缘,但是,陈毅元帅当时说的一句大白话,道出了大家共同的心声:"哪怕裤子当了,也要把原子弹搞出来!"

这年8月,苏联专家全部撤走了。从此,中国原子能事业开始走上完全自力更生的道路。

毕竟,有的苏联专家和中国的科学家共事有些日子了,他们对中国科学家的执着精神,对善良质朴的中国人民,对这个朝气蓬勃的新生的共和国,还是怀有深深的敬意和真挚的感情的。当陈毅元帅去机场送别他们时,一位专家满怀愧疚而又诚恳地说道:"中国人是智慧的,你们曾经为人类贡献了四大发明,你们也有个'格拉瓦'(脑袋),我相信你们一定能造出原子弹来!"

1961年4月初的一天,一辆车子把三位科学家悄悄地接到了中南海。日理万机的周恩来总理特意安排出时间,给他们布置了任务。这三位科学家,就是被二机部新任命为核武器研究所副所长,也被邓稼先尊称为"三尊菩萨"的王淦昌、彭桓武和郭永怀。

当时,周总理十分赞成二机部的安排:彭桓武侧重抓理论部,王淦昌侧重抓实验部,郭永怀侧重抓设计部和生产部。三个人在参与高层技术决策工作的同时,还要在各自分工的科研生产第一线,带领青年人冲锋陷阵,去攻克难关!

与这三位副所长相比,朱光亚是最年轻的一位副所长。他非常敬重这些前辈。他与吴际霖负责全面的科研组织管理。他负责和参与组织与指导研制任务分解、确定主要科研方向的关键技术、选择解决问题的技术途径、设立并制定重要的攻关课题的实施方案等工作。

这年7月的一天,张爱萍副总参谋长突然来到朱光亚的办公室。朱光亚明白,这些日子里,几乎每一位中共中央和中央军委的首长都十分关注他们的工作进展。他知道,他们正在研制的,不仅仅是普通的原子弹,还是中国人民和新中国的"争气弹"!

还没等张爱萍坐下,朱光亚就打开了他随手带的那个工作记录本,准备向首长汇报工作。

张爱萍却朗声笑着说:"光亚同志,你急个啥子嘛!我不是来听汇报的,而是拜师来了哟!"

朱光亚连忙说道:"不敢当,不敢当!"

"不是不敢当,而是当之无愧!我今天就是专门来向你请教,原子弹到底是个啥东西嘛!"

这样,朱光亚就用通俗易懂的语言,给张爱萍副总参谋长形象而又详尽地介绍了有关原子弹的原理和相关常识。张爱萍听得津津有味,不时地点头道:"乖乖!还真是个了不起的'大家伙'呢!我们中国没有这个,真的不行哪!"

事后,张爱萍对身边的人说过:"朱光亚的一席话,使我受益匪浅,这是我第一次系统地了解了原子弹的知识。这个朱光亚,是我在核工业战线的第一任老师哟!"

这年7月,中共中央在一份《关于加强原子能工业建设若干问题的决定》的文件中明确指出:为了自力更生突破原子能技术,加快原子能工业的建设,必须进一步缩短战线,集中力量,加强有关方面对原子能工业建设的支援。

随即,中央又从全国各地抽调了一些新的技术和行政骨干力量,加入了核工业建设的行列里。

——后来,一些参与者和见证者回忆起这个时期的核武器研究所时,都不禁自豪地认为:整个核武器研究所可谓"藏龙卧虎",一大批杰出的中国科学家,"在一张白纸上开始描绘最新、最美、最雄浑、最壮丽的国防现代化画卷"。

1963年,在苏联首都莫斯科,美国国务卿腊斯克,苏联外交部部长葛罗米柯,英国外交大臣霍姆,分别在一份名为《禁止在大气层、外层空间和水下进行核试验条约》的文件上签了字。苏联领导人赫鲁晓夫、勃列日涅夫,联合国秘书长吴丹等人,出席了签字仪式。

签完字后,葛罗米柯颇为自得地说道:"先生们,毫无疑问,《禁止在大气层、外层空间和水下进行核试验条约》的签订,是苏维埃社会主义共和国联盟爱好和平的对外政策的一项重大成就!我相信,这个条约,完全可以为解决包括裁军问题在内的其他更加重要的国际问题,开辟出新的通道。"

腊斯克应声附和道:"我完全赞同您的看法。我们三国政府在今天十分难得地采取了同一个措施。我相信,全人类一定都在期待,这将是走向和平、安全的未来的第一步。而这一步,也是我们美利坚合众国长期以来热忱地希望的。虽然这个条约并不能就此结束核战争的威胁,也并不会减少世界上的核储备,甚至并不制止核武器的生产以及在战争时使用核武器的可能性。"

霍姆说:"但愿能有更多的国家加入这个条约中来。"

葛罗米柯连忙说道:"不,不,根据我的判断,中国的毛泽东、周恩来是绝不会加入这个条约的。"

几乎与美国、苏联、英国在莫斯科正式签署了《禁止在大气层、外层空间和水下进行核试验条约》的同时,中华人民共和国政府于1963年7月31日,正式发表了《中国政府主张全面、彻底、干净、坚决地禁止和销毁核武器,倡议召开世界各国政府首脑会议的声明》,旗帜鲜明地揭露了这个条约所蕴含的欺骗性与歧视性。

中国政府在声明中指出:"美、苏、英的真正目的是达到核垄断。对此,毛泽东主席和他的领导集体明确指出,中国人民决不承认某一个或几个大国妄图垄断世界核力量,决不承认某一个或几个大国对别的国家任意发号施令的特权。中国为了保卫国家安全和维护世界和平,将会坚持发展独立自主的核力量。"

对国家发表的这份严正的声明,朱光亚和他的同事们无不拍手称快！朱光亚说："毛主席说了，美国、苏联、英国签订的这个三家条约，只是自欺欺人而已！尤其是苏联，在假惺惺地强调了所谓中国需要对付来自帝国主义方面的核威胁的同时，却又千方百计地反对和阻挠中国发展自己的核力量。"

"光亚说得对！苏联的真正目的，是要中国永远依赖它这把'核保护伞'。"邓稼先说。

"一点不错！在如此严峻形势的压力下，毛主席、党中央审时度势，再次强调：我们只有一条路——自己动手，自力更生，搞出我们自己的原子弹！毛主席还说了，我们应该感谢赫鲁晓夫，是他促使我们下了最后的决心，就是全国人民勒紧裤腰带，也要搞尖端技术！赫鲁晓夫不给我们尖端技术，撤走苏联专家，对我们封锁了所有的技术资料信息，那也不是什么坏事！毛主席不是早就说过吗？如果他真的给了，这个账是很难还的。"吴际霖强调说。

朱光亚继续分析说："不过，这样一来，苏联和美国这两个本来十分敌对的超级大国，暂时似乎已经'握手言和'了。这有点像1962年秋天的古巴导弹危机，还有1961年的柏林危机，美国抓住了这样的机会，暂时缓解了紧张的美苏关系。其实呢，只不过是貌合神离而已！现在我们面临的最关键的问题，还是像宋任穷部长在气动力学组鼓励大家的那样，把'气'变为'动力'。宋部长说得好，空气动力学，有了'气'，就有'动力'。苏联人不给我们技术,我们就要憋着这股'气',一定搞出我们自己的原子弹来!"

听了朱光亚副所长的这一席话,在场的同事们都不约而同地点头称是。此时此刻,每个人的心中都有一个坚定而强大的信念,在温暖着他们、鼓舞着他们,也让他们不禁回想起这一两年来,他们白手起家、攻坚克难的日日夜夜……

是的,苏联专家撤走的时候,所有的资料和设备部件,也都被他们不遗巨细,全部打包封锁带走了,连一张小纸片也没有留下,做得可是真绝啊!因此,朱光亚和他的同事们在研制初期所遇到的最大困难,就是缺少资料。

几年前,苏联专家聂金、加弗利洛夫和马斯洛夫来到中国西北考察之后,曾经给宋任穷、刘杰、袁成隆、钱三强等领导同志以及吴际霖、郭英会等科学技术人员讲过一次课。

当时,聂金反复强调,任何人都不要做记录,将来他们不仅会运来具体的模型,还会提供详尽的资料的。因此,他们当时讲课的时候,一边在黑板上书写,一边又飞快地擦掉。现在想来,他们这是早就存下了"秘不示人"的心思了。

所幸的是,即便是在这种情况下,那些听课的领导还是抢着记下了一些零零碎碎、并不系统的东西。后来,这些笔记本被统一存放在一个档案室里。

1960年6月里的一天,吴际霖突然想起了这件事,就讲给朱光亚听。朱光亚一听，不禁喜出望外，赶紧请李嘉尧工程师去档案室里找出了这些笔记本。

朱光亚如获至宝一般，在灯光下仔细地翻看着这些来自不同人笔下的零碎记录。因为听课的人员里除了钱三强、吴际霖是专业人士外，其余多是领导同志，对苏联专家所讲的内容一是听不太懂，二是加上苏联专家讲得很快，所以，这些记录就显得十分零散，甚至也有不甚准确之处。

此后的好几个夜晚，朱光亚就在自己的办公室里，与邓稼先、李嘉尧等人一起，对这些笔记进行了仔细的整理，一一比对出了最准确的记录文本，没有放过任何的蛛丝马迹。

邓稼先整理理论原理、计算、空气动力学、内爆原理部分。李嘉尧负责结构、材料、起爆时间部分。

三个人用了两三天的时间，总算整理出一份初稿。最后，由朱光亚统一核实、审定、补充，形成了一份稍微有点系统性的资料。

"有了这一份东西，也算聊胜于无吧。"朱光亚看着这份"拣来"的资料，苦笑着说道。

紧接着，他在那个神秘的北红楼里，主持召开了一次由全所组长以上技术人员参加的会议，向大家详尽地介绍了这份资料。

最后，朱光亚对大家说道："苏联人太滑头了，连一张有用的纸片都没有给我们留下！因此，我们的研究工作白手起家，在我们自己工作的基础上,'新'起炉灶。这份资料的价值,也仅仅是可以当作我们开展工作的一条参考线索而已。"

说到这里,朱光亚轻轻地把这份资料掷在桌子上,喝了一口水,继续说道:"同志们都知道,原子弹是世界上早已拥有了的东西,它的规律和技术,已经被科学家们掌握了。对于我们中国人来讲,只不过还从没有做过,没有经验而已。我相信,只要大家开动脑筋、献计献策,只要我们破除迷信、攻坚克难,美苏科学家能做出来的东西,我们这些人同样也能够做得出来!"

"光亚同志说得对!就好比在战场上,再牢固的阵地也是人设置起来的,因此,再牢固的阵地也是人可以攻破的嘛!"邓稼先说,"光亚同志,请你给大家具体说说,接下来我们的工作方向吧!"

"实事求是地讲,根据我们目前的实际能力,我认为,我们首先应当努力去研制出爆炸力强、用核材料少、体积重量小的原子弹,即便它的威力暂时还达不到我们的预期,那也没有关系。重要的是,我们要先迈出第一步,就是以'响'为目标!"

"太好了,以'响'为目标!就像张副总参谋长说的那样,我们首先要能把这个'大炮仗'给放响!"

"是的,只要我们能完整地设计、制造出一个'大炮仗'出来,那么,下一步再向更高级别发展,就具备了重要条件。"

听朱光亚说到这里,大家都兴奋地鼓起掌来。

——这次由朱光亚主持召开的北红楼会议,后来被参加过第一颗原子弹研制的人们津津乐道地称为"朱光亚交底",也叫"红楼交底"。当然,朱光亚他们整理出来的那份笔记资料,对他和他的同事们来说,也并不是一点用处都没有。

二机部第一任部长宋任穷在后来写的一篇文章《毛主席指导我们创建原子能事业》中说:这份笔记资料,对我们研制原子弹初期的工作还是有益的,使我们一开始就能从理论、实验、设计、生产几方面齐头并进地展开工作,起到了引路的作用,也争取了一些时间。但是,这毕竟是一种教学概念,不是工程设计,而且有的数据根本不对。我们用了两年左右的时间,经过反复计算,才完全弄清楚。后来的研制工作,主要靠我们自己的技术人员刻苦钻研,艰苦奋斗,反复实验,逐步过关。

一场在不久之后使全世界为之震惊,也让所有中华儿女扬眉吐气的伟大的科技攻坚战,在悄无声息中拉开了序幕……

根据毛主席和党中央确定的"自己动手,从头摸起,准备用八年时间搞出原子弹"的方针,二机部也制定了一个《原子能事业八年规划纲要》,提出了"三年突破,五年掌握,八年适当储备"的奋斗目标,明确了中国的核武器的研制,只能依靠我们自身:自己研究,自己试验,自己设计,自己装备。

最后,李觉、吴际霖、郭英会、朱光亚会同有关专家,对全部研制任务进行了分解,决定分成三个阶段,循序向前推进:1961年前,创造条件,全面探索;1962年,掌握基本原理和关键技术;1963年,完成原子弹设计。

方案既定,朱光亚立即着手主持,率先推倒了苏联专家给我们设置的"四个大部"的布局,重新进行了机构调整,成立了理论物理、爆轰物理、中子物理和放射化学、金属物理、自动控制、弹体弹道、非标准设计、建筑设计八个研究室和一个加工车间。

这样一来,不仅专业分工更加明细合理了,整个任务的分解与责任也更明确了。

今天的人们几乎无法想象,中华人民共和国的核事业,中国人民的"核弹梦",竟然是在如此简陋的条件和薄弱的基础上开始的。

但是,战斗的号角已经吹响。在千里之外的金银滩大草原上,千军万马已经集结到位。艰苦卓绝的科技攻坚战打响了……

第二十二章　沸腾的荒原

20世纪60年代初期,当苏联宇航员尤里·加加林乘坐着足足有6吨重的飞船,驶入了茫茫的空间轨道的时候,美国宇航员艾伦·谢泼德也登上了首次宇宙航行的舷梯。人类征服太空的漫漫天路,就此展开。这时候,风靡全球的流行歌曲《爱传遍世界》(*Love Makes the World Go Round*)和《月亮河》(*Moon River*)正在世界各地传唱。

阿波罗,是古代希腊传说中掌管诗歌和音乐的太阳神。传说他是月神狄安娜的弟弟,曾用金箭杀死巨蟒,替母亲报仇雪恨。美国政府选用这位矢志报仇雪恨的太阳神的名字,来命名他们的登月计划,其励志和好胜的心情可想而知。

"阿波罗计划"原本是60年代初期,美国人在艾森豪威尔总统执政时就已经提出的一项登月计划,曾经作为著名的"水星计划"的后续计划。但艾森豪威尔对这个航天计划似乎推进不力,"阿波罗计划"的经费也始终没得到落实。

1960年11月,曾在竞选时承诺,要使美国在太空探索和导弹防御上全面超过苏联的约翰·肯尼迪当选总统。翌年4月12日,苏联宇航员尤里·加加林成功首次进入太空,加深了美国对在太空竞赛中落后的恐惧。次日,在与白宫科学委员会的会谈中,许多议员希望能够立刻开始一项太空计划,以保证在与苏联的竞赛中不至于落后太多。4月20日,肯尼迪给副总统林登·约翰逊发去一份备忘录,询问他对于美国太空计划的意见,以及美国追赶苏联的可能性。副总统林登·约翰逊在第二天就回复道:"我们既没有尽最大努力,也没有达到让美国保持领先的程度。"

于是,肯尼迪总统不再有丝毫犹豫,他正式向全世界宣布,美国要在60年代末,实现把人类送上月球的目标。这就是举世闻名的"阿波罗登月计划"……

也就在这时,我国首次核试验准备工作,正在高度保密的状态下,紧锣密鼓地进行着。

那些年里,在一辆辆从中国内地驶往西北或东北的列车上,总会有一些面色坚毅、肩负着神圣的秘密的使命的年轻人迫不及待地看着窗外闪过的山谷、河流、村庄、原野和树木,盼望着尽快到达各自的目的地。

一站站灯火扑来,像流萤飞走,

一重重山岭闪过,似浪涛奔流……

此刻,满车歌声已经停歇,
婴儿在母亲怀中已经睡熟。

在这样的路上,这样的时候,
在这一节车厢,这一个窗口——

你可曾看见:那些年轻人闪亮的眼睛
在遥望六盘山高耸的峰头?

你可曾想见:那些年轻人火热的胸口
在渴念人生路上第一个战斗?

你可曾听到呵,在车厢里,
仿佛响起井冈山拂晓攻击的怒吼?

你可曾望到呵,灯光下,
好像举起南泥湾披荆斩棘的镢头?

呵,大西北这个平静的夏夜,

呵,西去列车这不平静的窗口!

到底是一些年轻人啊!他们有时候忍不住内心的激动,情不自禁地高声朗诵起了诗人贺敬之新发表的诗歌。

没有谁知道,这些年轻人的真实身份。当然,只有他们各自明白,他们正在肩负着怎样的使命。

他们当中,有的被派往东北,将在"哈军工"先做一些进修,然后再到核试验基地,将要为我国首次核试验进行技术准备;有的直接去往了大西北的金银滩草原和千里大戈壁,那片辽阔的荒原,正在远方等待着一批又一批年轻的科技人员的到来。

他们将在那里发起和迎接一场震惊世界的东方巨响。

这些从全国各地选拔出来的,不仅在政治思想上合格,在专业上也十分过硬的年轻人,从此将与祖国的核试验事业结下终生的不解之缘。他们中的几乎每一个人,一旦进入了这个领域,便都无怨无悔地、满怀自豪地给自己写下了这样一句话:"一辈子只做这一件事,就是核试验!"

现在的人们几乎无法想象,60年代初期,在国家的经济面临着极度的困难,科技人员的研究条件、研究设备十分简陋和滞后的状况下,我们的年轻的科学家和科技工作者们是怎样忍饥挨饿,和全国人民一样"勒紧裤腰带",夜以继日地工作着。

人们更难以想象,他们使用最简陋的计算工具,包括中国古老的算盘,每次却要计算出 5 万个以上的数据……

这是何其浩繁的工作量,何其艰苦的运算条件!

尤其是在理论物理研究中,邓稼先在彭桓武等前辈的支持和参与下,率领一批青年科学工作者,为了获得某个准确的数据,一遍又一遍地对核武器力学的运动,包括对状态方程和参数进行复算。

在核实某一个数据时,邓稼先指导青年技术人员孙清和、朱建士等人,利用仅有的几台电动计算机和手摇计算机,采用一种"特征线法",对原子弹爆炸反应前物质运动全过程的数值,不分昼夜地算了无数次,方才得出满意的结果。

多么艰辛的劳作与攀登啊!月缺月圆,日落日升,他们洒下了一路心血、一路汗水、一路深情。春花秋月,柳暗花明,他们和衷共济誓不言败,不离不弃,风雨兼程,用心血、汗水和泪水,黏合着、焊接着他们攀向技术高峰的梦想的"天梯"。多少次的披星戴月,多少次的风餐露宿,多少个酷暑严冬,多少次的云蒸霞蔚,多少次的风雨彩虹……

眼看着就要接近目标了,无数的心血焊接起来的"天梯"就要架设起来了,但是,科学就是如此地严酷和冷峻,"天梯"容来不得半点缝隙的。1961 年 9 月,周光召又用"最大功原理"进行论证,从理论上否定了他们好不容易得出的某个数据。

在整个攻关的过程中,朱光亚更是事必躬亲,关键工作汇报,他都倾听得格外仔细,绝不放过任何的蛛丝马迹。哪里有困难,哪里就能看见他的身影。

果真是"苦心人,天不负"。经过艰苦紧张的探索研究,到了 1962 年,原子弹的理论研究、试验技术、核材料生产等方面均已取得重大进展。

这年 9 月,二机部部长刘杰与李觉、吴际霖、朱光亚等人研究后,向毛泽东主席和党中央上报了一份《关于自力更生建设原子能工业情况的报告》,提出了两年内进行我国第一颗原子弹装置正式试验的目标。

为了进一步分析研究实现上述目标的可行性,还需要制订出一份实现这个目标的具体工作计划。部、所领导集体讨论后,由朱光亚执笔写出了一份《第一种试验性产品的科学研究、设计、制造与试验工作计划纲要》(草稿)。

这里的"第一种试验性产品",指的就是第一颗原子弹。这是因为他们的工作处于高度保密状态。

朱光亚不愧为一位作风严谨的科学家,就连他的蝇头小字,也是书写得那么工整、仔细,一笔一画,一丝不苟。

这份计划纲要草稿仅正文就长达 19 页,共分六个部分,另外还有两个附件:一是具体进度计划,一是核爆炸试验拟分步进行的具体考虑。

朱光亚在报告中谨慎地写道:"我们认识到,计划所规定的

第二十二章 沸腾的荒原 / 213

工作量是巨大的。无疑地,还有许许多多的困难需要局、所全体人员去努力克服。"

接着,他又信心满怀地告诉中央:"但是,只要我们紧紧依靠部党组的领导与各兄弟单位的大力支持,全体工作人员团结一致、同心协力、严肃认真、紧张活泼地进行工作,实现上述计划指标仍是完全可能的。"

关于核爆炸试验分两步进行的问题,朱光亚是这样陈述的:

上述第一种试验性产品的科研计划,是以空中核爆炸试验为前提的,但并不排斥将核爆炸试验分成两步来进行,即第一步做地面甚至地下爆炸试验,第二步做空中爆炸试验。就第一种试验性产品的核爆炸试验的科研要求而言,由于是头一次,先进行地面试验是更有意义的,因为这样将有利于安排更多的,能直接阐明产品动作规律的试验。

现在看来,这份报告,无疑是对我国第一颗原子弹的装置研制、试验及基本建设等工作做出的详细、全面而又周密的计划安排,是中国原子弹研制、试验等科学技术工作最早的一份纲领性文献。

后来的实践证明,这些分析和部署是符合实际的,对很快突破原子弹技术起了重要作用。

1962年2月20日,一个无比晴朗的日子里,美国宇航员格伦、卡彭特和希拉驾驶着宇宙飞船,开始执行一项名为"水星号-宇宙神"的航天任务。这便是美国历史上的首次载人轨道飞行,也可以说是"阿波罗登月计划"的一次预演……

当然,美国人做梦也不会想到,于"阿波罗登月计划"的这次预演半年之后,在中国,一个个振奋人心的好消息也不断地、秘密地传到了中南海:

原子弹起爆元件的研制已经获得了重大突破……

内爆法的关键技术也获得了验证……

中子源也确定了主攻方向……

核武器研制基地与核试验场也已初具规模……

可以想象一下,今天,如果有谁能有幸打开核武器研究院1961年至1962年的若干卷科技档案,一定会看到那些不断传至北京中南海的、至今仍然属于高级机密的,却又如同"喜报"一般的文件。

也不难想象,这些文件上,大都有朱光亚亲自审阅和修改过的笔迹。有些修改细致到一个数据、术语乃至一个字符。

正如后来人们所回忆的那样,面对这些文件,"即使你对内容完全陌生,只要见到浩瀚文档中留驻于字里行间的那工整流畅的红色笔记,便会油然生出一种敬佩之情"。

这些文件,无疑也将留给人们这样一种真实的感觉:"朱光亚是在用他手中的笔,用他自己的心血和智慧指挥着千军万马

第二十二章 沸腾的荒原 / 215

的科技大军,指挥着一个庞大的合唱团的各个声部"。

1962年10月,刘杰、朱光亚等一起向中央领导汇报了爆炸第一颗原子弹的规划和步骤。他们把这个规划具体到了每年的每个月份上了,看上去就像是一份"军令状":1963年12月完成模拟实验;1964年第二个季度完成实物爆轰实验;1964年8月底在试验基地进行演练,完成首次核试验的准备。

为了让中央更好地了解这个"两年规划",朱光亚又主持编写了《原子弹装置科研、设计、制造与试验计划纲要及必须解决的关键问题》和《原子弹装置国家试验项目与准备工作的初步建议及原子弹装置塔上爆炸试验大纲》两份文件。

这两份文件,后来被称作中国核武器发展史上的"纲领性文件"中的"杰作"。

不到一个月,11月3日,毛泽东主席就在那份"两年规划"上做出了重要批示:"很好,照办。要大力协同做好这件工作。"

这可是斩钉截铁、雷霆万钧的15个字!

这意味着,新中国的一场前所未有的、足以震惊整个世界的"大会战",即将开始。

此时,在距离祖国的首都千里之外的西北大戈壁上,第一颗原子弹的试验场地,已经选定在了罗布泊。

罗布泊,蒙古语称为"罗布诺尔",意为"汇入多水之湖"。

古时候,这里又被称为蒲海、盐泽、洛普池。曾经驰名西域的三十六国之一的楼兰古国,就坐落在这片广袤的沙海之上。然而,楼兰古国在历史舞台上只活跃了四五百年,便在公元 4 世纪神秘地消失了。

究竟是什么原因导致了楼兰的消失,至今说法不一。又过了一千五百多年之后,1900 年,瑞典探险家斯文·赫定,率领一支探险队,由罗布人奥尔德克当向导,艰难地到达了这里。

斯文·赫定后来在他的《亚洲腹地探险八年》一书中这样写道:"罗布泊使我惊讶,它像一座仙湖,水面像镜子一样,在和煦的阳光下闪烁。我们乘舟而行,如神仙一般。在船的不远处,几只野鸭在湖面上玩耍,鱼鸥及其他小鸟欢娱地歌唱着……"

实际上,斯文·赫定当时所看到的,是美丽的博斯腾湖的景色。当他们一行离开博斯腾湖之后,映入眼帘的却是一望无际、荒无人烟的茫茫沙漠与戈壁。他和他的整个考察队几乎全部葬身在这片沙漠里。因而,他又在他的书中向世人宣称,这里根本不是什么"仙湖",而是一片可怕的"死亡之海"!斯文·赫定甚至把这里称作"东方的庞贝"。

此时,军用直升机正轰隆隆地飞过了罗布泊上空。

博斯腾湖,孔雀河,还有一个个碱水泉……一一闪过。

千军万马,正在向这片沉睡了千年的荒原会集……

这里也的确不是什么"仙湖"之所。每年的 6 月至 8 月间,无边的大沙漠上,会出现翻江倒海一般的大雷雨和暴雨。盛夏时节,沙海里的气温可达38摄氏度,地表温度在40摄氏度以上。而昼夜之间的温差又是那么大,所谓"早穿皮袄午穿纱,围着火炉吃西瓜"。

入秋之后,这里不时地还会刮起八级以上的狂风。狂风起时,飞沙走石,天地茫茫,一片混沌!

可是,就在这片自然条件极其恶劣、传说中的可怕的"死亡之海"里,那些先期挺进的、建设核试验基地的部队官兵,已经开始了他们的"战斗"——他们将在这里为不久就要抵达的科学家和科技人员建起一栋栋营房、办公室、实验室、观察室。

现在,他们正在开挖地基,拉着巨大的石碌子压路,推着车子飞奔,和泥,拉坯,制砖,打夯……一个个挥汗如雨,干得热火朝天。

有的官兵一边打夯,一边随着夯的起落节奏,唱起了根据延安时期"大生产"的曲子填改的劳动号子。

斯文·赫定怎么能够想到,就在他走出罗布泊半个多世纪之后,这片"死亡之海"再一次复活了!

一场瑞雪,在1963年新年来临前夕,静静地落在北京城里……

站在红楼外面,望着漫天飞舞的雪花,朱光亚心里感到无比激动。他知道,一场新的战役,正在雪花飞舞的金银滩上,在黄沙漫漫的罗布泊大漠里,等待着他和他的战友们、同事们,等待着新中国的一代科学家,等待着新中国的一代钢铁战士。

他们每个人都明白,他们正在进入的,是一个不为人知的战场,是一个看不见对手的战壕。党中央和全国人民在期待着他们。毛主席、周总理也在等待着他们取得胜利的那一天!

"真是一场好雪啊!瑞雪兆丰年……"

他喃喃自语着,禁不住搓着双手,觉得身上好像涌动着无限的力量。是的,他还不到 40 岁,正是年富力强的年龄。

"男儿何不带吴钩,收取关山五十州""黄沙百战穿金甲,不破楼兰终不还"……这一瞬间,他也想到了古代诗人写下的那些豪气干云的诗句。

就在这时,工作人员来通知他,周恩来总理已经在百忙中安排出了时间,要他们明天就到中南海去开会。

不久前,1962 年 11 月,为了落实朱光亚他们制订的那个《两年规划》,上级批准核武器研究所成立了四个专门的技术委员会:产品设计委员会、冷试验委员会、场外试验委员会、中子点火委员会。朱光亚兼任中子点火委员会副主任,与彭桓武主任一起指导点火中子源的研制。

与此同时,在中央高层也成立了一个由周恩来总理亲自领衔,并由七位副总理和七位部长级领导组成的中共中央 15 人专门委员会,简称"中央专委"。毫无疑问,这是中国核武器研制工作的最高领导机构了。

自从"中央专委"成立那天起,"中央专委主任"这项工作,就成为周恩来总理日理万机的工作头绪中的重要一项。

12月4日这天,在中南海西花厅,周总理亲自主持召开专委会,审议《两年规划》。这是在半个月之内,总理亲自召开的第三次专委会了。

专委会开会的这个会议厅很小,为数不多的几把椅子紧凑地摆成一圈。前来开会的人都习惯性地坐到了各自在前两次开会时坐的位置上。其实他们这样做,也是为了方便总理在主持会议时可以随时看到他们每个人,询问有关情况。

周总理与贺龙、李富春、聂荣臻、薄一波、罗瑞卿等专委会成员围坐在一起。

二机部部长刘杰、副部长钱三强首先汇报了原子能工业生产、建设的进展和那个《两年规划》。朱光亚负责汇报《原子弹科研、设计、制造与试验计划纲要及必须解决的关键问题》《原子弹装置国家试验项目与准备工作的初步建议及原子弹装置塔上爆炸试验大纲》。

朱光亚是第一次前来参加这样的会议。他正摊开笔记本,准备发言时,周总理亲切地招呼他说:"光亚同志,请坐到前边来吧!"

朱光亚赶紧从后面来到了总理对面,因为有些激动,不免有些紧张,还差点把一个茶杯给碰倒了。

"不要紧张嘛,光亚同志!你们搞原子弹研制的,应当越冷静越好呀!"总理用轻松的口吻一下子拂去了朱光亚的尴尬。

朱光亚很快恢复了常态,接着就用他一贯的清晰的思路和通俗易懂的表述,向总理和各位领导做了汇报。他回答有关技术问题的简洁和准确,给与会者留下了深刻的印象。

汇报完后,总理高兴地说:"很好!很好!听起来只是短短的一席话,但我知道,背后有你们百倍的、千倍的付出!核武器研究所的同志们做了艰苦的努力,党中央、毛主席和全国人民是清楚的。"

"谢谢总理!我们还会继续努力,把工作做得更好、更快,一定不辜负党中央、毛主席和全国人民的期望!"朱光亚望着总理慈祥的面容,坚定地说道。

"好!我要的就是你们这句话!"总理带头给科学家们鼓起掌来。

这次会议开了一整天。周总理在会议最后做出指示:要实事求是,循序渐进,坚持不懈,戒骄戒躁。

总理还解释说:实事求是,既是思想方法,又是指导原则。也就是说,在工作中必须按照客观规律办事,但也不能惧怕失败。在科学实验中,有时必须经过失败,甚至多次反复,才能成功。要循序渐进,要超越阶段跳过去也不行。还要坚持不懈,做任何事,光靠突击、简单冒进,那是不行的,只有在有一定可能性时再突击。无论成功或失败,都要戒骄戒躁。略有所成绩就骄傲起来固然不好,急躁也容易犯错误。最后,总理给大家鼓劲说:"毛主席一再说过,我们大可以在现有的工业基础上,自力更生,立足于全国,搞出一点名堂来!"

散会时,周总理一一和大家握手告别。

等朱光亚走到总理跟前时,总理握着他的手说:"光亚同志,请你回去告诉研究所的同志们,毛主席和中央领导同志感谢你们!人民感谢你们!你们要不懈地努力啊。"

"请总理放心,我们一定会把总理的话牢牢记在心里,不辜负毛主席、党中央和全国人民的期望!"

朱光亚觉得,这时候总理的手是那么温暖和有力!总理听完他的这句话,握着他的手,还特意用力摇了摇。

"是啊,我们有这样伟大的国家领导人,有总理亲自抓,还会有什么困难克服不了,什么奇迹不能创造呢?"

这一瞬间,一个无限强大和温暖的信念在朱光亚心里升腾起来。当然,他并没有把这些话说出口来,而只是在心里这样想着。

这一瞬间,他还想到了1946年他赴美学习考察原子弹的遭遇,那好像是一个虚无缥缈的梦一样。只有到了这一刻,这个旧梦才算重新变得清晰和将要实现了。——是的,只有在新中国,中国人对原子弹的梦想,才有可能实现!

对了,这天中午,总理还特意摆了两桌简单的饭菜,留大家吃午饭。让朱光亚印象深刻的是,在会议厅后面的那个小餐厅里,摆了两张大圆桌之后就没有多大的余地了。

每张桌子上都有一大盆白菜煮豆腐和肉丸子,四周是几小碟咸菜和烧饼。周总理等中央领导与朱光亚他们同桌吃饭。

虽然是极其简单的家常饭菜,但是朱光亚和他的同事们却觉得,这顿午饭吃得格外香、格外饱。

临出门时,余秋里副总理悄悄问朱光亚:"光亚,吃饱了吗?这可是总理倡导的国务院的传统饭菜,既有营养又方便啊!"

多年之后,朱光亚无限感慨地说过:"这次专委会的内容,后来变成了全国人民的行动,不到两年时间,我国第一颗原子弹就爆炸试验成功。接着,又一步紧跟一步,一环紧扣一环地实现了研制原子航弹、导弹核弹头到氢弹头的'三级跳'计划。……谁会想到,如此重大的历史事件,就发端于周总理的那间极为普通的小小会议厅呢?"

1963年初春时节,邓稼先撰写的第一颗原子弹初步理论设计方案完成。4月2日,毛泽东、周恩来、邓小平等中央领导人接见了二机部在京的科学家和出席专业会议的代表。

当时,担任中共中央书记处书记的邓小平,担心科学家们压力太大、顾虑太多,还特意对朱光亚等人说:"你们的计划,毛主席、党中央已经批准了。路线、方针、政策已经决定,现在就要你们去执行了。你们大胆地去干吧,不要有任何顾虑,我们会全力支持你们!干好了,是你们的;干错了,是我们书记处的。"

这年春天,刘杰部长还特意请张爱萍将军来到二机部,在北京铁道干校礼堂里,为核武器研究所职工做了一场草原大会战的动员报告。

1940年,张爱萍将军还不到30岁的时候,就在八路军第五纵队第三支队任司令员,那年夏天,他曾经带着一支队伍,挺进淮海、盐阜地区,接应江南新四军渡江北上,在苏北开辟了一块新的抗日根据地。

此刻,在座的不少青年科技人员和大学生也是江浙一带的人,他们在家乡读书时,就听说过许多新四军在苏北抗日的故事,现在能亲眼见到这位赫赫有名的将军,他们都非常兴奋。

张爱萍将军在大家的掌声中站起身来说:"同志们,你们的掌声不是鼓给我的,而是鼓给我们将要干的这番惊天动地的大事业的哟!记得1958年6月21日,毛主席在军委扩大会议上讲到,原子弹这种东西,也就这么大一个玩意儿。可是,没有这东西,人家就说你不算数,就可以任意地讹诈你、恐吓你、欺负你!那么好吧,我们就搞一点吧。在今天的世界上,我们要不受人家的欺负,就不能没有这个东西!"

张爱萍将军一边讲话,一边一一注视着眼前的这些年轻的科学家。

"毛主席、党中央完全信任你们,从全国各个大学和研究机构,还有放弃了国外优厚的研究条件,奔赴回祖国的海外学子中,精挑细选出了你们这些优秀的科学精英。新中国的核试验事业,这个艰巨而光荣的历史使命,就落在你们这一代科学家身上了!同志们,光荣属于你们……毛主席说,搞一点原子弹、氢弹,我看有十年工夫完全可能!同志们,我想告诉大家的是,我们其实并没有十年的时间啊!我们也经不起帝国主义对我们来个十年的讹诈、歧视和欺负哪!搞核试验,是尖端科学,我是外行。但是老当外行可不行啊!所以,从今天起,就请你们先收下我这个学生吧。从今往后,我和你们就是同一个战壕里的战友了!从你们告别大学校园、正式穿上军装的那一刻起,你们就不仅仅是一名科学家、一名科技试验者了。不!你们都已经是真正的战士了!党和人民在期待着我们,我希望,在座的每一个人,都能够经得起任何考验,无愧于一个战士的称号!你们有信心吗?"

大家坚定、庄严地回答道:"请首长放心,我们有信心,坚决完成毛主席、党中央下达的光荣任务!"

最后,张爱萍将军又满怀豪情地说道:"现在的情况是,春风已度玉门关,西出阳关有故人!唐代王昌龄有一首诗,在座的想必都会背诵了！'黄沙百战穿金甲,不破楼兰终不还'！好诗啊！这样的诗句,简直就是在为我们今天的出征壮行嘛！"

接着,朱亚光告诉大家:在西北草原上和大戈壁上,青年科学工作者出征的阵地已经铺开,那里将是我们每个人的"用武之地"。

当时,中央有严格的保密规定:凡是去青海金银滩和新疆罗布泊基地工作的人员必须牢记,对自己的工作性质、去向、地点等等,要严格执行"上不告父母,下不告妻儿"的保密纪律。用毛主席、周总理的话说,那是关系到我们这个国家、民族的命运！而从事这些工作和事业的科学家、科技人员、管理干部,还有我们部队上的干部和战士,都必须做到"上不告父母,下不告妻儿"！

事关我们党和国家的秘密,就是周总理,该对自己家人保密的,他也同样严格执行保密纪律。他的夫人和战友邓颖超,是我们党的老党员、中央委员,可是,对核武器研制这项工作,周总理连对身边的邓大姐也是保密的！这是一项铁的纪律！

不久,中央批准的126名高中级技术干部和一批专业军官,随着一辆辆疾驰的西去的列车,陆续来到了大草原和戈壁滩上。

因为临时住房不够用,一顶顶简易的军用帐篷,星罗棋布地摆放在预先盖起的宿舍周围。

官兵一致,同甘共苦。李觉等领导与机关人员,刚一到基地,就把各自的行李搬进了军用帐篷里,而把楼房留给了技术人员和大学生们居住。有些负责后勤服务的职工,甚至住进了简易工棚。

再苦再累的生活,也压不垮那些年轻人坚强的意志和乐观向上的心。他们甚至把核武器研制基地二分厂的东、西两部分工棚的分布区,戏称为"东伯利亚"和"西伯利亚"。沉睡千年的戈壁滩上,夜夜篝火通明,火光中飘荡着年轻人的劳动号子声……

是啊,有了这样的年轻人,有了这样的中华好儿女,未来的胜利不属于我们,还能属于谁呢!

第二十三章　天狼星下

天狼星,茫茫夜空中最亮的一颗恒星。然而在中国古老的星象学里,天狼星属于二十八星宿中的"井宿",是一颗"主侵略之兆"的"恶星"。我们的祖先,曾经把天狼星与船尾星座、大犬星座连在一起,想象成一张横跨在天际的大弓,而箭头正对着那颗仿佛蠢蠢欲动的天狼星。宋代文学家、诗人苏轼《江城子·密州出猎》里的名句"会挽雕弓如满月,西北望,射天狼"亦源于此。

正是在这颗"主侵略之兆"的"恶星"之下,中华民族数千年来居安思危、枕戈待旦,虽饱受挫折,却一次次浴火重生、自强不息。中华民族是一个与人为善、热爱和平与幸福的民族,但是,来之不易的和平与幸福,需要一代代人付出智慧、力量,甚至生命来保护。天狼星没有消失,战争也并非已经离开我们而远去。

那么,身处天狼星下,遥望茫茫天际,你可曾听见那些力挽强弓、响彻大地的奔马蹄声?你可曾看见狼烟滚滚之中,那些饮马瀚海、封狼居胥的猎猎战旗?

辽阔无边的罗布泊沙漠上,一株株高大、苍劲的胡杨,就像一个个勇士一样挺立在那里。这些生长了上百年的胡杨树,有的已经死去了,但是它们的铜枝铁干,仍然倔强地挺立着,伸向空旷的天空,仿佛还在倾听那千年的风沙呼啸……

胡杨树是大戈壁、大沙漠上罕见的生命奇观:只要它们活着,就千年不死;即使它们死了,也千年不倒;哪怕它们倒下了,又将千年不朽!

苍茫的荒原上,除了生命顽强的胡杨树,还有红柳丛、骆驼刺、芨芨草……它们同样是一些坚忍不拔的绿色生命。有的红柳丛几乎被掩埋在大风沙中了,露在外面的枝条,还在大风中顽强地摇晃着,俨然在昭示着生命的尊严与力量,同时,也在向人们诉说着这里的环境的恶劣与残酷……

1964年4月,当祖国的南方已经是春暖花开、桃红柳绿的时候,在大西北的罗布泊沙漠上,残冬还在肆虐着。一些红柳丛下还残留着未曾融化的冰雪,一阵阵大风沙,夹带着冷飕飕的寒风,吹得人们睁不开眼睛,也望不见远处的道路。

这时候已经是夜晚时分了。一辆军用卡车正在茫茫沙漠上蜿蜒行进。卡车转弯时,车灯的光亮照耀着隐约可见的红柳丛、骆驼刺和茫茫荒原与戈壁滩……

这辆颠簸而来的大卡车上,坐着李觉、朱光亚等人。这次大沙漠之行,为期九天,李觉、朱光亚他们深入核试验基地及试验现场,仔细地做了各方面的实地考察。

在大沙漠上,有的地方他们必须下来步行前进。一些年轻的战士帮他们提着行李、扛着箱子。

朱光亚把一条毛巾围在脖子上,避免风沙灌进衣领里,手里还拄着一根从地上捡来的红柳棍。

李觉半开玩笑地对他说道:"光亚同志,你记得毛主席说过的那句话吗?咱们制造原子弹,就好比让自己手里握着一根'打狗棍'!有了这根打狗棍,什么帝国主义的恶狗咱们也不怕了!"

"是啊是啊,你看,我现在手里不正握着一根'打狗棍'吗?"朱光亚幽默地挥了挥手上的棍子。

几个人不禁哈哈大笑起来。

"噗噗!"没有想到,大家一张开嘴,就被灌进了满口的沙子,于是大家又纷纷吐着嘴里的沙子,一边吐一边嚷道:"好一个罗布泊啊!这叫'未下马,先敬酒'哪!先给我们一个'下马威'了!"

"什么'下马威'!再倔强的野马,到了咱们手里,也要让它乖乖地听话!"

他们一边说笑着给自己鼓劲,一边艰难地前行。他们一会儿步行,一会儿上车,前进了数百公里,才抵达了目的地。

沿途,他们仔细地考察、了解和记录着铁路、公路、站台转运、气象、历年气候变化等资料。

第二天,一架军用直升机又轰响着,从大漠上空盘旋飞过……

基地司令员张蕴钰等人陪着李觉、朱光亚,坐着直升机,巡视了这片荒无人烟的戈壁荒原……

朱光亚望着下面热火朝天的建设工地说:"这里真正是会集了千军万马啊!张司令,现在这里可是越来越热闹了!"

张蕴钰是一位从小就参加八路军,走进抗日战争队伍的"老革命"了,后来又在抗美援朝前线指挥过多次战斗,可以说是一位职业军人。他望着下面的基地建设工地,也不由得感慨说:"是啊是啊,真不敢想象啊,五年前,我带着一个吉普车队,就像当年的探险家斯文·赫定一样,迷了路,好几天都在这里打转转!1960年,也是现在这个季节,孔雀河刚刚开始裂冰的时候,我和张志善同志再次来到这里,运来了两卡车石灰,还在这里打下了一根木桩当作记号!那时候真没想到啊,这个打下木桩的地方,竟然真的就要成为中国第一颗原子弹的爆心位置了。"

朱光亚突然想到了他很喜欢的一首宋词:"会挽雕弓如满月,西北望,射天狼!"

张蕴钰禁不住叫好:"嗯,'西北望,射天狼!''锦帽貂裘,千骑卷平冈!'光亚同志,这很对景啊!"

这时候,通讯员转过头来问张蕴钰:"司令员,我们在哪里降落?"

张蕴钰手上托着一张军用地图,目光一一追寻着地图的线路,然后在一个点上停留了下来,用红蓝铅笔一指说:"就在这里,马兰……"

在初创时期的马兰核试验基地,朱光亚一行听张蕴钰司令员介绍了工程进展、后勤保障等情况,还仔细地观察了基地建筑物,就有关工作进行了交接。

然后,他们又在搓板式的公路上颠簸了大半天,最后抵达了核试验场内的开屏地区。

这时候,供第一颗原子弹试验用的铁塔,正在紧张地进行安装。

朱明远、顾小英在他们的书中详细地记录了朱光亚此次沙漠之行所做的工作,并且动情地写道:

> 这座高102米的铁塔,凝聚着父亲等人的心血。
>
> 在召开有关铁塔的技术会议前,父亲曾审阅并对"技术要求"文稿作了补充说明,重新起草了《对试验铁塔技术要求的初步意见》。特别是对塔顶上工作间的面积,工作间的通风与保温,工作间要安装电话,铁塔应有的简易吊

车、电源、照明、防雷击设备及信号灯等事无巨细的各环节，提出了具体要求。

父亲他们乘车向塔西行驶几十公里后到达主控站。一路上在茫茫的沙海中，偶尔能见到几只黄羊，低洼处能看到泛绿的骆驼刺。父亲他们还考察了主干线以南、孔雀河以北的指挥中心和距铁塔几十公里的简陋的机场等处。

就在这次大漠深处之行中，父亲不仅掌握了基地和试验场的工作条件与生活供应等情况，而且，他在试验产品运输方案中明确提出：在哪一路段需要空运，在空运过程中要注意什么问题；哪一段路需要陆运，在陆运中行驶什么路线，翻越天山时要注意什么事项。他还提出，参试人员进基地，一定要看看空运路线有什么问题，最好不坐飞机。他对有关实验实施过程中的每一个环节，都经过了细心的实地考验和检测。

在此之前，朱光亚还亲自起草了一份点火装置《第一期试验大纲草案》。他在大纲里提出一个设计方案：试验可由低到高逐步闯过技术难关。具体说来，就是先在地面上进行一次静态试验，目的是验证产品的核心部分动作是否"灵验"。如果"灵验"了，那么，三个月到半年之后，再采取动态空投试验。

这个设计得到了大家一致的认同。他和他的同事们都非常清楚:如果设计合理,原子弹能够很快从亚临界、临界达到超临界,适时点火,就会产生链式反应,威力巨大。反过来,就会从临界降为亚临界,成为"哑弹"。

当时,有人把合适的点火装置这一关键技术,风趣地比喻为"燧人氏钻木取火"。

朱光亚听了,禁不住感慨道:"是的是的,说得好!除了燧人氏钻木取火,在希腊神话故事里,泰坦巨人之一普罗米修斯,不也是从太阳神阿波罗那里盗来火种,送给了人类,给人类带来了光明的吗?现在,我们就要学那燧人氏和普罗米修斯,取来天火,点燃中国人民心中的希望!"

经过李觉、吴际霖和朱光亚等人的周密部署,1963年秋冬之交,在青海金银滩草原的基地爆轰实验场地,这些勇敢的"盗火者",顺利地完成了现代人"钻木取火"的试验。

这是一次凝聚着核科技人员数年来的心血,"缩小尺寸"的全球聚合爆轰试验。

爆轰试验那天,先是一队汽车紧张地驶向了爆轰试验场地。

陈能宽坐在一辆小轿车内,小心翼翼地抱着用棉毯包好的试验部件,生怕有半点颠簸和闪失,小心得就像抱着一个刚刚出生的娇嫩的婴孩。

原子弹主体部件则由一辆吉普车运向试验场地。

为了减轻震动,科学家们特意把李觉办公室的一个紫红色沙发垫垫在原子弹主体部件下边。当时有人戏称为"原子弹坐花轿"。

为了确保万无一失,李觉、吴际霖乘车行驶在最前面,以便压低车辆行驶速度,保持平稳前进。

这次试验的测试数据表明:向心爆轰波和点火装置均达到预期的技术指标,还从试验角度认识了聚合爆轰物理的全过程。

朱光亚执笔撰写了这次全球聚合爆轰试验的总结报告。他认为:这次试验标志着原子弹研制有了新的突破,只要核部件如期生产出来,中国人的第一颗原子弹就总装在望!

1964年6月6日,继"缩小尺寸"试验之后,朱光亚他们再接再厉,又进行了一次"全尺寸"的聚合爆轰试验。

爆轰试验结束,负责检查结果的唐孝威兴奋地跑过来,向守候在试验场的朱光亚、李觉等领导和专家大声报告说:"结果测到了!结果测到了!我们的试验成功了!"

顿时,整个试验场上响起了热烈的欢呼声。

这次"全尺寸"的聚合爆轰试验,又称第一颗原子弹爆炸的"冷试验",是对正式核爆炸之前的一次全面考核。

经过这次试验,大家心中有数了:第一颗原子弹的理论设计、结构制造、加工能力、实验测试手段等各项工作都达到了目标。此时,距第一颗原子弹的正式爆响,仅有一步之遥了……

喜讯很快传到了北京。中央专委迅即发来了贺电。

亲临现场参加了这次试验的张爱萍将军,胸有诗才,多年来一直被大家称为"将军诗人"。他当即赋诗一首《贺第一颗原子弹冷试验成功》,赠给朱光亚和核武器研究院的全体同志——此时,原来的核武器研究所,已经被改为核武器研究院,李觉任院长,王淦昌、彭桓武、郭永怀、朱光亚任副院长。诗曰:

祁连雪峰耸入云,
草原儿女多奇能。
炼丹修道沥肝胆,
应时而出惊世闻。

现在,我们可以在此稍作回顾:

1963年9月,中国第一颗原子弹,全部图纸设计完成;

紧接着,在青海金银滩原子弹爆轰试验基地,1∶2聚合爆轰出中子试验,1∶1冷爆试验,相继完成,并取得成功;

1964年早春时节,一个更令人振奋的消息传来:我国核燃料生产终于有了可以用作武器的高浓缩铀!

与此同时,用于原子弹发射的各种核部件的生产也陆续完成……

——许多年后,当人们谈论起1963、1964这两年的中国核试验速度,几乎不敢相信,从事核试验研究的科学家们,与军内外有关单位密切协作,在短短的两年时间里,竟然研制出了一千多台(套)控制、测试、取样的仪器设备,做好了首次核试验的所有技术准备。

而此时,世界风云也在发生着人们难以预料的变化。

在美国,大约半年之前,1963年11月22日这天,美国第三十五任总统约翰·菲茨杰拉德·肯尼迪在夫人杰奎琳·肯尼迪和德克萨斯州州长约翰·康纳利的陪同下,乘坐敞篷轿车驶过得克萨斯州达拉斯的迪利广场……这天上午,在经历了一场小雨以后,达拉斯刚刚放晴。肯尼迪总统将前往达拉斯中心街区,包括迪利广场,接受50万达拉斯市民的欢迎,然后前往达拉斯贸易博览会的现场发表一篇演说……

可是,当车队驶经一座大楼的时候,从大楼五层楼上的一个窗户里射出三发子弹,其中一发击中了肯尼迪的太阳穴。

事发之时,美国国务卿腊斯克和肯尼迪政府的其他五名部长,正在去日本举行日美经济会谈的途中。他们在飞机上得悉总统被刺身亡的消息后,立即掉转机头,飞回了美国。

22日下午3点38分,林登·约翰逊在空军一号上宣誓就任总统之职。站在他身旁的,是身上还沾有血渍的、惊得发呆的肯尼迪总统夫人杰奎琳·肯尼迪。第二天清晨4点34分,覆盖着一面美国国旗的灵柩运进了白宫,停放在东厅的灵柩架上。

肯尼迪夫人跪在它的旁边，她的脸深深埋在星条旗上的星群之中……

几乎与此同时，在东南亚的越战战场上，美国的驱逐舰和大批军队不断遭到越南北方游击队的袭击，伤亡惨重！紧接着，大批美国战斗机开始疯狂地轰炸越南北方基地作为报复。战争升级，交战变得空前激烈……

而在此时，在中国西北部罗布泊荒漠上，随着第一颗原子弹冷试验的成功，正式的核试验的各种准备工作正在紧张有序而又在高度机密的状态下向前推进。正所谓"万事俱备，只欠东风"了！

朱光亚和他的同事们、战友们期待已久的那个"愿将腰下剑，直为斩楼兰"和"西北望，射天狼"的日子，正在悄悄地向他们走来……

第二十四章　隐姓埋名的英雄儿女

又一个黎明到来了。

昨夜,朱光亚又是一夜未眠。

这些日子里,他已经不记得自己时断时续地熬过多少个这样的通宵了。因为极度的疲劳和用眼过度,他的眸子里布满了血丝。他还刚满40岁,可是,他的鬓角已经悄悄出现了几丝白发。此刻,他从窄小的工作室里的那张陈旧的硬木椅上站起身来,关掉了那盏小小的台灯,使劲地揉了揉额头两边的太阳穴。

桌子上是他正在撰写的《1964年科研工作纲要》(以下简称《纲要》)。

这份《纲要》详尽而周密地部署了第一颗原子弹的研制工作。这是他近几天来不断熬夜而获得的一个小小成果,他对这份《纲要》比较满意。

尤其让他高兴的是,1964年元旦刚过,从兰州就不断传来好的消息:浓缩铀产品已经生产问世,炸药部件浇注正在青海基地有序进行。注装车间的技术人员和工人师傅开动脑筋,找到了一种十分稳妥的"土办法"：三四个人分为一个小组，一人投料，两人轮流用木棒搅拌，待 TNT 炸药熔化之后，再进行浇注。朱光亚在青海考察时，曾在现场与技术人员讨论过这个"土办法"。没想到，现在他们还真的尝试成功了！

"真是'人心齐，泰山移'啊！"他在心里满意地说道，然后走到窗前，一把拉开了厚厚的窗帘……

窗外，玫瑰色的朝霞正笼罩着晨曦时分的北京城。

而此时，在壮丽的天安门广场上，霞光满天，鲜艳的五星红旗在空中飘扬，空中还回荡着人们所熟悉的那首曲调悠扬的《北京颂歌》：

> 灿烂的朝霞，升起在金色的北京，
> 庄严的乐曲，报道着祖国的黎明。
> 啊，北京啊北京，
> 祖国的心脏，团结的象征，
> 人民的骄傲，胜利的保证，
> 各族人民把你赞颂，
> 你是我们心中一颗明亮的星……

歌声萦绕着被朝霞映红的天安门广场、人民大会堂、天安门城楼、高大的人民英雄纪念碑……

4月11日这天,朱光亚和研究院的几位主要负责人又来到二机部大楼里参加会议。

张爱萍向他们传达了中央专委最新的指示精神。

张爱萍说:请大家注意,美国国内现在正处在一个非常时期,而对外,包括对我们中国,也提高了戒备程度,并且一再扬言,要对我们动什么"外科手术"。苏联就更不用说了,他们的导弹,虽然隔着一个蒙古,但是离我们的马兰基地也只有数百公里的距离。因此,总理特别强调,为了防止敌人真的动"核手术",在西北一线,我们要调飞行师和高炮部队进去,形成对空防线和火力网。地面布防、防空、公安保卫,总得有几道防线。还有,试验场方圆数百公里的范围内,要进行拉网式、梳篦式的巡逻和防护……

这时,国防科委的一位干部站起来说:"张副总长,我们国防科委会联合二机部、公安部,一起拿出一个完整的部署方案,提交给总参,由总参再向上汇报。"

张爱萍说:"这样好,这样好!周总理、罗总长,还有聂老总,都在等着我们的详细方案。"说着,张爱萍看了看手表,说,"我接着还有外交部安排的一个外事活动。不瞒诸位说,这可能是我近两年最后的一次外事活动了。总理说了,'下不为例,以后再不要安排爱萍同志的外事活动了!'这次回到西北,我就把我的办公室搬到戈壁上的帐篷里去。同志们可以继续讨论一下,我先请假告辞了。"

可是,就在张爱萍站起身拉开门,正准备离去时,一名警卫员上前拦住了他:"请问首长,你的身上是否带有相关的文件?"

张爱萍伸开双臂:"没有啊!你看,我什么也没带。"

警卫员:"对不起,首长,那也要搜一搜,看看口袋里是否有纸片什么的!"

一位干部上前恼怒地说:"你们连张副总长也要搜查?"

张爱萍连忙笑着制止他:"应该搜查,应该搜查,这是总理特意交代下来的,保密无小事!我的身份特殊,参加外事活动,只言片语都不能带出去。小鬼,你们执行得好,执行得对!"

从这件事上可以看出,当时的保密纪律,从上到下都执行得非常严格,丝毫也不马虎。

朱光亚的儿子朱明远一直记得,在他的童年和少年时期,他和大院里一起玩耍的小伙伴们,几乎无一例外,都不知道自己的父亲是做什么工作的。

这是因为,朱光亚和他的同事们、战友们的工作,是属于"绝密级"的!朱明远只知道自己的父亲是研究物理的,因为父亲的书架上摆的大部分是物理方面的书籍。

在家里,朱光亚也从来不讲自己在做什么工作,他的书房,不经他的允许,孩子们也不能随意进去。孩子们只知道他经常外出出差,有时候知道他是去大西北地区,而且一走就是几个月。

——几年后的一天,院子里的一群孩子聚集在一起聊天说笑,不知是谁突然提出来一个问题:大家互相猜猜看,我们的爸爸、妈妈是干什么工作的?

没有一个孩子能回答出来。有的孩子读过柯岩、任溶溶的儿童诗,就开始背诵他们写的儿童诗《你们说我的爸爸是干什么的?》,结果,大家觉得每个人猜得都不太对。

有一个高年级的孩子灵机一动,提议说,咱们好好回忆一下,是不是每次核试验,大家的爸爸、妈妈都不在北京?

少年伙伴们仔细一想,互相之间一验证,嘿,还真是这样的!每次有了大的试验,各自的爸爸、妈妈就都"出差"去了,而且都去了大西北。

这样,大院里的这些孩子才隐隐约约地明白了,自己的父母亲所做的,都是属于国家保密性质的、神圣而光荣的,也是最为重大的工作。孩子们的心中也顿时生出无限的自豪!

当然,他们也都知道了,为爸爸、妈妈们的神圣工作保密,应该从自己做起!所以,他们在外面也从来不跟他人谈论自己父母亲的工作。

当时,凡是去往大西北草原、戈壁和沙漠里从事核试验的人,无论你的级别高低,也无论你是科学家、科学技术人员还是解放军战士、技术工人,都要严格执行"上不告父母,下不告妻儿"的保密纪律。

罗布泊沙漠深处,有一条长满高大的老榆树的沟谷,叫"榆树沟"。这天,一群刚分配到基地来的女大学生,和二机部派来的另一位科技女干部王汝芝,在执行任务途中,来到榆树沟,坐在一棵高大的榆树下休息。她们的脚下,放着各种测量仪、机械箱子、标杆等工具。

一位女大学生环抱着粗大的榆树,问王汝芝说:"王副教授,这棵榆树真的就是你们夫妻那棵有名的'夫妻树'吗?"

王汝芝说:"不,不是我们夫妻两个人的'夫妻树',它是所有罗布泊马兰人的'夫妻树'。"

"我听说这'夫妻树'的名字,还是张爱萍副总长给起的呢?是真的吗?"

王汝芝告诉她们说:"那还能有假?张副总长,还有我们张蕴钰司令员,都是部队里的'将军诗人'。在罗布泊,像'马兰村''开屏村''甘草泉'等地名,还有我们女同志驻扎的那个'木兰村',这些能够引起人们美好想象的名字,都是两位首长给起的呢。"

"王大姐,那你给我们再讲讲这棵'夫妻树'的故事嘛!我刚到这里时,听人讲过,可是,我总是觉得那是他们杜撰的。"

王汝芝说:"不是杜撰的,是实有其事。说起来,这还是两年前的那个秋天,我刚刚接到命令,准备进场……"

那天,王汝芝副教授在自己家里收拾简易的行装,她的丈夫张相麟从外面进来,见此情景,诧异地问道:"怎么,汝芝,又准备出差啊?"

王汝芝小声说道:"部里的任务已经正式下达,明天出发!"

张相麟试探着问道:"要……出差很久吗?"

王汝芝忙碌着收拾行装,说道:"不知道,可能几天就会回来,不过,也可能一年半载,甚至更长时间。"

张相麟一听,笑了笑说:"看来,我们这个刚刚建立起来的小家就要一分为二了。"

王汝芝抬起头望着丈夫,关切地问:"怎么,你也要出差?"

张相麟告诉妻子说:"领导已经找我谈过话,下个月就走。"

王汝芝问:"你要去哪里?"旋即,她又赶紧补了一句,"哦,对不起,我又忘了!"

张相麟说:"是的,不要问,问我我也不知道。'上不告父母,下不告妻儿',这个保密条令你们不是也反复学习过了吗?"

王汝芝说:"当然学习了。对不起,就当我刚才这句话没有说。"

张相麟说:"所以我也根本不问你去哪里。对了,你最好多带一点衣服,天已经凉了,万一要去的地方很冷……"

王汝芝说:"你也一样。要记得,工作再忙,也要注意锻炼,胃药我已经给你买回了一些,都放在中间那个抽屉里。不要熬夜,也别忘了吃药!"

张相麟说:"你放心去吧!我会照顾好自己的。你也要照顾好自己啊!"

王汝芝还不放心:"无论到了哪里,只要可以写信,就写封信给我妈,给她老人家报个平安!免得她惦念。"

张相麟说:"我知道,你也一样。如果我们能通信,就互相用书信联系吧!"

就这样,王汝芝匆匆告别了丈夫,离开了家,来到了罗布泊,进了上级指定的那个试验场。

一进试验场,她就压根儿不再抱见面的希望了,通信更不可能。所以,她母亲一直以为他们夫妇俩都被派到国外学习去了。

"后来呢?"女大学生问道。

"后来,大概是好几个月之后了吧,有一天,收工回来……"

王汝芝继续回忆着那天的情景:

那天,也是在这条榆树沟里,王汝芝和她的两位女同事正在说说笑笑地走在收工路上,突然,渐渐地下起雨来,而且雨越下越大……

王汝芝她们几个急匆匆地跑到这棵大榆树下躲雨。望着雨雾蒙蒙的天空,王汝芝埋怨道:"这个鬼天气,说变就变,一声招呼都不打!"

"王汝芝,快别埋怨这天气了!别说是天气,我们还不是一样,要往哪里去执行任务,跟家人也是一声招呼都不能打!"

"哈哈,这就是我们这些'核大姐'的特点!"

不知道从什么时候起,人们喜欢把这些最早来到罗布泊从事核试验的女同志称为"核大姐"。

不一会儿,又有一些人从另外的方向跑到榆树沟来躲雨。

突然,王汝芝看见,有一个人的身影,看上去怎么那么眼熟?那个人低着头,提着器械箱子,撩起衣服遮挡着雨点,三步两步地跑到了王汝芝她们躲雨的大榆树下。

王汝芝好奇地走上前去,拉过那人一看,不由得愣住了:"相麟,真的是你啊?你怎么会在这里?"

张相麟也像在做梦一样,眨巴着眼睛:"汝芝,你……你不是说出差去了吗?原来你一直就没有走远啊?"

王汝芝说:"你不是也一样吗?还问我!"

两个人愣愣地看着对方,都是又惊又喜,会心地笑了……

后来,张爱萍副总长也知道了这对夫妻在罗布泊意外相逢的故事,有一次,他到场地检查作业时,还特意绕道来到榆树沟,看了看这棵老榆树。当时,张爱萍副总长无限感慨地说,这棵老榆树,是我们这对革命夫妻在互相不知情的时候,在树下巧遇的见证!

第二十四章　隐姓埋名的英雄儿女 / 247

于是,这位"将军诗人"就给这棵老榆树起名叫"夫妻树"。

"这真是一个革命的浪漫主义故事啊!"女大学生们听完王汝芝的讲述,不由得赞叹道。

有人提议说:"哎,大姐,如果我会搞创作,以后等我们的试验成功了,我真愿意把你们的故事写成一本小说……"

王汝芝制止了她:"不!不能写!首长说了,既然我们选择了这项事业,就要一辈子做个隐姓埋名的人!我相信,像我们这样的夫妻,这样互相保密、心照不宣的故事,在咱们基地,还有很多很多。这里的每一棵老榆树,都是我们的故事的最好的见证!"

就在王汝芝这样说着的时候,在马兰基地生活区不远处的设施建筑工地上,有一位赫赫有名的冯连长,正带着工兵连的战士们在热火朝天地劳动着。

不知哪里的高音喇叭里正在播放着大家熟悉的歌曲:

锦绣河山美如画,

祖国建设跨骏马。

我当个石油工人多荣耀,

头戴铝盔走天涯。

头顶天山鹅毛雪,

面对戈壁大风沙。
嘉陵江边迎朝阳,
昆仑山下送晚霞。
天不怕地不怕,
风雪雷电任随它。
我为祖国献石油,
哪里有石油哪里就是我的家!

工地上,拉磙子的、推车的、抬土的、挑水的……年轻的战士们个个戴着垫肩,挽着袖子,满脸的尘土和汗水。

那位冯连长,大家都只知道他外号叫"冯老虎",真名反倒没有多少人知道了。他是千千万万个从朝鲜战场一归国就秘密地来到了罗布泊基地的老兵之一。在他跨过鸭绿江回到丹东的时候,他就从欢迎的鲜花中消失了,部队将交给他一个前所未有的新任务。

在去执行新任务的前夕,冯连长为了给未过门的未婚妻一个交代,他们举行了一个简易的婚礼。新婚第二天夜里,部队就打来电话,让他"迅速归队",一刻也不能耽误。冯连长立即赶到西北某地,去执行特殊任务。至于去执行什么任务,那是绝对保密的,还是那句话,"上不告父母,下不告妻儿"!

"连新婚的妻子也不能告诉吗?"他问道。

第二十四章　隐姓埋名的英雄儿女 / 249

"当然不许,否则就按泄露军机处理。"

他回到家,轻轻地给还在梦中的新婚妻子掖了掖被子,简单地收拾了一下牙具袋等日常物品,然后悄悄带上门,就上路了,谁也没有惊动。

等妻子醒来,发现丈夫不在了,一天都没有露面。她还以为是新婚的丈夫跟她恶作剧呢!结果,两天不露面,三天还不露面……这下她才急了,去问公公婆婆,他们也不知道儿子去哪里了。她问邻里,问当地政府,他们也没有办法回答。

总之,丈夫一声招呼都没打,一去就是大半年,杳无音信。

她到县里的兵役局去询问,那里的同志告诉她,她的丈夫冯同志是被组织派去执行特殊任务了,到时候会回来的,请她耐心等待,不要再到处询问了。

而此时,她怎么也想象不到,她的丈夫,正在遥远的罗布泊沙漠里,在荒凉空旷的孔雀河边,在飞鸟不到的榆树沟里,正和他的那些曾经出生入死的战友们一道,肩负着祖国的神圣使命,在继续一场前所未有的伟大"战役"……

将近一年之后,一封珍贵的家书才从大西北辗转寄到了这个小媳妇的手中。那时候,一封从罗布泊发出的信,需要走两个多月,才能送达目的地。村里人说,丈夫的信要是再晚到一些时候,也许她就真要急疯了。

几年后,她带着已经长大的孩子,随军来到罗布泊,才见到了自己的丈夫,孩子也才第一次认识了自己的爸爸。

也是在那条榆树沟里,她看见了那棵老榆树才明白,在丈夫所在的部队里,像她和丈夫这样的分别,像丈夫这样的"突然失踪",并不是孤例。

那棵老榆树,就是这支从事导弹和原子弹试验的特殊军种部队隐姓埋名和顽强的生命力的象征。

第二十五章　代号:596工程

1963年秋天,一年一度的诺贝尔物理学奖分别由美籍匈牙利科学家尤金·维格纳、美籍德裔科学家玛丽亚·梅耶夫人、德国科学家汉斯·詹森三人分享。尤金·维格纳因为对原子核和基本粒子理论所做的贡献,特别是对称性基本原理的发现和应用,获得了该奖的一半荣誉。玛丽亚·梅耶夫人和汉斯·詹森因为发现了神秘的原子核壳层结构而获得了该奖的另一半殊荣⋯⋯

后来,20世纪最伟大的物理学家之一,被后人尊称为"原子弹之父"的原子物理学家奥本海默,在谈到整个20世纪上半叶原子物理的发展时,曾激动地赞叹道:这是一个充满了创造力的时代!可是,面对这个时代的芸芸众生,奥本海默又同时发出了无可奈何的感慨:神秘的原子物理学,也许不会作为历史而被全面地记录下来。因为作为历史,它的再现,必须由有着能够像记录希腊悲剧人物俄狄浦斯,或者表现克伦威尔的动人故事那样的文学巨擘和大手笔来完成。

也就是说，无论是奥本海默、尤金·维格纳、玛丽亚·梅耶夫人、汉斯·詹森，还是正在中国的大西北秘密地从事着同类研究工作的科学家们，他们的工作，都与我们日常生活和经验的距离是如此遥远，因此也很难想象，这些研究能否为任何诗人、作家或历史学家所完全知晓。

不过，有一点，我们将会渐渐地明白，那就是奥本海默后来在一次演讲中所描述的：他们一直保持着最美好的感情和创造美好感情的能力，他们在那遥远的、不可理解的、陌生的地方，寻找和发现着那些最崇高、最美好的感情……

在中国，邓稼先、朱光亚等物理学家与核科学家，还有马兰核试验基地的首任司令员张蕴钰将军，都曾经被人称为"中国的奥本海默"。他们所从事的事业，在相当长的时间里，不仅难以为人们所领会和知晓，更是共和国的一个惊天秘密。

为了激励大家的斗志，中国第一颗原子弹的秘密代号为"596工程"。为什么会用这样几个数字作为代号呢？

这是当年苏联撕毁援助协定，给中国政府来信拒绝提供原子弹教学模型和图纸资料的日期，即1959年6月。"596"是一个励志的代号，是激发当时中国人对自主研发制造原子弹的斗志、信心和力量的代号，也注定是一个"雪耻"的代号。

经过了无数个不眠之夜，朱光亚执笔撰写的《纲要》完成了。

《纲要》分为"596装置的研制与试验""596产品的第三阶段飞行试验的准备""缩小产品548理论设计及其他"三个部分。

毫无疑问,这是一份"绝密"级文件!因为它不仅详尽地部署了第一颗原子弹的工作,也对新的研制工作做了周密的安排。

这年4月11日,在第十一次中央专委会上,大家经过详细地讨论,一致同意首次核试验采用塔爆方式。

中央专委要求,1964年9月10日前,必须做好一切准备,要做到"保响""保测""保安全",一次成功!就是说,不仅要保证第一颗原子弹爆响,还要保证能有效地测试到相关数据,保证绝对的秘密与安全。

其中针对"保测",朱光亚在他拟定的《596装置国家试验大纲》里,阐述了这次试验的目的:"最后检验596装置的动作性能、测定其威力、效率(有效作用系统)以及各种核物理、反射化学参数、验证其理论与技术设计。"

虽然从上至下,各种保密工作做得严丝合缝、毫厘不爽了,但是,当时的帝国主义国家,一刻也没有放松对我们的秘密侦察与监视。尤其是冷战时期的美国,一直在密切地注视着中国原子弹研制的进展。

从1961年开始,美国利用从中国台湾起飞的U-2高空侦察机,多次飞临我国西北地区,并且利用间谍卫星,拍摄了多处核工厂及核设施照片。1961 年 1 月,美军太平洋总部呈报华盛顿的报告中称:中国可能在 1962 年底试爆原子弹,并将在 1965 年拥有小型原子弹。

曾经担任过肯尼迪总统军事顾问的罗斯,后来回忆说:中国将拥有核武器的消息,可把大家吓坏了! 而肯尼迪总统也对中国秘密进行中的核计划谈虎色变。他说,20 世纪 60 年代最大的事件,也许是中国的核武器试验……同时他还不无夸张地认为,一旦拥有了核弹之后,整个东南亚将被中国吃掉……

1963 年 7 月 14 日,美国特使哈里曼,悄悄飞抵莫斯科,向当时的苏共中央第一书记、苏联部长会议主席赫鲁晓夫,递交了一封秘密书信。

等赫鲁晓夫看完书信,哈里曼低声说道:"我们的总统其实只有一句话,需要我带回美国去。"

赫鲁晓夫一派骄横自大、不可一世的派头,说:"请讲。"

哈里曼上前走近一步道:"阁下,苏维埃共和国联盟是否愿意采取'美国行动'或'苏联行动'来阻止中国核武器的进程?"

赫鲁晓夫一听,禁不住哈哈大笑起来,说:"我的朋友,你们美国人真的认为,没有我们苏联的帮助,中国的核试验能够成功?"

哈里曼对赫鲁晓夫狂妄的态度十分不满,但又不能发作,只好继续斡旋道:"恕我直言,我不觉得这个问题是好笑的!"

赫鲁晓夫说:"那么好吧,请告诉我,你们美国的具体方案是什么?"

哈里曼说:"如果美苏能够联手行动,那么,总统先生有这样一种建议:美国和苏联分别派出一架轰炸机,一起飞到中国西北上空,各自投下一枚炸弹……"

赫鲁晓夫又忍不住大笑起来:"一枚炸弹把那里的道路给他炸出几个大坑?"

哈里曼压低声音,神色严肃地说:"不,其中一枚,应该是……核弹!"

两个人继续你一句我一句地交谈了很久。结果,哈里曼在赫鲁晓夫这里碰了一鼻子灰。赫鲁晓夫根本不相信中国能制造出原子弹来,因此也不觉得中国问题是一个多大的威胁。

在赫鲁晓夫眼里,中国现在仍然是"一穷二白",连吃饱饭的问题都没有解决,哪来的钱制造原子弹?因此,赫鲁晓夫对与美国联手的计划也并不感兴趣。

美国人当然也是从来不做"蚀本的买卖"的,在与苏联联手的计划告吹之后,美国认为,假若单独行动,那无疑要冒很大的政治风险和军事风险,所以也不敢单方面对中国采取任何军事行动。

老实说,在朝鲜战场上,他们也被英勇顽强的中国军队给打怕了!

然而,对中国的动向的秘密监视,他们还是不甘心罢手的。

1964年9月28日,美国《星期六晚邮报》称:"总统和他的核心顾问们原则上都认为,必须不惜一切代价来阻止中国成为一个核国家……必须使中国共产党在核方面'绝育'……"同时,美国间谍飞机也把罗布泊作为重要目标,秘密发射卫星进行监视。

大西北的夜空十分辽阔,有时候又晴朗无比,能见度很好。当时,在罗布泊的指战员和科学家们,也确实不时地看到过,夜空中出现过奇特的发光物体。起初他们都以为是流星之类,后来才明白了,那就是美国的侦察卫星。

那么好吧,你侦察你的,我干我的。中国的"596工程",正在快速地向前推进。

有意思的是,这时候,美国对中国原子弹研制情况的特别预估,又有了一个关键性的失误,天知道是一种什么念头使他们认为,中国的原子弹不会在1964年,而是在不远的将来,最快也是在1965年爆炸……

但是,党中央已经做出明确指示:9月10日前,做好一切准备工作,在1964年内爆炸第一颗原子弹。最终时间定为当年10月。

这年 7 月初，研究院组成了以国家首次试验委员会副主任委员李觉、朱光亚为首的，下设七个分队的"第九作业队"，并由吴际霖、王淦昌、彭桓武、郭永怀、陈能宽、邓稼先、方正和、苏耀光、何文钊、疏松桂、陈学印、吴永文等专家组成技术领导核心，负责处理现场可能出现的各种问题。

8 月的一天，研制基地七厂区四周站满了消防队员，所有工作人员都穿上了白色工作服、戴上工作帽和严实的防护口罩。

第一颗原子弹部件临界测试，正在这里进行。一阵铃声响过之后，赖祖武、龙属川等技术人员抬起盛着原子弹的容器，小心翼翼地向平台走去。

经过启罐、打开容器、搬运部件、测量、记录大小尺寸等程序之后，安全地把它护送到了装置台上。

整个现场安静得每个人仿佛只能听见自己的心跳声，四周的空气也好像瞬间凝固了一样。

朱光亚和各位专家从头至尾、目不转睛地盯着技术人员们一步一步的操作，仿佛四周的风声都停止了。

一个多小时之后，第一个产品部件测试顺利完成。在场的人们一直提着、悬着的心才算放下来。

事后有人说："有朱光亚等科学家在场，就是绝好的镇静剂。"

可是谁也不知道，朱光亚的衬衣后背，这时候已经湿透了。

他深知这时候的每一个步骤的分量。他的心里,也许比那些正在操作中的技术人员更为紧张和担心。

7月20日,又一个重要部件开始了分装与总装……

8月19日,装备完毕。

8月20日,首试用的装置、备件加工、装配、验收完毕,并陆续运往试验……

8月23日,中央成立了由张爱萍、刘西尧等30余人组成的首次核试验委员会,朱光亚等13人担任常委。随后,中央军委批准成立由张爱萍、刘西尧、张震寰、成均、张蕴钰、李觉、朱光亚等68人组成的首次试验委员会,下设试验部、司令部等12个部。朱光亚任试验部副部长兼第九作业队副队长,李觉任九队队长。

9月1日,一切准备工作就绪,提前九天完成了中央专委下达的"9月10日前做好一切准备"的要求。张爱萍、刘西尧向中央专委会汇报首次试验安排。

就在这时,美国也加紧了对我国西北地区的秘密侦察。他们竟然在罗布泊周边地区秘密设立了20余个监听点和30余个测向站,不断地利用鬼影般的间谍卫星和高空飞机,伺机窥探……

毫无疑问,那些超级大国是亡我之心不死。正是出于安全考虑,中央专委在选择试验时间时很是慎重。专委向中央提出了两种方案：一是早试，避免夜长梦多；二是择机待试。

周总理向毛泽东、刘少奇等汇报了中央专委的方案。

毛泽东经过慎重考虑，果断地做出了指示：原子弹本来就是用来吓唬人的，既然是吓唬人的，晚试不如早试！

当时，朱光亚他们都心照不宣地把党中央、毛主席确定的第一颗原子弹试验时间，称为"投篮"时间。

既然毛主席说了应该"早试"，那么，他们离"投篮"时间已经不远了！

不久，在大西北铁道线上，一列军用运载专列，在黑夜里风驰电掣，向着茫茫夜色里的远方开去……

铁道两边，像两道看不见首尾的长龙，无数的士兵手持钢枪，背对列车，护卫着列车飞驰开过。护送列车的战士们个个神色严峻，冲锋枪枪管在夜色里发亮。

除了朱光亚和他的同事们、战友们，没有谁知道这辆列车上运载的是什么东西。

第二十六章　月夜抒怀

1945年8月6日,在日本广岛,随着一声巨大的爆炸,大地上的一切瞬间被夷为废墟……

三天之后,又一颗原子弹从日本长崎上空落下,随着巨大的蘑菇云升起,长崎顿时化为人间地狱……

这是从太平洋蒂尼安岛上空军基地起飞的美国飞机,朝日本的广岛和长崎分两次投下的代号为"小男孩"和"胖子"的两枚原子弹。

在巨大的蘑菇云腾空而起的那一瞬间,罗伯特·奥本海默,这位原子弹的制造者,想到了《摩诃婆罗多经》中的《福者之歌》:"漫天奇光异彩,犹如圣灵逞威,只有一千个太阳,才能与它争辉。"

当时,投射在广岛的那枚原子弹,爆炸后所产生的蘑菇云,有18000米之高!换句话说,它比世界上最高的山峰珠穆朗玛峰还要高一倍,而它所造成的破坏力,相当于20万吨TNT炸药同时引爆所发出的威力!

广岛和长崎,在这两场空袭中变成了人间地狱!数十万人在一瞬间失去了鲜活的生命……

作为一名科学家,面对原子弹研制的成功和荣誉,奥本海默的心情是苦涩而复杂的。科学的目的不仅仅在于探求真理、发现自然世界的奥秘,更在于致力于改善人类的生活条件并增进人类福祉。然而,原子弹的研制,却很难与此目标达成一致,且包含着危及人类自身生存的潜在危险。

当原子弹在广岛和长崎掷下以后,奥本海默心中的罪恶感越发难以解脱了,以至于后来他作为美国代表团成员在联合国大会上发言时,竟然脱口说出了这样一句话:"主席先生,我的双手沾满了鲜血!"

据说,他的这句话,气得当时的美国总统杜鲁门对身边的人咆哮道:"以后不要再带这个家伙来见我了。要知道,他不过是制造了原子弹,而下令投弹的,是我杜鲁门——美国总统!"

在罗布泊基地会议室里,有关广岛和长崎的这段历史纪录片放映结束了,灯光亮了。

罗布泊核试验基地司令员张蕴钰脸色沉重,牙帮咬得紧紧的,脸颊上起了一道道棱子。

"放映员,给我把最后那段再放一遍。"他转身对放映员说道。

放映员正要开始倒转胶片,朱光亚赶紧阻止了,说:"算啦算啦,司令员同志,这个片子你已经看了无数遍,越看越让人觉得压抑。你看,今晚难得的好月色,我陪你到外面走走吧!"

张蕴钰紧了紧披在身上的军大衣,说:"也好,到野外吐吐气去!"

于是,朱光亚陪着这位戎马半生的将军,走出了基地的会议室。

今天晚上的确是一个好天气!逢到这样晴朗的天气,大西北高原上的月亮,就会显得特别大、特别明亮。银色的月光洒在辽阔的戈壁滩上,把四周的树影、帐篷、营房和一些别的建筑设施,映照得格外安谧、肃静,远处似乎还隐隐传来几声沙漠狼的嗥叫……

不远处的试验场上,用来托举原子弹的那架百米铁塔,已经高高地矗立在了晴空之下,直指云霄。一些用于试验的效应物:飞机、汽车、坦克、房屋、大炮、钢梁等,都分列在高高的远处四周,鲜艳的旗帜在高高的铁塔上呼呼作响……

荒原上的一切,都呈现在大战前的等待和寂静里。

再远处,一些在夜间作业的、满载各种物资的军用卡车,正在来来回回地往试验场运送着……

朱光亚指着高高的铁塔,对张蕴钰说:"张司令,你是军中诗人,现在哪,就等着你来写那首惊天动地的好诗了!"

张蕴钰说:"是啊是啊,那该是何等雄壮的大手笔!五年前,孔雀河刚刚开始裂冰的时候,我和志善同志来到这里,运来了两卡车石灰,还在这里打下了一根木桩当作记号。那时候真没想到啊,这个打下木桩的地方,竟然真的就要成为新中国第一颗原子弹的爆心位置了。哎,光亚同志,我是行伍出身的,你最了解我的脾性。说实在的,上面不是说了吗?晚试不如早试!可是又迟迟不确定具体的时间,我真有点……有点沉不住气了啊!"

朱光亚笑着说:"这我早看出来了,所以,才约你出来走走,不让你再去一遍遍地看那个纪录片了!将军决战,岂止在战场上!何况你还是戎马诗人!毛主席、党中央既然已经做出了决定,我看,'投篮'的日子应该离我们不远了!"

张蕴钰说:"是啊,光亚同志,不瞒你说,老是这样悬着,没有一个明确的时间表,我还真不习惯!你知道,我是个带兵打仗的,一场战斗,哪怕是一场硬碰硬的大仗,什么时候吹集结号,什么时候吹冲锋号,什么时候开始总攻,什么时候结束战斗,总要定出个时间来,心里头才踏实哪!"

朱光亚故意问道:"那我们现在的状态是……"

"现在都已经进入战壕了,可就是迟迟听不见冲锋号,也不知道发起总攻的时间。哦,别说发起总攻的时间了,我连一个敌人,就是具体的对手吧,都看不见啊,心里真是没底啊!"

"张司令,你果真把这里当成战场了!我们爆炸力学上有个专业名词叫'激波',就是高速碰撞后的能量突然释放或急剧转化的过程和由此产生出来的冲击波。我们啊,现在都在期待着这场能量冲击波啊!"

说起这位张蕴钰司令员的生平,还真带有传奇色彩呢!

张蕴钰将军是河北省赞皇县人,1917年出生,抗日战争全面爆发那年他刚满20岁,在家乡参加了八路军,当年就加入了中国共产党。抗战时期,他担任过赞皇县游击队队长,平汉游击队副大队长,独立团参谋长,晋冀鲁豫军区第一游击支队司令部军务股股长,晋冀豫边区游击纵队司令部训练参谋、第七团副团长,太行军区第一军分区三十三团副团长等职务。

解放战争时期,他担任过太行军区第一军分区三十四团副团长、第一军分区参谋长。与国民党和谈期间,他还担任过北平军事调处执行部驻安次第二十五小组的中共代表。

新中国成立后,这位骁勇善战的军人,已经是我军的一位高级将领了,先后任中国人民解放军军参谋长、中国人民志愿军军参谋长。他所在的那个军,就是朝鲜战场上以上甘岭战役而闻名于世的十五军。

朝鲜战争结束后,当中央开始部署核试验计划后,经陈赓大将推荐,张蕴钰作为新中国的第一任核试验基地司令员,担负起了建设共和国核试验基地的重任。

1958年10月2日,勘察大队队长常勇陪同张蕴钰,先是乘火车去了甘肃敦煌。到达驻地后,张蕴钰详细察看了苏联顾问对中国核试验场的设计。苏联专家选定和设计的这个试验场,只能试爆2万吨TNT当量的原子弹。

张蕴钰虽然不懂得原子弹本身的奥秘,但是他看到这个设计和相关材料后,怎么也无法理解这样一个问题:美国在比基尼岛已经试验了1500万吨TNT当量的氢弹了,而我们这样一个泱泱大国的核试验场,为什么只能试验2万吨级TNT当量的原子弹?

"这可不行!"张蕴钰有一句名言就是"不吃别人嚼过的馒头"。请示中央后,他要亲身了解一下这个已经选定试验场址,亲自核实一下已有的资料。

幸亏他亲自到了敦煌。到任不久,他亲自驾着汽车,没日没夜地奔驰在已选定的试验场区里。

看过了大漠雄关,千里流沙,当他走近千佛洞、烽火台、鸣沙山、汉长城等这些古代遗迹的时候,这位性格豪放的将军,心中除了对祖国历史文化的自豪感,也不免产生阵阵忧思:选址离敦煌只有120公里,显然是太近了!核试验工程一旦上马,整个敦煌周边必然遭受毁灭性的破坏。此外,如此大规模的工程建设,必定需要大量的水源,可是这里唯一的沙漠堰塘水已近枯涸,只有一片片荒草在朔风中瑟瑟摇摆着……

"为什么会把试验场选在这里?"迎着刺骨的寒风,张蕴钰大声说道。随行人员告诉他说,这是苏联建场专家选定的地方。

"简直是乱弹琴!一个拥有上千万吨氢弹核大国的建场专家,竟然会把一个新型核试验场的试验当量目标定在 2 万吨之内?简直是开国际玩笑!2 万吨和 1000 万吨在一架天平的两端,那意味着什么?2 万吨怎么能支撑起我们这个 6 亿人口的国家和民族!"

张蕴钰带领大家对敦煌场区进行了全面细致的考察,多次召开会议,对它的各种弊端进行了全方位的权衡和分析。会议最后决定:否定现定场址,立即向北京汇报。

不久,张蕴钰从西北回到北京,在陈赓大将召开的办公会上,向大家汇报了敦煌场区的情况,提出了重新建场的建议。

中央十分重视张蕴钰的建议,经反复研究,最后同意了张蕴钰提出的转场建议,把新场址初定在人迹罕至、地域辽阔的罗布泊大沙漠里。

1958 年冬天,张蕴钰和张志善等人深入罗布泊沙漠腹地,在离博斯腾湖、孔雀河不远的马兰,打下了第一根木桩作为新址的记号。然后,向北京报告说:"罗布泊是核试验的风水宝地。"

第二年一开春,经中共中央和中央军委批准,张蕴钰率领刚刚组建的 5 万核试验基地建设大军,浩浩荡荡地开进了罗布泊……

后来的人们称赞张蕴钰率领这支特殊的大军进入罗布泊,是继王震将军率领垦荒大军进入新疆之后,新中国历史上的又一次大军开赴西北边陲的"国家行动"。

5万名从硝烟战火中走来的中国指战员,在人迹罕至的大沙漠上,悄悄地拉开铸造共和国"核盾"的大幕……

以至于许多年后,人们除了把朱光亚、邓稼先等人称为"中国的奥本海默",也经常把张蕴钰与美国的这位"原子弹之父"相比,认为他们两个人至少有两点是极其相似的:一是因为大沙漠的风吹日晒,他与奥本海默的肤色都是那么粗糙、黝黑;二是他和奥本海默一样,也曾踏遍了辽阔荒原上那人迹罕至的不毛之地……

"司令员同志,你知道吗?奥本海默当年领导着美国的那个著名的'曼哈顿计划',他们的工作条件比我们这里强多了!"

在月光下的试验场上,朱光亚和张蕴钰边走边聊,谈兴正浓。

"哦,光亚同志,你是在美国喝过洋墨水的大科学家,请说来听听。"

"至少他们不会像我们的指战员一样,在罗布泊里睡地窝子、吃榆树皮、喝孔雀河的苦碱水啊!"

朱光亚对眼前这位铁塔一般的将军和他率领的钢铁般的战士们充满了敬意。他告诉张蕴钰说，1942年8月，奥本海默被美国政府任命为研制原子弹的"曼哈顿计划"实验室主任。随即，他在新墨西哥州的大沙漠上，建立起了著名的罗沙拉摩斯实验室。

"整个'曼哈顿计划'的经费是20亿美元，总工作人数有10万人之多。后来被称为'氢弹之父'的爱德华·泰勒，协助奥本海默，组织了在罗沙拉摩斯的工作团队。这个团队最鼎盛的时期，曾有4000多名世界级的科学家进驻，费米、波耳、费曼、冯纽曼、吴健雄等大师级物理学家皆在其中。奥本海默成为'曼哈顿计划'的主要领导者之一。奥本海默领导着整个团队，完成了被当时的美国总统杜鲁门盛赞为'一项历史上前所未有的大规模有组织的科学奇迹'的'曼哈顿计划'，从而不仅验证了科学技术的巨大威力，也为尽早结束第二次世界大战做出了不可磨灭的贡献，同时也为自己赢得了崇高的科学的声誉。奥本海默因此成了举国上下、人所共知的英雄，被人们誉为'原子弹之父'。张司令，你知道吗？你率领的这支大军所干的事业，就像当年奥本海默所干的事业一样啊！"

"不敢当、不敢当！光亚同志，你们这些大科学家、大知识分子，才是这番大事业的主力军哪！我听说，当年你们这些生活在国外的大知识分子，都是一听到新中国成立的喜讯，就毫不犹豫地抛弃了国外的各种优厚待遇,想方设法回到了新中国的怀抱里。"

"是啊,我们这些人,都是从旧中国走过来的,那些帝国主义国家带给我们这个民族的耻辱与苦难,大家都亲身经受过。这是我们每一个中国人永远的伤痛!因为新中国的诞生,我们这个多灾多难的国家和民族才有了指望!我们的人民真的是从此站起来了,帝国主义再也不敢任意欺凌我们了!我相信,现在大家的心情是一样的,是我们为祖国贡献力量的时候了……"

张蕴钰说:"说得好啊,光亚同志!不过,我听说,你们这些人从国外一回来,就无一例外地从'世界著名科学家'的名单上消失了。"

朱光亚笑了笑,说:"从我们做出这个选择的那天起,我想,我们每个人都在心里做好了准备:为了使我们的祖国真正强大起来,真正能够立于不败之地,我们甘愿一辈子隐姓埋名!"

"是啊是啊!记得你刚来基地那天,我请你来给我们的战士们讲讲话,你引用了马克思青年时代说过的话吧:'如果我们选择了最能为人类的幸福而劳动的职业,那么,重担就不能把我们压倒,因为这是为大家而献身……'"

朱光亚接着说:"……那时候,我们所感到的,就不是可怜的、有限的、自私的乐趣,我们的幸福将属于千百万人,我们的事业将默默地但是永恒发挥作用地存在下去……"

张蕴钰接着说道:"而面对我们的骨灰,高尚的人们将洒下热泪……"

在荒原上的月光之下,朱光亚和张蕴钰,一位科学家,一位将军,不知不觉地谈到了子夜时分。当他们走回到营房时,熄灯号早已经响过了。

——许多年后,张蕴钰在离休后亲笔撰写的回忆录里这样写道:"我们这支英勇的部队战胜各种困难的经历,是一幅波澜壮阔的历史画卷,这支建设大军里的每一个人,都是一段光辉灿烂的文字……"

朱明远、顾小英在他们的书中也写到了这样一个细节:当中国第一颗原子弹爆炸成功之后,《人民日报》出版了一期"号外",全国上下一片欢腾。朱明远所在的学校,也安排学生们以这件事为题材写一篇作文。朱明远就在自己的作文里提到了,要向我们的科学家学习、致敬。其实在他的心里,也有向自己的爸爸学习、致敬的意思。

这篇作文被他的爸爸朱光亚看到了。爸爸马上严肃地对他说道:"作文写得蛮有意思的,但是,你再去仔细看看新闻报道是怎样说的。你要记住,核试验成功不只是科学家的功劳,那是无数的中国人民解放军指战员、工人叔叔和科技工作者共同奋斗的成果啊!"

爸爸的这一番话,在少年朱明远的心中留下了深刻的记忆。

第二十七章　倚天长剑

"你要记住,核试验成功不只是科学家的功劳,那是无数的中国人民解放军指战员、工人叔叔和科技工作者共同奋斗的成果啊!"

朱光亚对少年朱明远说过的这番话,是发自他的内心的感受。

在中国第一颗原子弹试验成功的背后,有多少隐姓埋名、不为人知的奉献者,有多少英勇献身、埋骨荒原的牺牲者,又有多少鲜为人知的惊心动魄的故事。

凡是在罗布泊沙漠里奋斗过的人们,没有谁不知道"七勇士"的故事,就像没有谁不知道"夫妻树"的故事一样。

那一天,在孔雀河的一条支流铁板河畔,核试验基地副司令张志善将军正在为七位战士送行。

副连长何仕武,副排长王万喜,战士王俊杰、司喜忠、丁铁汉、潘友功、王国珍,个个全副武装,有的还背着铁锅、铁铲等野外宿营必需的用具。

张副司令神色严肃,一一巡视过了战士们的装备,不时地亲手拉一拉、试一试,然后语气坚定地对战士们说道:"同志们,你们是基地司令部从警卫营四连选拔和抽调出来的一支精干的力量,基地首长把一个艰巨而光荣的任务,交给了你们这七个人,你们知道自己将要去执行的是一项什么特殊的使命吗?"

战士们齐声回答道:"报告首长,我们奉命出去'打猎'!"

"说得好!出去'打猎'。"张副司令从副连长何仕武的口袋里拿出一张地图,摊开,指着地图上标识的一些范围,说,"你们必须明白,你们这次'打猎',将要在极其艰苦的,甚至是无法预料的险恶环境中进行。你们此行的路程,预计有4000多公里,而唯一的行进方式就是徒步行走!请大家记住今天的日子:4月13日!从今天起,你们七个人将离开大部队,独立行动六个月,将近180天,而衣、食、住、行全部要你们自己想办法去解决。没有向导,也不能带任何交通工具和通信器材,只有这张军用地图和一个指南针伴随着你们。何仕武副连长是你们的小队长,副排长王万喜是副小队长,王国珍是随队卫生员。为了执行严格的保密纪律,你们这支小分队,就取名为'打猎队'。"

何仕武站起来,叠起地图,向首长行了一个庄严的军礼,说:"请基地首长放心,我们保证按时完成任务!决不让一个坏人进入禁区,决不让一个老百姓误闯进试验范围。"

张志善说:"很好,天网恢恢,疏而不漏!基地首长要求你们这支巡逻小队要像一把钢铁般的七齿梳子,沿着孔雀河,把我们的基地沿线,严严密密地梳上一遍!"

说到这里,副司令看了看周围的环境,接着又交代说:"我们现在所在的位置,是孔雀河的支流铁板河北岸,就把这里定为你们存取食物、与大部队保持联络的'生活点',如何?"

何仕武看了看周围,指着一个小丘说:"报告首长,可以!喏,就定在这个土丘上吧?在那里挖一个存放粮食等物品的土坑,我们会在土坑四周盖上一层红柳树枝作为伪装和标记……"

副司令说:"好,连队每月会用汽车往这里送一次给养,存放在土坑里,用沙子埋上,再盖上红柳树枝,作为你们小分队返回时取食的标志。还有什么问题吗?"

战士们齐声回答:"没有了!请首长放心,我们一定克服困难,保证完成这个光荣的任务!"

张志善副司令再次巡视了一下战士们,严肃地叮嘱道:"何仕武,你要给我保证,你们七个人,都必须安全无恙地返回来,一个都不能少!"

何仕武说:"是!请首长放心!这是我们七个人的决心书!"说着,递上了一沓按着鲜红的手印的决心书。

张志善一一看过决心书,又抬头一一看过这些年轻的战士,下达了命令:"好,决心书我替你们保存着,党和军队考验你们的时候到了!现在我命令:出发!"

张志善副司令向战士们一一敬礼,战士们也给副司令敬礼,然后迈开坚定的步伐上路了……

大漠黄沙漫漫……西天残阳如血……

七名战士身负沉重的辎重,像七名沙漠游击队员,端着冲锋枪,向着大漠深处走去。渐渐地,他们的身影融入了黄沙漫漫的大漠之中……

就是这支由何仕武、王万喜、王俊杰、司喜忠、丁铁汉、潘友功、王国珍七人组成的巡逻小队,后来被称为罗布泊核试验基地的"七勇士"。

没有帐篷,也没有固定的宿营地,180 天里,他们天当房、地做床,风餐露宿、披星戴月,每人平均负重 74 公斤,徒步穿越了基地场区最荒僻的地带和杳无人烟的浩瀚沙漠,最终完成了基地交给他们的"打猎"任务,保证了整个试验区范围边境和群众的绝对安全,避免了人、畜误闯等安全隐患。

半年中,七勇士人均磨烂 12 双鞋。他们曾多次断水断粮,但每一次都顽强地坚持了下来。

我们战斗在戈壁滩上,
不怕困难不畏强梁。
任凭天公多变幻,
哪怕风暴沙石扬。

头顶烈日,明月做营帐;

饥餐沙砾饭,笑谈渴饮苦水浆……

后来"七勇士"回忆说,在他们远离部队的日子里,张爱萍副总参谋长创作的这首《我们战斗在戈壁滩上》,一直伴随着他们,每当面临艰辛和困难的时候,他们就一起唱起这首豪壮的歌曲互相鼓劲、加油。

在"打猎"途中,他们遇到的危险不计其数,其中最危险的一次,是巡逻到楼兰古城遗址的时候。地图上的楼兰古城遗址,距孔雀河只有30多公里,当时小分队决定轻装前往,当晚赶回,每人只带着两壶水和一袋压缩饼干。

可是没想到,那段路程实地走起来比预想的要艰难得多!当他们抵达楼兰古城时已是下午,所带的水早已喝光,山西籍战士潘友功身上还带有半瓶醋。没想到这半瓶醋也起到了作用,每人抿了一小口,权当润润喉。有的战士体力透支严重,想吃点压缩饼干充充饥,可是没有水,饼干咬在嘴里就像锯末一样,根本咽不下去,一呼吸饼干末就全吹了出去。

第二天中午,卫生员拿出了身上仅剩的三支应急葡萄糖,战士们每两人喝一支,三位党员共喝一支。

然后,大家坚持站起来,依然奋力前行。走到河边的最后3公里路程,他们花了三个多小时。到了河边,他们一头扎进河水里,平时感觉苦涩得难以进口的碱水,此时竟然那么好喝……

这时候,一个个振奋人心的消息正从四面八方不断地向罗布泊试验场传来,整个基地试验场上车水马龙,热火朝天,鲜艳的旗帜在风雪中猎猎作响……

虽然才刚刚进入10月份,但是罗布泊已经迎来了一场大雪。一辆辆装载着各种设备物资的卡车,正在轰隆隆地碾过荒原上厚厚的积雪。战士们和科技人员在奋力拉着粗大的绳索,起吊着一节节铁塔井架……

北京方面已经确定,国家首次核试验由周总理亲自领导,张爱萍副总参谋长担任试验场总指挥,刘西尧副部长任副总指挥,刘杰部长在北京负责与试验现场和中央的联络。

10月9日深夜,在试验基地指挥部帐篷里,张爱萍副总参谋长在一份文件报告上郑重地签署了自己的名字。他正在写日期"1964年10月9日"时,基地司令张蕴钰提醒他说:"总指挥,现在已经是10月10日了!"

张爱萍一看手表,指针已经指到凌晨两点了。他神色严肃地把文件交给张蕴钰说:"请李觉同志一早就飞往北京,直接呈报87号和82号。记住:这是绝密!让他天一亮就出发,坐我的吉普车赶到马兰机场,空军成钧副司令员会派专机接他。"

1964年10月,对每一位参加过第一次核试验的人来说,注定是个不平凡的日子！这也将是我们共和国历史上的一个光辉灿烂的年份和月份！"十月怀胎，一朝分娩"！他们在大戈壁上奋战了这么多年，所有的奋斗和企盼，是为了什么？不就是为了即将到来的惊天动地的那一刻吗？是的，最激动人心的日子，正在向他们走来！

按照周总理、中央专委和中央军委的具体部署，为了安全起见，设计研究院的工程师们将把那个"大宝贝"拆卸成两个部分，分别由飞机和专列运送到罗布泊试验场，至9月25日24时之前，所有的岗位、人员和器械，都需要按计划进入最后的待命状态！

那天，张蕴钰司令员向大家宣布中央的指示：从即日起，基地与北京的电话联络暗号和密码……

刚说到这里，有人打开笔记本，正准备记录。

张蕴钰马上制止道："请不要记录。"他指了指脑袋，"请各位记在这里。"

张蕴钰宣布了由当时的国防科工委和二机部办公厅共同设计编制的一整套高度机密和隐秘的暗语。

也许是因为首次核试验的原子弹是圆形的，所以，原子弹取名为"邱小姐"；装运原子弹的平台叫"梳妆台"；连接点火系统和插接雷管，叫"梳辫子"；原子弹装配为"穿衣"；原子弹在装配车间为"住下房"；原子弹在塔上密闭工作间为"住上房"；气象密码为"血压";正式起爆时间为"零时"。

与此同时,相关最高层领导也有相应的代号,毛泽东是87号,刘少奇是88号,周恩来是82号,贺龙是83号,聂荣臻是84号,罗瑞卿是85号。

所以,才有了张爱萍让李觉把那份他已经签字的绝密文件火速送到北京,"直接呈报87号和82号"的说法。

这是一次惊险而紧张的密件送达过程。天刚亮,东方刚刚可以看见一点鱼肚白,李觉就神色紧张地怀抱着一个黑色文件包,匆匆登上一辆嘎斯吉普车……

吉普车在黑黢黢的黎明时分的荒原上飞驰,穿过了一棵棵高大的胡杨树。吉普车的轮子在戈壁滩的搓板路上飞转,一条黄色的沙尘长龙,拖在吉普车的尾部。

不一会儿,吉普车又在干涸的河床上向着远处飞驰而去……突然,一声巨响,吉普车倾斜下去,连车带人几乎翻了个跟斗!李觉被远远地甩在了河床上,怀里仍然紧紧地抱着黑色文件包……

这时候,在简易的马兰机场上,一架小型伊尔-14军用飞机前,一位军人不停地焦急地看着手表,不时地看着远处……

不一会儿,李觉带着擦伤,几乎是奔跑着赶了过来。

军人赶紧上前敬礼说:"李主任,怎么才来?我是空军作战部副部长恽勇。"

李觉说:"让恽副部长久等了！我们在戈壁上把吉普车轮子跑飞了!"

"人没事吧？走,我们马上出发。"二人赶紧登上了飞机。

可是,没想到的是,在军用飞机上,他们又遇到了新的问题。驾驶员说:"报告首长,3241号机组飞不了夜航。天黑之前,我们赶不到北京了。"

李觉说:"那怎么办？87号和82号都在等待这份密件,务必今晚送到。"恽勇略一思考,对驾驶员道:"先飞包头机场吧,我马上请示成副司令,再派一架专机到包头接你。"

伊尔-14只好临时飞往包头机场。飞机在云层中颠簸,李觉紧紧抱着文件包,生怕有半点闪失。

傍晚时分,天边散漫着一片片火烧云。飞机在半空盘旋,然后朝着跑道俯冲而去……突然,一只猎鹰朝着飞机迎面飞来,咣当一声,撞在了驾驶舱的玻璃上,飞机一阵剧烈抖动摇晃。

幸好飞行员反应敏捷,牢牢地把住操纵杆,避免了一场灾难！驾驶员和李觉、恽勇的额头上都紧张得冒出了豆大的汗珠……

在包头机场上,李觉和恽勇匆匆走下飞机,又小跑着登上另一架早已等待在那里的军用飞机。军用飞机朝着北京的夜空翱翔而去。

到子夜时分,这架军用专机在北京西苑机场降落。

飞机舱门刚打开，两位军人来到李觉面前："李主任，辛苦啦！请上车吧。82号正在等你。"一辆黑色轿车在夜色里飞驰而去……

——许多年后，李觉将军回忆说，当时，张爱萍派他怀抱着一份可谓石破天惊的绝密文件，独自去充当罗布泊与中南海之间的"密使"，在共和国的历史上也堪称空前绝后。而一路上的一波三折、险象环生，也仿佛是艰难曲折的中国核试验事业进程的一个缩影……

就在李觉到北京后不久，在罗布泊试验基地指挥部帐篷里，张爱萍副总参谋长拿着红色的电话听筒，神色严肃地重复道："……是，10月16日15时，为零时时间。好，我再重复一遍：10月16日15时，为零时时间。"

在排列着各种仪器设备的操作室里，朱光亚尽力抑制着自己内心的激动，低声地、神色严峻地对战友们说道："中央已经确定，零时时间为10月16日15时！"

10月4日，第一颗原子弹运抵核试验场区铁塔下的地下装配间。在朱光亚等科学家们的严密注视下，装配技术人员在距铁塔150米深的地下进行总装。由于有的部件在运输中稍有变形或膨胀，技术人员一边小心翼翼地进行校正，一边组装，连续工作了三天72个小时，才顺利完成了装配。

黄昏时分的罗布泊上空异常安静，只有呼呼的风吹着铁塔的声音。凝聚着所有人心血的第一颗原子弹，经张爱萍、刘西尧、张震寰、张蕴钰、李觉、朱光亚等人签字后，于 14 日 18 时 33 分，从装配间里缓缓吊出，慢慢地吊上了塔顶。

原子弹已经被安置到了高高的铁塔之上，有如一支倚天长剑，直指云霄！周围每隔数米，就有一位手持钢枪、背对铁塔的哨兵……

这是共和国历史上的一个庄严和难忘的时刻——

由数百名科学家、工程师、技术工人参与，经过了 72 个小时小心翼翼和惊心动魄的组装，这颗凝聚着数万人心血、智慧和力量，携带着中华民族和新中国的强国梦想的原子弹，就像一个安睡的婴儿，于 1964 年 10 月 14 日 19 时 19 分，被平稳地、安全地吊送到了矗立在罗布泊试验爆心 120 米高的铁塔上。

——许多年后，朱光亚回忆说，当他们把最后一个核心部件安稳地装配在原子弹中央时，整个装配大厅里的空气仿佛凝固了一般。他们成功了，但是没有欢呼，没有掌声，只有一片屏气凝神的、几乎令人窒息的安静。

是的，他们不敢欢呼，甚至不敢大声地出气。朱光亚明白，在人类原子弹装配历史上，曾有两个著名的例子，让科学家们记忆犹新：

美国核物理学家哈里·达格尼安，有一次在进行可裂变物质实验时，不慎引起了链式反应，幸而他在千钧一发之时绝断了辐射源,而他自己在扼住了魔鬼的一刹那却悲惨猝死。

第二位被核魔夺去生命的科学家,是路易斯·斯特洛金,他在实验中,把两个有裂变物质的半球置放在一根金属杆的两头时,两个半球发生了轻微的滑动,却立刻发出蓝色的死光! 又是幸而他快速地拉开了两个半球的距离,不然,后果将不堪设想!

此刻,辽阔无边的罗布泊正在整装待命,静静地等候那即将到来的惊天动地的时刻……

铁塔下,张爱萍、张蕴钰和朱光亚等人正在仰望着。

朱光亚环顾四周,对张蕴钰说:"张司令,这可真是一个天赐的好场子啊! 地势开阔、平坦,东至敦煌420公里之间没有居民,没有耕地,没有牧场;往西南方向最近的村庄,也在120公里以外:真是天赐的一个好靶场啊!"

张爱萍见张蕴钰脸色凝重,就开玩笑说:"老张此刻可没心思去想这个啦! 他在等那最后一声冲锋号声哪!"

张蕴钰自我解嘲道:"是啊,这几天真有点度日如年的感觉了! 满心以为可以赶在国庆节前夕爆响,向国庆献上一份大礼的! 哪知等啊等啊,这不,国庆节都过了好几天了,上面还没有动静! 心里真是火烧火燎的一般哪!"

朱光亚说:"哎,张司令,这又不是什么过年过节赶大集,一定要赶个什么热闹!"

张爱萍说:"就是嘛!周总理不是说了,先把邀请来的国宾送走再说嘛!好声音啊咱们留着自己来听,不是更好吗?"

朱光亚说:"万事俱备,只欠东风了!张司令,现在,还需要你这位诸葛孔明给我们来一出新的'借东风'啊!"

"什么意思,光亚同志?"张蕴钰有点不解。

"风向!风向问题,也是最后的关键之一!"朱光亚说着就伸出手试了试风向。

是的,他的担心不是没有道理的。罗布泊虽然长年风向是西风方向,可是这里的气候是瞬息万变,难以预料。

果然,仿佛是老天有意出难题一样,傍晚刚过,试验场上就刮起了8级大风,刮了一夜还没有停止的迹象,塔身也出现了轻微的摇摆。陈常宜、张寿齐、叶均道等七名值守人员被困在塔顶上。

张蕴钰、张志善、朱光亚等人闻讯赶紧赶了过来,他们站在高塔下,焦急地朝上观察着。

张蕴钰看了看手表说:"在高塔上的值守人员,已经有二十多个小时没有喝水和进食了!运输带已被大风刮断,食物和水迟迟输送不上去。不行!这样继续等下去,会出人命的!必须选派身手敏捷的人,徒手登塔了!"

这时,张震寰政委带着一个年轻的战士,快步跑来。这个战士身上交叉背着若干把水壶和装有干粮的书包、仪器。

张政委说:"这是气象观测员刘宝才同志,他曾多次徒手攀爬过这座铁塔,在上面测试风向和气温。"

刘宝才给张蕴钰等首长敬礼说:"报告首长,这铁塔我熟,我有把握!"

张蕴钰看了看他,神色严肃地问道:"刘宝才同志,真的有把握吗?今天风沙强烈,气温很低,非比寻常啊!"

刘宝才说:"请首长放心,保证完成任务!"

张蕴钰握着战士的手说:"好,宝才同志,千万要小心、大胆、谨慎!"

"是!"刘宝才一个敬礼,然后转身往手掌上吐了口唾沫,双手抓住冰冷的钢梯,一步一步向上攀登……

越往上爬,风越大,铁塔摇得越厉害。大家都在下面紧张地注视着、期待着。

刘宝才的身影越来越小,像是一寸一寸地在向高处挪动,终于把食物送到了塔顶……

——多年之后,张蕴钰将军回忆说,一半是因为当时情况紧急,一半是因为当时正值困难时期,基地的每位官兵每天吃的都有定量,所以,刘宝才徒手爬上铁塔,给值守人员送去的,也只有一天的定量。将军非常懊悔,当时竟然完全没有想到,为什么不能多给他们带上去几个馒头。直到晚年,一想起这件事,张蕴钰将军心里仍然觉得十分歉疚……

第二十八章　铁拳似的蘑菇云

在罗布泊沙漠深处，1964 年 10 月里，几乎每个日夜，都是激动人心的时刻，也都在紧紧地牵动着朱光亚和他的同事们、战友们绷紧的神经。

此时，朱光亚已经记不得自己在这里度过多少个不眠之夜了。

沙漠里的条件极其简陋，可是令他感到意外的是，有一位也是从国外回来的年轻同事，是一位西洋古典音乐爱好者，他的宿舍里竟然有几张密纹唱片，还有一台小小的电唱机。

这对同样酷爱古典音乐的朱光亚来说，简直就是天赐的福音。于是，每当疲劳至极的时候，朱光亚就会习惯性地踱步到这位年轻同事的宿舍里，静静地聆听一会儿古典音乐，使自己紧张的心弦稍微松弛和休憩一下。

他很喜欢意大利作曲家普契尼歌剧《图兰朵》中那段最著名的咏叹调《今夜无人入睡》。此刻，他又选出了那张唱片，轻轻地放进了唱机里。随着唱片的转动，优美的旋律响起了……

……

无人入睡,无人入睡。

公主你也是一样,

要在冰冷的闺房,焦急地观望,

那因爱情和希望而闪烁的星光。

但秘密藏在我心里,

没有人知道我姓名。

等黎明照耀大地,

亲吻你时,我才对你说分明……

他沉醉在美好的音乐之中,心儿禁不住飞回了自己的少年时代和青年时代……

还在南开中学念书时,他就和后来成为生物学家的邹承鲁以及另外两位同学一起,组成过一个在当时的校园里小有名气的"男声四重唱组合";进入美国密执安大学读研究生时,他又报名参加了密执安大学学生合唱团,成为合唱团里一名引人注目的中国团员。也就在那时,因为爱好音乐,他与正在美国学习声乐、后来成为中国国家歌剧院女高音歌唱家的邹德华结成了终生的好朋友。

当年他从美国回来时,行囊里除了带回祖国的一些专业资料,再就是他购买和积攒下来的近百张古典音乐唱片,其中包括全套的美国费城交响乐团演奏的、由指挥大师欧金·奥曼迪指挥的贝多芬第九交响曲。

回国初期的那些日子里,工作还没有现在这样紧张,所以周末一有闲暇,他就会如数家珍一般,一张一张地挑选着自己喜欢的音乐作品,放进电唱机里,尽情地听上个把小时。也因此,朱光亚的几个子女,从小就受到了古典音乐的熏陶,渐渐地都成了古典音乐迷。

对古典音乐的爱好与痴迷,伴随了朱光亚一生。他的儿子朱明远说过:"由于父亲有着超强的记忆力,所以无论是工作中还是听音乐时,一首曲子、一个音乐家的名字,他都过目不忘。过耳的音乐旋律,只要是他听过的,他都会一语道出是谁的作品或是第几交响曲……"

在美好的音乐旋律之中,不知不觉,又一个黎明到来了,新的一天的曙光又洒在了辽阔的罗布泊荒原上……

这一天,在一间大帐篷搭成的指挥室里,张爱萍手持红色话筒,脸色严峻地正在向北京报告:"……请告诉82号,'邱小姐'已经安全住进'上房',只要天气晴朗,随时可以'梳妆'……"

但是此时,大风吹旋着黄沙,越刮越大,瞬间就变得遮天蔽日了。呼啸的大风,不时掀开和拍打着指挥室帐篷的门帘。

张蕴钰也着急地说道:"这个鬼天气,再这样刮下去,势必要影响发射……"

此时,朱光亚想到了一个更为专业的问题,不禁也十分忧虑起来:这样糟糕的天气,一旦把原子弹发射出去,大量的烟雾势必飘散到邻国上空,一旦引起国际纠纷,那麻烦可就大了!

也就在这天,已经胜利地完成了"打猎"任务,安全地返回了基地的那个"七勇士"巡逻小队,经过几天的修整之后,又增补了几名新战士,然后接受了一个新的光荣的任务——为"梳妆"前夜的"邱小姐"站岗!

战士们按照规定路线来到托举原子弹的高耸的铁塔之下,分别守卫在9个指定的哨位上,同时对铁塔东、南方向进行昼夜不停的巡逻,队长何仕武和副队长王万喜负责在夜间查哨。

按照规定,每位战士必须背对着铁塔。有经验的老战士在较偏远的哨位站岗,新战士在较中间位置站岗。

在戈壁滩的茫茫深夜里,又是在这样千钧一发、风声鹤唳之时,有的新战士不免有些紧张。王万喜想出了一个办法,就与何队长一起,在每位新战士的哨位上画了个圈,交代不许离开这个圆圈,即使刮大风站不稳,也要坐在这个圆圈内。

结果,时间久了,有的战士真的站不稳了,就只好坐在圈内,以至于把自己那个哨位的一块土地都磨出了一片白印子。

前半夜还好,披着满天星斗,战士们一个个精神抖擞,紧握钢枪，警惕地注视着前方，既紧张又兴奋；到了后半夜，凛冽的西北风呼啸而至，豆粒大的沙石吹打在脸上，火辣辣地疼，吹得眼睛都难以睁开。但是我们的战士明白，他们能站在高塔下为那个"邱小姐"站岗执勤，这是祖国对他们的信赖，是首长对他们的嘱托，也是部队上级对他们胜利地完成8000多里艰苦的巡逻任务的最高奖赏！他们的哨位，也牵连着北京、毛主席和党中央……

10月15日，当铁塔上的作业全部完毕后，负责第九作业队的李觉、吴际霖、朱光亚与张蕴钰等人再次来到铁塔，与陈能宽等一起对安装调试工作又复查了一遍。

傍晚时分，负责测试的唐孝威，在设备间里拨通了设在铁塔下的指挥部的电话，听筒里传出的声音让唐孝威大感意外。原来，接电话的竟是朱光亚。

朱光亚嘱咐说："请你务必注意，在安装好测试设备之后，再核查一下塔上小型电源是否接通。"

朱光亚叮嘱的这个细节，给唐孝威留下了深刻的记忆，他后来回忆说："朱光亚副院长就是这样，工作中的每一个细节都不会放过，总是要亲力亲为。"

16日清晨，李觉代表第九作业队向试验委员会报告：原子弹的塔上安装和测试引爆系统第三次核查完毕，请求6点半开始插雷管。

技术人员由陈能宽陪同,来到塔顶插雷管。

因为过于紧张,技术人员的手都有点颤抖了。李觉看在眼里,手握着引爆台的钥匙,也登上了塔顶,对技术人员说:"不要怕,你们看,张司令、朱主任都站在塔下呢!你们看,钥匙也在我这里。"

技术人员的紧张感这才稍微减轻了一点。

雷管安插完毕,朱光亚、吴际霖、张蕴钰等登上塔顶验收、签字。

这一瞬间,朱光亚从塔顶俯瞰了一下四周,只见远处的茫茫沙海里,一顶顶简易帐篷好似连营千里,那是各有分工、准备获取相关数据的各个小组,他们已经就位待命。而环绕在铁塔周围的是,早已布好的进行效应试验的各种设施与效应物,包括飞机、汽车、坦克、房屋、大炮、钢梁等等。

在各个系统分别自查之后,张爱萍、刘西尧、李觉、朱光亚等领导和专家又走到一些关键岗位,一一核查落实了一遍。

"一旦发生意外,紧急刹车能否做到万无一失?"

"报告首长,百分之百确保,万无一失!"

"试验场外,烟云径迹侦察和地面观测,能否做到万无一失?"

"报告首长,我们确保,万无一失!"

"不利情况下的人员紧急转移和疏散,是否能做到万无一失?"

"报告首长,我们确保,万无一失!"

"早爆、误爆情况下的紧急处置,辐射侦察梯队和其他进入沾染区人员的转移与隔离,是否能做到万无一失?"

"报告总指挥,我们确保,万无一失!"

"预定的数据采集与回收,能否做到万无一失?"

"我们确保,万无一失!一架取样飞机,已经在马兰机场跑道上待命;负责取样的小组已经就位,整装待发!"

这时候,张蕴钰的目光扫过在场的所有人:"好,同志们,我们前赴后继数万人,苦苦奋斗几度春秋,所有反反复复的试验和预演,都只是为了即将发生的这惊天动地的一瞬间!这个历史瞬间,正在向我们走近!现在,请一起核准北京时间……"

所有人都同时亮出了自己的手表和怀表。

"现在是10月15日……不,是16日凌晨零点40分……"

此刻,东方隐隐露出了鱼肚白。

高塔下,一批批工程技术人员开始撤离,每一组人员撤离时,都会列队依依不舍地朝高塔上挥挥手。持枪的战士,严肃地站在高塔上的那个小小的"铁皮屋"四周……

在黎明的熹光中,张蕴钰双手把两把通电钥匙交到了现场试验部部长手中,然后字字千钧地说道:"请你代表全体试验人员,接受中央首长和全国人民的嘱托!"

钥匙虽小,却真的是重若千钧!试验部部长看见,司令员黧黑的脸颊上又鼓起了一道道肌肉棱子,眼睛好像已经湿润了。

"请司令员放心吧,我们要用这两把通电钥匙去开启一个惊天动地的历史瞬间!"

张蕴钰庄严地给这几位操作员行了军礼:"同志们,祝你们成功!"

操作员们都激动地说:"请首长放心,我们一定会成功的!"

"成功!"

"成功!"

接下来,所有参试人员都撤离了试验现场。张爱萍等领导和专家都撤离到了距离铁塔23公里的主控站里。

大家都准备好了墨镜,静候那个期盼已久的时刻。

最后,爆心现场只剩下了少数几位军人。

在最后一组军人也开始撤离时,张蕴钰在转身的一瞬间,又忍不住看了看高塔,他突然看到,有一幅毛主席像还挂在塔下。

他赶紧吩咐道:"把毛主席像摘下,带走!"

一幅巨大的毛主席像被小心地取下,抬上了卡车。

然后,张蕴钰和战士们都站得笔直,一起向着安静的、空旷的高塔,行了庄严的军礼。礼毕,张蕴钰命令道:"全体撤离,各就各位!"

最后一辆吉普车和一辆卡车也卷着尘土驶离了现场。空旷的高塔下,一切都显得那么寂静,只有微风,在悄悄地吹卷着地上的细沙。一些芨芨草、红柳和骆驼刺在微风中轻轻地摇晃着……

指挥室里,张爱萍手持红色话筒,正在聆听北京的指令:"……好,按预定时间起爆!请毛主席、党中央放心,请总理放心,我们一定做到万无一失!"

只剩下最后一分钟了! 主控室里的空气,似乎凝固了一样,每位指挥员仿佛都窒息了。

寂静。寂静。寂静……

"哒哒哒……"一排排指示灯迅速依次闪烁着。

一个年轻的女兵,一边目光随着红色指示灯移动着,一边报数:"9、8、7、6、5、4、3、2、1、0!"

"起爆!"

"起爆!"

"起爆!"

辽阔的罗布泊深处,倏地出现了一道红色的强烈闪光……紧接着,地面上升腾起一个巨大的火球,犹如出现了又一轮太阳。

闪光过后,隆隆的雷声滚过人们的头顶,震撼寰宇。冲击波挟着雷电,横扫着无边无际的戈壁。巨大的火球翻滚着升上高空,不断地向外膨胀,渐渐形成拔地而起的巨大的蘑菇状云朵……

忽然,人群里迸发出了第一声欢呼!紧接着,就像海浪决堤一般,欢呼声呼啸而起,人们激动地甩掉了帽子,挥动着外套,跳跃着、奔跑着、欢呼着……

这是一朵横空出世的蘑菇云!

这是凝结着中华儿女们的心血和热望、连接着共和国命运的一声巨响!

巨大的蘑菇云,不断变幻着色彩,就像一顶巨形草帽,在高远的苍穹里旋转,升腾,再旋转,再升腾……

大家眼里涌出了泪水,互相拥抱着、跳跃着……首长、将军、科学家、战士们、技术人员都紧紧地拥抱在一起,泪水流淌在每个人的脸颊上……

这时候,在几公里之外的沙漠上,负责收集数据的队员们,身穿白色防护服,乘着吉普车,正向着一个个测试点飞驰而去……

不一会儿,就看见他们提着回收的测量仪,在沙漠上飞奔着。

与此同时,在指挥室里,张爱萍举着红色话筒,迫不及待地向北京方面报告说:中国第一颗3.2万吨TNT当量的原子弹,爆炸试验成功……

第二十八章 铁拳似的蘑菇云 / 295

扬声器里传出了周总理谨慎的询问："你们用什么证据来向世界证明,这是真正的原子弹爆炸?"

张爱萍对着话筒大声说道："报告总理,我们已经看到巨大的蘑菇云了!"

扬声器里的声音很清晰："不,仅仅凭着蘑菇云还不够,你们要拿出确切的数据,证明这是核爆炸。"

就在此刻,一个还来不及脱下白色防护服的人,兴奋地跑了进来,大叫着说："有了,有了,我们有了确凿的数据了!"

试验部部长赶紧报告说："可以报告给总理了,我们有数据了!"

原来,巨响过后,压力自记仪项目组快速从速报测点取回了一个他们戏称为"罐头盒子"的测量仪,然后把记录着核爆炸冲击波波形的玻璃片放在测量显微镜下,判读出了确切的数据。

专家们根据这些数据断定：这是一次成功的核爆炸! 然后向核试验总指挥张爱萍将军证实了核爆炸的真实性。

当压力自记仪项目组成员们摘去、脱去被汗水湿透的口罩和防护服时,人们惊奇地发现,为这次试验提供了冲击波数据的,全是二十几岁的小伙子。报告数据的人,是年仅26岁的项目组组长林俊德。

这时候,张爱萍又激动地对着话筒大声说道："冲击波的数据已经拿到了! 从记录的波形和计算的数据来看,我们成功了!"

在场的每个人都听到了电话那端的声音:"好!好!我代表毛主席、党中央,祝贺你们!你们为祖国、为人民,立了大功……"

张爱萍激动得声音都颤抖了:"谢谢党中央和毛主席,谢谢总理!"

就在人们忘情地跳跃、欢呼、拥抱、热泪滂沱的时候,刘西尧等领导却找不到朱光亚了。

"光亚副院长哪里去了?光亚呢?"

李觉一直这样称呼着朱光亚,向来不提他的姓。

原来,就在全体人员离开主控站后撤时,天知道是因为紧张还是出于兴奋,情急之中,朱光亚等人乘坐的那辆车的司机,开着吉普车在沙漠上一路狂奔,没想到却走错了路线!

结果,朱光亚与吴际霖一行人还没有赶到山头的观测站,原子弹就爆炸了。还在赶路的朱光亚,转过身来看见了正在升腾的蘑菇云,一向刚强内敛的他,也禁不住热泪夺眶而出……

这一瞬间,他想到了自己将近二十年前远赴美国的寻梦之旅,今天终于实现了!伟大的祖国和人民,终于也有了自己亲手研制出来的原子弹!

顾不得擦去脸上的泪水,朱光亚和吴际霖等同事们、战友们紧紧地拥抱在了一起。

"我们成功了!"

"是的,我们成功了!"

这时候,在指挥室里,还出现了这样一个小插曲,后来一直被奋战在罗布泊的人们所津津乐道——

就在张爱萍刚刚放下红色话筒,准备和大家一起狂欢的时候,那部直通北京中南海的红色电话机又响了起来。

张爱萍一把抓起电话,又听见了周总理的声音:"爱萍同志,你不是告诉过我,罗布泊有不少'花木兰'吗?此时,我很想听听她们的声音啊!她们在不在你旁边啊?"

"花木兰"是战斗在罗布泊的那些女科学家、女科技人员和女兵的代称。

这时,正好王汝芝等几位女同志跑了过来。

张爱萍一边听着电话,一边赶忙朝她们招手,等她们走近,就笑着把话筒伸向了她们:"是周总理的电话!总理要听听你们这些'花木兰'的声音。"

"什么?是敬爱的周总理要我们接电话?"

"是的,是总理想听听你们的声音。"

这几个女同志顿时好像蒙了一样,激动得连忙往后退,谁也不敢去接那个话筒。

到底还是王汝芝有经验,她略一愣神,就抓过话筒,激动地说道:"报告总理,真的是您吗?总理好!我们是'花木兰',是的,我们看见蘑菇云了,好大好大的一朵蘑菇云……"

周总理的声音是那么爽朗、亲切:"好啊,小同志,那你给我描述一下,它除了像蘑菇,还像什么?"

"还像什么……"王汝芝捂住话筒,眨了眨眼睛,求助般地望着大家。姐妹们都紧张地摇头,不知道怎么描述。

张爱萍着急地握了握拳头,意思是鼓励她勇敢地回答总理的问话。

王汝芝看到了张爱萍握紧的拳头,一下子恍然大悟一般,激动地把话筒贴在嘴边,大声回答:"报告总理,我觉得,它还像是首长举起的铁拳头!"

"回答得好啊,'花木兰'同志!不过,岂止是首长举起的拳头?你应该说,它更像是面对帝国主义的威胁,中国人民在大地上举起的一只铁拳!我代表毛主席、党中央,祝贺你们啊!你们了不起啊!哈哈哈……"

电话那端传来的爽朗的笑声,感染着在场的每个人……

当天晚上,中共中央和国务院发来了贺电。同时,张爱萍又向大家报告了周总理告诉他的另一个消息:苏联的赫鲁晓夫下台了。

这简直就是历史有意布置的一个巧合。当年,不可一世的赫鲁晓夫哪里会想到,中国人能完全依靠自己的力量,在这么短的时间内,就把原子弹研制成功了!

而参与中国第一颗原子弹研制的科学家和技术人员,平均年龄仅29岁。其中,王淦昌59岁,彭桓武49岁,郭永怀51岁,程开甲46岁,陈能宽40岁,朱光亚39岁,邓稼先39岁,周光召35岁……

这是新中国核事业的一代开拓者与奠基者!

试验测试结果表明:中国第一颗原子弹从理论、结构、设计、制造,到引爆系统的设计制造及测试方法,均达到了相当高的水平。这朵蘑菇云的升起,也标志着中国国防现代化进入了一个全新的阶段。

当天夜晚,整个罗布泊沙漠好像沸腾了一样。

篝火熊熊燃烧着,欢呼的浪潮一浪高过一浪。所有的人都尽情地欢呼、拥抱、跳舞……

大家高兴地互相祝酒,很多人都喝得酩酊大醉。

朱光亚平时是很有酒量的,只不过,因为长期从事严谨和细致的科学研究,他对自己的生活习性也渐渐要求得十分严谨、内敛和节制,从来不会放纵自己。但是这个夜晚,朱光亚竟然一反常态,端起酒杯,和同事们、战友们开怀痛饮起来,而且生平第一次喝得酩酊大醉。这也是他平生唯一的一次大醉。

张蕴钰被大家推到人群中央,高兴地为大家跳起了苏联红军的"马刀舞",一边舞蹈,还一边伸出手臂邀请着大家。将士们都纷纷加入了舞蹈之中……

"司令员,这样的历史时刻,怎能没有诗啊?"有人大声提议说。

张蕴钰双臂一挥:"好,那就来他一首!"

他清了清嗓子,声音洪亮地朗诵道:

光巨明,声巨隆,
无垠戈壁腾立龙。
飞笑触山崩!

呼成功,欢成功,
一剂量知数年功。
敲响五更钟!

就在中国第一颗原子弹在罗布泊成功爆响的当天22时,中国政府通过中央人民广播电台,向全世界发表了庄严的声明:

"……中国进行核试验,发展核武器,是被迫而为的。中国政府一贯主张全面禁止和彻底销毁核武器……

"……中国发展核武器,不是由于中国相信核武器的万能,要使用核武器。恰恰相反,中国发展核武器,正是为了打破核大国的核垄断,要消灭核武器。

"中国政府郑重宣布,中国在任何时候、任何情况下,都不会首先使用核武器……"

第二十九章　光明的预兆

就在中国第一颗原子弹成功爆炸两个小时之后,耳目灵通的美国情报部门已经把相关报告送到了总统的办公桌上。

美国新任总统约翰逊看完报告后,有点不屑地说道:"中国只不过爆炸了一个小东西……不必惊慌,那只是个粗糙、拙劣的装置而已。"

几天之后,美国人自以为得到了更可靠的情报,又承认说:"中国爆响的是一枚钚-239制成的原子弹。"

实际上,中国的科学家们并没有沿着之前的那几个核大国的试验老路去做试验,而是使用了一种与他们完全不同的材料"铀-235",试验结果也已经证明,中国的这颗原子弹的设计,比美国投到广岛上的那颗"小男孩"设计得更为完善。也就是说,中国的原子弹研究与设计,走的是具有自己特色的路子。

这其实也正是西方那几个核大国所最为担心的事情,因为中国科学家已经掌握了"同位素分离"这种尖端的技术。

果然,与美国人那种自欺欺人、不可一世的骄横态度相比,法国的表态却显得更为真实、理性和符合事实。法国总统蓬皮杜不无忧虑地说道:"仿佛顷刻之间,中国在世界上的地位发生了改变,不得不承认中华人民共和国的那一天,为期不远了!"

——二十多年后,1988年10月24日,邓小平在谈到中国的高科技发展历程时,这样说道:"如果60年代以来中国没有原子弹、氢弹,没有发射卫星,中国就不能叫有重要影响的大国,也就没有现在这样的国际地位。这些东西反映一个民族的能力,也是一个民族、一个国家兴旺发达的标志。"

邓小平的这番话言犹在耳,即使在进入21世纪之后的复杂多变的国际形势和从未中断的大国较量之中,也仍然是振聋发聩的。

在中国第一颗原子弹爆响之际,在中国版图以南的越南丛林里,大批美军轰炸机正在不停地投放着炸弹,越南丛林陷入一片滚滚的烟火之中。可以说,美国在越南丛林中陷入的这场战争,到1964年之后,已经达到了白热化的程度。

这一年,一艘美国驱逐舰在越南北方遭到越共游击队的袭击。这对于号称"天下无敌"的美国军方来说,几乎是脸面丢尽。于是,大批的美国轰炸机对越南北方基地实施了近乎疯狂的轰炸,战争持续升级。茂密的东南亚丛林,正在成为美国军队的噩梦……

而此时,原本定在 1963 年要把美国在原子能领域的最高奖——费米奖,授给原子物理学家罗伯特·奥本海默的打算,却因肯尼迪总统的突然遇刺而暂时搁浅。不过,肯尼迪的继任者约翰逊,不久就把年老体衰的奥本海默邀请到了费米奖的领奖台上。

这时候发生了这样一个小插曲:在授奖仪式上,当奥本海默走向主席台时,因为年老体弱,突然打了一个趔趄。约翰逊总统见状,赶忙伸手去扶他,奥本海默却推开他的手说道:"总统先生,当一个人行将衰老时,你去扶他是没有用处的,只有那些年轻人才需要你去扶持。"

这位为原子弹和核试验奋斗了一生,也纠结了一生的物理学家,在授奖仪式上做最后的答谢时,对约翰逊总统说道:"我想,今天的仪式,是需要您的胆量和宽容的。当然,这也可能是我们另一种光明前景的预兆……"

奥本海默的话说得意味深长,甚至还带着那么一点苍凉与自我安慰。

实际上,随着中国的核武器计划快速向前推进,尤其是当中国第一颗原子弹爆炸成功之后,美国人已经有点坐不住了,特别是情报部门,更是有点被动和手忙脚乱了。他们一直急于想掌握中国核武器试验进展,因此在中国周边建立了许多个监听站和测向站,不断利用间谍卫星和高空侦察机窃取中国核试验情

报。很快,他们就发现了工作中出现了两个失误:

一是他们认为中国的原子弹不会在1964年,而是在1965年爆炸。其依据是,建立在包头的一座反应堆,最快也要到1965年才能生产出足够的供装配原子弹所需要的钚。

二是中国第一颗原子弹将用钚,并且是相对较为简单的"枪式"核弹。而实际上,中国运用的是技术先进、更为复杂的铀-235"内爆式"核弹。

等到他们弄清楚了这些之后,美国的情报官员只好在上呈的又一份报告中承认说:从中国核试验的放射性云团的颗粒来看,中国原子弹的装料是铀,而不是钚。同时他们也不得不惊呼道:这种原子弹的设计,比在广岛投放的那颗原子弹还要复杂……

而奥本海默所说的"这也可能是我们另一种光明前景的预兆",似乎也可以理解成他对中国的科学家同行们(其中有的还是他的朋友和学生)在核物理研究领域的赞赏与期许。

因为这时候,在中国西北的荒漠上,在罗布泊,另一种"光明的预兆"的确正在到来。

张爱萍、张蕴钰和他的将士们,王淦昌、郭永怀、彭桓武、程开甲、陈能宽、朱光亚、邓稼先、周光召和他的科学战壕里的战友们,已经马不停蹄,紧接着又向原子弹的空投试验,吹响了集结号……

什么是空投试验呢？其实不难理解。

当中国第一颗原子弹爆炸成功后，美国国防部部长预测说：在未来五年之内，中国不会有原子弹运载工具。西方有的媒体也报道说：中国人目前是"有弹无枪"。他们所说的"运载工具"和"枪"，就是原子弹的"空投试验"所要解决的问题。

这么说吧，中国第一颗原子弹爆炸成功，其实主要是解决了一个固定在高高的架子上的核装置问题。它还不能算是核武器。而要真正打破那几个狂妄的超级大国的核垄断，就必须让原子弹武器化，让原子弹变成能像炸弹一样投下去、能像子弹一样射出去的"武器"。

从后来公布出来的、已经"解密"的核试验资料里，我们知道了，作为高层技术领导的朱光亚和他的战友们一起，根据国家要求，对此早就做出了科学的决策。当初原子弹研制一开始，就已经瞄准了空投航弹的目标。

也就是说，他们在进行第一颗原子弹的理论设计、爆轰试验的同时，诸如弹体设计、气动力学实验、弹体引爆控制系统设计与实验等，也已经在同步进行。因此，第一颗原子弹刚爆炸成功之后，核武器研究院很快就转入了原子弹的空投试验准备。

从1960年4月开始，在郭永怀的指导下，弹体弹道研究室主任龙文光带人先后设计了三种核航弹壳体的气动外形模型，并在国防部五院（后改为七机部）和北京航空学院的协助下进行了风洞试验。

1961年进行了缩小比例的空投模型弹试验；1962年底进行全尺寸的空投模型弹试验；1963年在空军协作下，进行了引爆控制系统飞行试验；1963年12月，郭永怀、龙文光、疏松桂、俞大光和技术人员在试验基地参加了第一发试验弹的试验。

当时，朱光亚作为核试验研究所副所长，参与了全程的技术指导与组织协调的各个工作环节。

比如，1964年，朱光亚撰写的《关于某某试验任务的准备与协作要求》的报告，对第一步做冷试验和第二步做热试验的任务、要求、注意事项布置得一清二楚。

再如，关于某某的模型产品、冷试验产品、热试验产品、配重产品，还有对某某试验简报均做了仔细修改，朱光亚撰写了《关于某某试验起爆高度问题的报告》。

1964年8月14日，他在一份电话记录上做了这样的旁批："首先要明确某某中遥测的内容是什么，如果大部分都是我们的内容，请核试验基地研究所负责就不合适了。因此，第一设计部应首先将遥测内容与要求提出。"

……

所有这些工作，一般读者看来会觉得是那么烦琐和不知所云。但是在朱光亚和他的战友们看来，其中的每一点、每一滴、每一小步,都与共和国的命运息息相关!

在正式的空投试验之前,敬爱的周恩来总理也不断地听取航弹准备情况汇报,仔细地询问了影响成败的各种因素,如弹体挂上飞机之后,气象发生变化,不能进行试验时,怎么办?弹体投不下来如何处理?飞机带弹返回机场时弹体会不会意外脱钩?

所有这类问题,都需要朱光亚和他的战友们明确、及时地做出答复和妥善解决。

有一次开会时,因为对某个具体的小问题暂时拿不出令人信服的答复,一丝不苟的周总理只好宣布暂时休会,让大家回去再做进一步研究,直到有了满意答案后才重新开会。

周总理对大家强调说:"严肃认真,周到细致,稳妥可靠,万无一失,这是我们成功的'法宝',我们的国家还不富裕,没有本钱搞多次试验,只能是'一次试验,多方收效'啊!"

朱光亚把总理的话牢牢地记在了心上。

为了确保空投试验万无一失,中央专委、中央军委批准,由96人组成了第二次国家核试验委员会。张爱萍继续担任总指挥。

这时候,在罗布泊荒漠上,张蕴钰和他的将士们也正在紧锣密鼓地为空投试验做准备。

第二十九章 光明的预兆

这天深夜时分,在基地帐篷前,几位试验专家和科技人员和一些战士,趁着夜晚的星光,正在紧张有序地向两辆卡车上装载各种设备仪器。

"请注意,一定要小心轻放!"专家们不断叮嘱着战士们。

这时候,张蕴钰、张志善两位首长巡视到了帐篷前。

"首长来了!"

"首长好!"

大家都聚集在两位首长身边。张蕴钰说:"同志们辛苦了!"大家齐声回答道:"为祖国争光!"

张蕴钰说:"好,同志们,基地党委要求你们,务必在天亮之前,进入各自的靶区,开始作业!你们做得到吗?"

"请首长放心!我们保证按时到达靶区!"

张蕴钰说:"毛主席、党中央,给我们定的任务是:用原子弹进行首次空中爆炸试验,向1965年五一国际劳动节献礼!你们知道,春天里,正是罗布泊荒原上气候多变、风沙肆虐的季节!在这短短的预定的时间里,既要准备好实验室工作,又要尽快熟悉靶区的地理环境,摸清靶区的气候变化规律,研究出布点和测压协调等方案。同志们,你们的任务非常艰巨啊!"

这时,那位在第一颗原子弹爆炸时负责数据采集小组的青年科学家林俊德,坚定地跨出一步说:"请首长放心,再艰巨的任务,也难不倒我们共产党员!"

张蕴钰满意地看着林俊德,说:"俊德同志,你们的'甲02',哦,就是你发明的那些个'罐头盒子',可是为人民立下了大功啊!中国的原子弹,没有你们的冲击波机测压力自记仪不行啊!"

张志善也叮嘱道:"是呀,俊德同志,你们这个小组这次的任务,比第一颗原子弹爆炸的数据采集任务,将更加艰巨,更加充满变数!你们将在高空气象条件极其恶劣的环境下,在海拔3000米以上的雪山上反复试验,去完成这个项目,有把握吗?"

林俊德说:"首长放心吧,我们不会被任何困难吓倒的!"

张蕴钰向即将出发的科学家和战士们敬了军礼,说:"有你们这句话,我就放心了!我和张总指挥等待着你们新的胜利的消息!"

大家和两位首长一一敬礼,然后分头上了几辆卡车。

"注意安全!万无一失!"

卡车在旷野上的夜晚里,向着茫茫黑夜深处开去……

空投试验的可能遇到的困难和变数,正在一个接着一个地得到解决。为了使弹体适应飞机运载环境,1965年3月底和4月中旬,经过共振试验与多种形式的环境振动试验证明,核弹结构可靠,引爆系统和遥测系统正常,可以满足运载和空投技术要求了。

5月8日凌晨,一架载弹飞机刚刚升至9000米高空时,天气预报人员突然报告说,试验区上空的高空风向,由西北风转为东北风,已不符合试验条件的要求。此时如果进行试验,核爆烟云有可能进入印度、巴基斯坦上空。

仅仅一个小时之后,指挥部接到了周总理的指示:"暂停试验,转为待命。"

接到命令后,载弹飞机缓缓地安全着陆了。

5月8日这天,虽然没有按照预定计划完成空投试验,但是在朱光亚他们看来,这其实更像是进行了一次比综合预演更为真实的"实战演习"。对真正的试验,他们的心里更有数了。

因为不知道还要待命多长时间,他们想到了一个很实际的问题:倘若核弹在飞机上停留时间过长,那是非常危险的,不仅要防止出现静电触发雷管的可能,而且机场的保温措施也难以实现。

于是,他们决定暂时把弹体拆下来,送到库房安置。

此时,在罗布泊荒漠里的一座高山上。年轻的林俊德和他的队员们正扛着各种设备仪器,奋力攀爬着。大风劲吹,大家都立起了大衣领子。

一位年轻科技人员小郑拉了林俊德一把,说:"俊德,不久前,听朱副院长给我们做报告说,这次,我们两个小组一起合作,完成高空冲击波数据测量,为的是迎接一次更大的东方巨响!你怎么看?"

林俊德站下稍作休息，压低声音对小郑说："一般情况下，原子弹爆炸成功之后，氢弹试验就会提到议事日程上了！"

大家一听，兴奋地围上来，睁大了眼睛："氢弹？"

"对，氢弹！而且，必定是百万吨级以上的氢弹试验！"

"百万吨级的？"

"要不怎么能叫东方巨响？"

"这么说，我们的空中冲击波测量，就是为这个'东方巨响'做准备的？"

这时候，小郑神秘地一笑，说："俊德，搞冲击波测量，你是专家。我们为什么要把测量仪器送上天山，送上高空？我们可以想象一下，不久的一天，投弹飞机携带着一枚百万吨级的氢弹，骄傲地飞越过高高的雪山……啊？"

林俊德目光里闪烁着无限的兴奋："我的天哪！我们这次的任务真是太……太重要了！"

小郑说："是啊！有谁会想到，如此足以石破天惊的大动作，我们都有幸成为参与者和见证者！"

林俊德说："但是我们又必须隐姓埋名、不露声色，即使再激动、再自豪，也要深深隐藏在心里头！"

"是啊，这是我们共同的选择！"

"而且是唯一的选择！"

说到这里，几个年轻人情不自禁地紧紧地握着对方的手，有力地攥成了一个拳头……

"加油!""加油!"大家异口同声地说着,目光里充满了坚定的信心!他们放眼望去,远处雪山巍巍,大风雪正在山口呼啸着……

1965年,已经83岁高龄的世界理论物理学大师、量子力学创始人、1954年诺贝尔物理学奖获得者马克斯·玻恩,在德国出版了他一生的最后一部著作《论科学家们的责任》。

这位毕生热爱人类和平,关注人类现实和未来的科学巨擘,心里一直怀着一种深深的忧虑:担心人类最终会被核战争所毁灭。他在书中写道:"我希望,有朝一日,有一个人或一群人,能比我们这一代人中的任何人都要智慧,能把这个世界引出核战争的死胡同……"

与此同时,他也十分怀念曾经跟随他学习了多年的一位中国学生。正是这位个子矮小而强壮的中国学生,有一次十分自信地告诉过他:中国人,具有异常的吃苦能力,一个中国人,就能承担起十个欧洲人的工作……

马克斯·玻恩在他的书中写道:"我们一起在苏格兰西海岸度过了美好的几天之后,他就离开了我们,回到了他自己的祖国,我们再也没有见到过他,他也没再写信来……"

这位年老的物理学家怎么也不会想到,他所怀念的那位矮小而强壮的中国学生,此刻,正奋战在中国大西北的罗布泊荒原上!

他就是朱光亚的亲密战友彭桓武。而彭桓武,也只不过是身处罗布泊荒原上、众多隐姓埋名的科学家中的一员。

1938年,23岁的彭桓武考取了中英庚款留学资格,来到爱丁堡大学,投师到德国理论物理学家、量子力学的奠基人之一马克斯·玻恩门下。彭桓武是玻恩的第一个中国学生。在玻恩的指导下,他在1940年、1945年分别获得了爱丁堡大学哲学博士和科学博士学位。

研究物理学的人都知道,玻恩和爱因斯坦有着三十多年的交谊。在写给爱因斯坦的书信中,玻恩多次提到了自己很欣赏的这位中国高足。1941年,玻恩推荐彭桓武前往爱尔兰都柏林高等研究所做博士后研究。彭桓武幸运地进入了著名科学家埃尔温·薛定谔领导的理论物理所工作。不久,他又有幸协助了量子化学的创始人之一W.海特勒开始了介子理论方面的研究。

薛定谔在写给爱因斯坦的一封信中,曾这样描述彭桓武:"……我简直不敢相信,这个年轻人学了那么多,知道得那么多,理解得那么快。"

1941年8月至1943年7月,彭桓武和海特勒、哈密顿合作,发表了一系列综合了介子场的若干成果。他们对"宇宙线"这个课题进行了系统的解释,被称为"HHP 理论"。所谓 HHP,就是以他们三位作者姓名的头一个字母命名的,P 代表的就是彭桓武。

专业人士评价说,"HHP 理论"发展了量子跃迁概率的理论,用能谱强度首次解释了宇宙线的能量颁布和空间分布。随着"HHP 理论"名扬国际物理学界,彭桓武的名字也广为同行所知晓。当时身在法国的中国科学家钱三强说:"连我这个不搞理论的人都知道'HHP 理论',可见彭桓武他们这个工作在当时的名气有多大。"

1948 年,由于薛定谔和海特勒的联合推荐,彭桓武当选为爱尔兰皇家科学院院士,那年他才 33 岁。当时,彭桓武已经回国,正在云南大学执教。一直到中美建交之后的 20 世纪 70 年代,彭桓武有机会收到爱尔兰皇家科学院的院刊时,才知道自己在三十年前就已经是它的一名会员了。

彭桓武与钱三强早在 1939 年就相识了,从此开始了半个多世纪的友谊。那时候,美国已经在日本投了原子弹,彭桓武与钱三强心照不宣地相约:回祖国大干一场!可是,在当时的都柏林,要买到一个回中国的轮船铺位十分困难。无奈之下,彭桓武就写信请在英国海军部工作的一位科学家朋友布莱克特帮忙。好在天无绝人之路,他在一条英国的运兵船上找到了一个舱位,终于辗转回到了自己的祖国……

彭桓武的经历,就像朱光亚的经历一样,在他们这一代科学家中,也颇有代表性。在新中国的核试验事业中,他和朱光亚等同时代的科学家一道,成了亲密无间、生死与共的同志和战友。现在,他们正在乘胜前进,向着中国核试验事业的新的高峰继续攀登着……

1965年5月14日上午10时许,一辆轰炸机在罗布泊无人区上空,成功地投下了一枚核弹。西方世界几乎有点不敢相信,这个新生的共和国,在某些地区的人口温饱问题都还没有解决的年代里,在第一颗原子弹刚刚试验成功的半年之内,竟然又成功地实现了第一次空投原子弹的梦想。

这次空投试验表明:中国的核武器研制,向着"武器化"迈出了一大步。人们形象地把这一步比喻为"如虎添翼"。

但是,在成功的背后,我们的奋战在罗布泊荒漠里的科学家、技术人员和部队官兵们,在极其恶劣的环境和气候条件下,度过了多少个艰难的、刻骨铭心的日日夜夜,却是一般的人们难以想象的。

还是以前面说到的那位年轻科学家林俊德和他负责的空中冲击波测量小组的工作为例吧。

曾经有多少个极度寒冷的黑夜,他们等待在高高的雪山上,等待着、盼望着气温达到预想的最低温度的时刻。

高高的雪山上冰冻雪封,滴水成冰。这些年轻的队员必须在夜间的雪地上守望着、调试着测量仪器。呼啸的寒风吹刮着他们,每个人的鼻尖上、眉毛上都结了一层银霜,不一会儿,每个人的双手都会冻僵,所以只好一边工作,一边不停地往手上哈着气、搓着手……

"再看看,现在温度是多少?"

"报告,现在是零下25摄氏度,还没有达到预想的低温!"

"这个鬼天气!就不能再冷一点吗?!"

"一连几天了,温度变化总是不大,怎么办?再这样等下去,吃的,喝的,都会成问题的!"

"等!再难也要等!高空气温已经开始下降了,可能不久就会有一场强大的冷空气袭来,我们一定不能错失这次试验的机会!"

他们在高高的雪峰上架设着各种设备。他们的任务是要在空投爆炸时获得空中冲击波的测量数据。这个工作要求他们必须把所有的仪器送上高空,核爆炸时,所有的仪器必须处在要求的空间位置上,爆炸完成后,仪器会落到预定地区,然后他们将在第一时间搜寻回它们。

"没有问题!我们保证一个气球也不会飘走!"有人拍着胸脯说。

林俊德却叮嘱大家说:"不是气球的问题,而是人!这样的高山飓风,必须要保证人不要被飓风吹走!"

接着,又有人提出来一个难题:"仪器在上升和下落过程中,会不会遇到急剧的气压变化?"

"问得好!这正是我们首先就要寻求到的答案!我们必须测试出:我们的仪器能否耐得住零下五六十摄氏度的低温,然后在落地时能否承受住强烈的冲击?"林俊德又问,"现在的最低温度是多少?"

"零下22摄氏度。"

"这个温度显然还不够!看来,白天不可能再有更低的温度了,必须利用雪山上夜间的最低气温来试验了!"

就这样,这个测试小组的全体队员硬是以"黄沙百战穿金甲,不破楼兰终不还"的勇气,日夜坚守在高高的雪山上,最终出色地完成了对空投爆炸时的冲击波数据的测量。

像这样的各有分工、各负其责的专业工作小组,又何止林俊德小组一个!有不少科技人员和部队官兵就在一次次高空危险作业中,或因遭遇了雪崩和飓风,或因高架设备坍塌,或因试验失败,献出了自己年轻而宝贵的生命。

当时,罗布泊胡杨林中,也有一片临时的烈士墓地,那里掩埋着许多在核试验中壮烈牺牲的科技人员和部队的官兵。

他们把自己鲜红的热血洒在了这片大漠上,洒在了共和国国防事业光辉灿烂的历史上,他们年轻的生命,高比天山,阔如

第二十九章 光明的预兆 / 319

大漠。

——多年之后，在罗布泊的马兰，一座安息着数百名为了新中国的核试验事业英勇献身的烈士英灵的"中国核试验基地烈士陵园"，在当年的那片临时的烈士墓地旧址上落成。

朱光亚的一部分骨灰，也被安葬在这里。这也是他生前的遗愿。他以魂归罗布泊、魂归马兰的方式，长眠在他和他的战友们奋斗过的荒原上，他的灵魂，也将永远地在这里陪伴着那些英年早逝的战友。

当然，这是后话了。现在，我们继续回到1965年的初夏时节。

这年5月底，中央领导专门接见和宴请了参加第一颗原子弹爆炸和航弹空爆试验的核武器研制和试验部门的功臣和代表。

后来，朱光亚在一篇回忆文章中，比较详细地记述了当时的情景：

> 飞机起飞之前，大家还是一身冬装，到达北京时，已经是风和日丽的初夏了。5月底的一天，我们刚刚步入人民大会堂，就受到周恩来总理、邓小平总书记、陈毅元帅、贺龙元帅、聂荣臻元帅、罗瑞卿大将等许多中央领导同志以及国务院和总部有关负责同志的欢迎。

周总理一边和我们一一握手,一边歉疚地说:"大家辛苦了!去年 10 月本来应该和大家见面的,因为忙,延迟到现在,真对不起。这次空爆成功,计划圆满完成,老总们很高兴,都要来见见有功之臣。"

陈老总朗声笑道:"是喝庆功酒啊!"

合影后,老总们在欢笑声中招呼我们入席。每一张饭桌前都有一位领导陪同就餐。

……

宴会上,坐在周总理左边的是钱学森,朱光亚坐在总理右边。周总理即席讲话,号召战斗在核试验第一线的英雄们,再接再厉,戒骄戒躁,为攀登下一个高峰,为尽快掌握氢弹技术,为加强共和国的国防、保卫世界和平,做出更大的贡献。

这的确是一次不寻常的接见和宴请,体现了党和国家领导人对所有为实现民族振兴和强国梦想而忘我奋斗的功臣们的感激与爱护。

朱光亚在回忆中说道:"我们在亲切、和谐、欢畅的氛围中感受到党中央对国防科学技术事业的高度重视,以及对这条战线上的科技人员的亲切关怀。"

1966 年 3 月,中央专委批准了两弹结合飞行试验。国防科委要求导弹发射基地在 6 月至 8 月间抢建好发射场。着陆区选在罗布泊孔雀河南岸的一片荒漠上，遥测站和试射观察站的大部分，设在孔雀河的北岸。

黎明时的红山山谷，火红的朝霞映照着红山的山冈、小河、房屋和树木，一声声嘹亮的晨号声，在天空中回响……

红山，是罗布泊沙漠里的一片狭长而开阔的山谷，就像大自然特意在人迹罕至的大西北边陲开辟的一片世外桃源，千百年来，一直隐藏在迤逦的天山深处的皱褶里，鲜为人知。

随着罗布泊核试验的步步推进，1966 年，中国核试验基地研究所的所有机构，也全部告别了临时帐篷，迁进了这片位于天山南麓的隐蔽而开阔的山谷之中。

这一天，在大漠上空，一架军用直升机旋转着巨大的螺旋桨，轰隆隆地飞转着……

张蕴钰坐在直升机里，忧心忡忡地俯瞰着大漠。他正在自言自语地念诵着毛主席的词："……多少事，从来急，天地转，光阴迫，一万年太久，只争朝夕……只争朝夕……"

"首长，飞哪里？"

张蕴钰大声地对驾驶员说："直飞发射基地。"

"明白，直飞发射基地。"

直升机贴着深深的山谷加快了飞行速度。

这时候，运载核装置和导弹产品的专列已经到达了发射基地。钱学森、李觉、朱光亚与张蕴钰等人在发射基地再次会面。

这年夏天,6月30日,周恩来总理也在访问非洲十国返回北京的途中,特意来到核试验基地和导弹发射场,详细了解了两弹飞行试验的准备情况。总理极为重视在本土进行的导弹核试验,安排人口疏散等,一再要求确保安全可靠。

对此,朱光亚他们胸有成竹。因为此前的一系列试验已经证明,他们有绝对把握。

1966年10月27日9时,随着一声巨大的轰鸣声,有如一条巨大的苍龙,在烈火中怒吼着、呼啸着,奔向辽远的苍穹……

渐渐地,巨大而浓烈的烟云变成了一条长长的光带,划过罗布泊荒原上空……

9分14秒后,在靶区观测站的所有科学家和科技人员,一起目睹了一个瑰丽的景观:570多米的高空,突然出现了一个巨大的火球,火球闪烁着七彩的光芒,与升起在东方的那轮太阳互相辉映。

不一会儿,这个巨大的火球又变为一朵硕大的蘑菇云,不停地翻卷着、升腾着……

这时候,在发射区地下室里,亲自指挥了这次试验的聂荣臻元帅,激动地向中央报告说:一枚威力为1.2万吨TNT当量的核导弹,在本土上空发射、飞行,而且,弹头在预定的射程、预定的靶区、预定的高度,成功爆炸!

这样完美的爆炸,在国际上还没有先例。

这次成功的试验证明:中国研制的原子弹中的各种精巧的部件,已然能够承受导弹飞行恶劣环境的考验。也就是说,中国已经拥有了可以用于实战的核导弹!

1966年11月4日,法国《国际论坛》对中国这次在本土进行的导弹核武器试验,发表了这样的评论:"中国技术人员差不多达到了美国50年代的阶段。中国可能依靠他的数学家和越来越多的研究人员制造一种战略洲际导弹。那时,中国将成为一个与拥有8亿人口的大国相称的强国。"

就在这次导弹核试验成功之后,周总理提出了一个新的建议:希望研究院能寻找到一种替代方法,即不用真的核爆炸,却能严格考核核装置在飞行环境下的各种性能。

在后来的日子里,核武器研究院又历时十个春秋,果然不负中央所望,终于掌握了一种有效的替代方法。

这一年,中国新组建了一支前所未有的、具有科技含量的战略导弹部队。周总理亲自为这支部队命名为第二炮兵部队,简称"二炮"。一批核弹头,装备了这支新组建的战略导弹部队。

至此,中国才真正打破了美国与西方所说的"有弹无枪"的说法,而成了具有战略核威慑力量的一个大国。

——回首这段往事时,朱光亚禁不住眼睛湿润,欣慰地写道:"有了可用于实战的核导弹,我们才终于实现了国家原子弹研制的'三级跳',即从原子弹到机载核弹、导弹发射核弹计划。"

第三十章　第二颗"太阳"

回顾世界核武器进程,从第一颗原子弹到安装在导弹的核弹头,美国从 1945 年到 1958 年,用了十三年;苏联从 1949 年到 1955 年,用了六年;而中国,从 1964 年到 1966 年,仅仅用了两年的时间。

此后,朱光亚和战友们又马不停蹄,紧接着又开始了中远程系列核弹头的研制事业。到了 20 世纪七八十年代,中国的核导弹已经从近程、中程延伸到了洲际。

回过头去看这段辉煌的历程,人们评价说:钱学森、朱光亚这些科学家,真称得上是把物理成果转换成了工程成果,把科学技术转换成国家战斗力的"大师"。朱光亚也因此被誉为具有战略眼光的科学家。

1966 年冬天,随着核导弹发射的一声巨响,随着那朵巨大的蘑菇云的腾空而起,我们在前面说到的那位林俊德和他率领的冲击波测试小组,也在经过了几十个日日夜夜的反复试验之后,终于成功地将六个硕大的、携带着压力自动记录仪的红色气球,升上了万米高空,准确地完成了他们自己动手研制出来的自记仪在高空低温状态下的工作性能。

这年年底,在一次新的空爆试验成功炸响之后,林俊德和他的小组的战友们,乘坐直升机在第一时间进入沾染区上空,全力搜索落地的仪器,为每个仪器落点标示出了具体的位置,并且在最短的时间内,成功回收了三个记录着高空冲击波可靠数据的仪器,也就是他们亲切地称之为"罐头盒子"的那个宝贵的装置。

一系列的高空试验,为来年将要进行的我国第一颗百万吨级氢弹试验的投弹飞机安全论证做好了准确的数据准备。

早在1964年5月和1965年1月,毛泽东主席两次在谈到中国核武器发展问题时,就做出过明确的指示:"原子弹要有,氢弹也要快!"

可是,一个严峻的问题摆在了朱光亚和他的战友们面前:如果说,原子弹的突破,尚有朱光亚、邓稼先他们根据国外文献资料中的"蛛丝马迹"整理出来的少许资料可供参考,那么,有关氢弹的研制,就得全靠中国科学家自己的智慧和灵感了!

1965年2月,朱光亚主持召开了一个秘密会议,会议议题就是有关氢弹研究的规划。

这次会议,确定了中国氢弹研制的两个步骤:第一步是突破氢弹研制原理；第二步是实现重量为一吨、威力为百万吨 TNT 当量的热核弹头设计,力争在 1968 年前实现首次氢弹空爆!

中央很快就批准了朱光亚他们送上去的这个氢弹研制计划。

不久后的一天,在罗布泊基地会议室里,张爱萍情绪激昂地向大家传达了这个消息。他说:"毛主席、党中央和周总理已经明确做出指示,第一颗氢弹,要在 1967 年爆响! 同志们,我们的原子弹爆响之后,尤其是不久前的那枚核导弹,在预定的距离内,精确地命中了目标,实现了核爆炸,可真是威力无比哪! 这次在北京,聂帅亲口告诉我啊,试验室在我们的国土上,爆响在我们罗布泊里,却实实在在地痛在了敌人的身上! 它们产生的巨大威力,来自不知道要强大多少倍的精神原子弹、精神核导弹! 这个伟大的力量,正在引起强大的连锁反应,强烈地震动着全世界! 所以,我们的氢弹……"

张蕴钰接过话头说:"我明白了,就像《国际歌》里唱的:'快把那炉火烧得通红,趁热打铁才能成功'!"

张爱萍笑着说道:"一点没错! 而且要搞,就搞一个大号的!"

有人站起来问了:"大号的? 大号的有多大?"

张爱萍手臂一挥说:"全当量! 一次到位!"

张蕴钰一听,兴奋得几乎跳起来:"好啊! 从原子弹试验到氢弹试验,美国,用了七年零四个月;苏联,用了四年;英国呢,又比苏联多了用了七个月,四年零七个月。现在正在看法国的了,就算他们能和我们同时爆响,那也超过了八年时间了!我们……"

"我的同志哥哎,你可要告诉我们的每一位官兵、每一位科技人员,我们可没有这么多的时间拿出来啊!用毛主席的话说,我们只能是'只争朝夕'!"

张蕴钰说:"这个我明白,我明白。当年,美国是发誓要赶在希特勒造出之前,把原子弹造出来,结果,他们真的做到了!"

"对头啊,现在,中央指示我们,一定要赶在法国之前,把我们的氢弹造出来!同志们,时间是一条无情的鞭子,正追赶在后面,抽着我们哪!"

当时,法国人的确也在加班加点地赶制他们的第一颗氢弹。根据已经解密的资料来看,1966年的新年还没过完,大家都还沉浸在新年的欢乐气氛当中,法国总统戴高乐就来到法国原子能委员会利梅伊军事科研中心,视察了一番之后,忍不住发了脾气,对科研中心的主管人员说:"你们必须认真研究法国迟迟未能研制出氢弹的原因,不能老是这么拖下去。你们听清楚了:我在离开爱丽舍宫(法国总统府)之前,必须看到进行第一次氢弹试验!"

当时,戴高乐总统一直坚持,法国必须尽快拥有热核武器,即氢弹。他认为,这是确保法国威慑力量的永久性的唯一办法。常规的原子弹,法国从 1960 年起逐渐拥有了。现在他们最渴望拥有的是氢弹!因为,美国、苏联、英国都在 50 年代就先后爆炸了各自的第一颗氢弹。当然,他们也获知了中国也在研制氢弹的情报。

所以,朱光亚等科学家们当时有一个共同的心愿:一定要赶在法国人之前,成功爆炸我们的第一颗氢弹!

然而,就在朱光亚他们全力冲刺氢弹研制的那些年里,"文化大革命"爆发了,中国进入了令人痛心的十年动乱时期。因为"文革"的干扰,核武器研究院的邓稼先、周光召等都"靠边站"了。

1966 年 10 月,朱光亚在举步维艰中执笔完成了氢弹装置初步理论方案,上报了中央专委。

中央领导意识到了这场运动对核武器研究工作造成的巨大干扰,便以中央军委的名义发布了一个"特别公函",明确指出,氢弹研制是毛主席亲自批准的重大国防任务,谁也不能进行扰乱,而且要保证群策群力、按时完成。

张爱萍副总长把中央专委的指示传达到了罗布泊,张蕴钰在电话里说道:"是,是,请首长和中央放心,我们的准备工作已经在罗布泊展开。我们会尽最大的力量,不让运动影响到试验的进展。是的,请张副总长放心!我记住了,'不管风吹浪打,胜似闲庭信步'……好,您也多保重!"

张蕴钰放下电话,深深地叹了口气,苦笑着,自言自语地说:"不管风吹浪打,胜似闲庭信步,胜似闲庭信步……"

其实这时候,罗布泊的红山研究基地,也已经受到了"文革"的干扰。营房四周也架起了高音喇叭。

在北京的张爱萍很不放心,不久就偕同朱光亚,又飞到了罗布泊的红山基地。

红山营房外面,西北角靠近山根处,几株白杨掩映着一排干打垒的平房,房子不远处有一条靠山顶的积雪融化而成的小河。一些平房门前的院子,四周用红柳枝条围成矮矮的篱笆墙和小院门,院子内外还走动着一些鸡鸭之类的家禽。这是科技人员和后勤人员的宿舍。

张爱萍、张蕴钰和朱光亚三人,一边在平房外面走着,一边谈论着当前的形势和任务。

张蕴钰问:"张副总长,听说北京已经闹得热火朝天了?很多老帅都受到了冲击?这是真的吗?"

张爱萍说:"什么热火朝天!简直是……简直是无法无天!连中国科学院,还有二机部大楼,他们都敢冲击!连总理也不时地受到他们的纠缠!"

朱光亚说:"真想不到,怎么会发展到这种地步呢!这样闹下去,我真担心,这场风暴会吹刮到罗布泊来!"

张蕴钰指着贴在土墙上、营房上的标语说:"树欲静而风不止啊！光亚同志,你看,这不是已经吹刮到红山了吗?"

张爱萍忧心忡忡地说:"是啊,山雨欲来风满楼！我们都要有这个思想准备哪！我们的科学家,我们的技术人员,既没有时间,也没有精力陪他们搞来搞去哪！"

说到这里,军人出身的张蕴钰一下子脾气就上来了:"老子管他们那么多！他们搞他们那一套,我们搞我们的！光亚同志,你马上召集我们的科学家们开会,把具体任务传达下去,该进场的进场,该研究的研究,让他们在这里唱'空城计'好了！"

张爱萍苦笑了一下,说:"这能应付了一时,但终不是长久之计！老张,光亚,我们都是老党员了,我们必须要用自己的党性来担保,要尽一切能力来保护我们的科学家、科技人员不受干扰、不受冲击！"

张蕴钰拍了拍胸脯说:"张副总长,你放心,科学家、科技人员,都是我们红山、马兰的第一财富,就是把我张蕴钰打倒了,我也用自己的身子去替科学家们挡住风暴！"

1966年11月,各路人马随着一辆辆军用卡车,翻越过天山山脉,奔驰在搓板一样的戈壁滩上,车辆不时地卷起漫天的黄沙,形成一条条"黄龙"……

这些都是第一颗氢弹的参试人员。军用卡车把他们送到了核试验场地。科学家王淦昌等人与试验部测试队伍一起,在冰天雪地的环境里,一一考核与标定了测试仪器。

朱光亚随后也带着杜祥琬等人,再度来到罗布泊。

在"搓板路"上行进的时候,一直在沉思默想的朱光亚,突然听见了响亮的火车汽笛声。他循声望去,高兴地指着一列奔驰中的军列说:"看,这是我们运送产品的专列,也在今天从研制基地出发了……"

望着呼啸着远去的军列,朱光亚意犹未尽,缓缓念起了自己很喜欢的辛弃疾的那首《破阵子·为陈同甫赋壮词以寄之》:"醉里挑灯看剑,梦回吹角连营。八百里分麾下炙,五十弦翻塞外声,沙场秋点兵。"

"马作的卢飞快,弓如霹雳弦惊……"杜祥琬听着听着,也来了兴趣,就接着朱副院长的话头,也背诵了起来。他当时心里就闪过了这样的念头:原来,在朱副院长胸中,早已"陈兵百万",就等着一场特殊的战役再度打响了!

深冬时节的罗布泊荒原上,气温已经降至零下20摄氏度了。即使穿着皮大衣、戴着厚厚的棉帽子和棉手套,也让人感到冷得难以忍受。

风雪迷漫,滴水成冰。有一天,朱光亚等人在试验场检查完毕,归来途中,在一处避风的地方,点起一小堆篝火,一边烤火,一边稍事休息。

篝火噼啪燃烧着。朱光亚用胳膊肘推了推身边的杜祥琬说:"祥琬,你喉咙好,给我们唱个歌,鼓鼓劲!"

"朱副院长,这么冷的天气,在这么个鸟不生蛋的地方,哪还有心思唱歌啊!"

朱光亚说:"你看你!越是恶劣的环境里,越应该有点革命的浪漫主义气概嘛!就唱那个'风雨侵衣骨更硬,革命理想高于天'。"

杜祥琬推辞不过,说:"好吧,听副院长的,我给大家来一支,鼓鼓劲!"

朱光亚说:"这就对了,我们给他'呱唧呱唧'!"

大家都一起鼓起掌来。杜祥琬站起来,清了清嗓子,很投入地唱了起来:

　　雪皑皑,野茫茫,
　　高原寒,炊断粮。
　　红军都是钢铁汉,
　　千锤百炼不怕难。
　　雪山低头迎远客,
　　草毯泥毡扎营盘。
　　风雨侵衣骨更硬,
　　野菜充饥志越坚。

官兵一致同甘苦,

革命理想高于天。

1967年6月5日,经过日日夜夜的苦战,第一颗氢弹装置加工完毕。三天后,氢弹装置就运送到了试验场上。

辽阔的罗布泊上的又一个激动人心的日子即将来临。

军内外30多个单位的6000多名技术和后勤人员,陆续进入试验场中的指定位置。在靶区的不同方位和不同距离处,由10个效应大队,分头布置了140多项效应试验项目,设置的效应物有飞机、舰船、装甲车、高射炮、铁塔、动物等等,将近2000个种类。

6月12日,周恩来总理在中央专委会上宣布:中央军委副主席聂荣臻亲赴罗布泊试验现场,领导和指挥这次氢弹试验。

6月17日,仿佛是天公有意作美,罗布泊荒原上出现了一个少有的异常晴朗的好天气。

聂帅在距离爆心55公里的白云岗指挥部,直接领导和指挥这次试验。

朱光亚与参试人员在距离靶区几十公里之外的另一个山丘上,静静地等待着那个惊天动地的时刻。

这一次,朱光亚想到了上次第一颗原子弹爆炸时,被粗心的司机拉着跑错了路的教训,所以他早早地来到那个山丘上,"按兵不动"了。

上午 8 时,一架轰炸机,远远地进入了人们的视野里。

轰炸机在靶区上空盘旋了一圈后,竟然又飞出了人们的视线。

怎么回事?顿时,朱光亚的心好像提到了嗓子眼一般。难道是出了什么状况?

约 20 分钟之后,轰炸机再次飞进人们的视线里,绕场一周之后,突然抛出了一颗弹体。只见白色的降落伞拽着弹体,在晴朗的天空中缓缓下降着,下降着……

不一会儿,伴随着一道强光闪过,氢弹爆响了!

刹那间,在场的所有人都亲眼看到,天空中竟然同时出现了两颗"太阳"!

当然,大家都知道,那颗比真正的太阳还要大的"火球",就是我们成功爆响的第一颗全当量试验氢弹!

这颗氢弹拥有 330 万吨 TNT 当量,在距离靶心地面 3000 米的高空完美地爆响!

巨大的蘑菇云缓缓翻卷着,升上了蓝天……

轰鸣声、欢呼声,在罗布泊沙漠的天上和地上响成了一片……

此时,在乌鲁木齐,在库尔勒,甚至在吐鲁番的正在行驶的列车上,人们都惊奇地看到了奇怪的闪光、火球和巨大的蘑菇云。

"快看哪！天上出现了两颗太阳……"有的人甚至这样惊呼道。

后来人们才弄明白,这次空爆试验过程中,真的发生了一个有意思的小插曲:那架携带着氢弹的轰炸机,原本在飞至靶心第二圈时就应该投下去的,可是,也许是因为飞行员过于紧张,也许是冥冥中有一种力量和意愿,使这个来之不易的历史瞬间,故意要和参与试验的科学家开个小小的玩笑,飞机竟然绕着预定的靶心一连飞行了三圈之后,才把那枚氢弹稳稳地投了下去……

事后,朱光亚和他的战友们回忆说,这短短的三圈,把所有人的心都提到了嗓子眼里,把每个人的心理承受力,都提到了极限！

爆炸后的第三天,还是那位林俊德,带领他的数据回收小组,在爆心附近和周边 30 多公里的范围内,搜索了整整一个白天,找回了记录着高空冲击波可靠数据的三个珍贵的"罐头盒子"——数据测量仪,为这次全当量氢弹空爆试验,拿回了准确的数据。

就在第一颗氢弹成功爆响的当天深夜,经过毛泽东主席亲自审批的《新闻公报》,再次向全世界表明了中国政府对于核试验的态度:

"今天,1967年6月17日,中国的第一颗氢弹在中国的西部地区上空爆炸成功了!……中国进行必要而有限的核试验,发展核武器,完全是为了防御,其最终目的是消灭核武器。我们再一次郑重宣布,在任何时候、任何情况下,中国都不会首先使用核武器。我们说的话,从来是算数的……"

第二天,法国人看到消息,不由得惊叹说:"中国爆炸热核炸弹所取得的惊人成就,再次使全世界专家感到吃惊,惊奇的是中国人取得这个成就的惊人速度。"

原来,自从法国总统戴高乐给他们的原子能委员会利梅伊军事科研中心下达了氢弹研制任务之后,负责这个任务的阿兰·佩雷菲特,就一直在全力寻找可使原子能委员会摆脱困境的专家。不久,他的顾问向他推荐了一个名叫罗贝尔·多特雷的"具有非凡天才"的人物。结果,"奇迹"真的出现了。佩雷菲特后来在一本书中写道:"形势很快改观了。只用了几周时间,综合方案就提出来了。"

1968年8月,法国第一颗氢弹也爆炸成功。这当然归功于多特雷的"非凡天才"的头脑。只是,与中国相比,法国人晚了一年多的时间。

毛泽东主席后来有一次颇为幽默地对大家说:我们发展核武器的速度,超过了美国、苏联和英国,现在居世界第四位。这是赫鲁晓夫"帮忙"的结果,他撤走专家,逼我们走自己的路,我们应该给他发一个一吨重的勋章才对。

1970年10月19日,美国作家埃德加·斯诺夫人访问中国时,周恩来总理也这样对她说过:中国的核试验速度之快,其中一个原因还是得感谢赫鲁晓夫,是他迫使我们自力更生去解决问题。1964年比我们预估的提前爆炸了第一颗原子弹,竟然那么凑巧,正好成了把赫鲁晓夫送下台的一个"礼物"。

——多年以后,在回顾中国核试验走过的历程时,朱光亚无限感慨地说道:"这是集体的事业,所有的一切荣誉都是集体的。我仅仅是其中的一员,是一个代表。中国核武器事业从无到有,发展到今天这样的水平,是全国上下大力协作的结果,倾注着集体的智慧和心血。有许多科学家、工程技术人员做出了杰出的贡献,也有很多人做出了牺牲,有的同志甚至贡献出了宝贵的生命。"

是的,在人类探索科学的道路上,从来是没有平坦的道路可走的。仅仅1967和1968这两个年份,就像是人类科学探索史上的一个"多灾之年"和"多事之秋"。

1967年,曾经历尽波折、为人类原子物理付出了毕生心血的原子核物理学家罗伯特·奥本海默,在美国逝世。第二年,有着世界首名宇航员之称、被视为苏联的飞天英雄的宇航员尤里·加加林,不幸逝世。与此同时,在苏联,宇航员弗拉基米尔·科马罗夫在驾驶"联盟一号"返回大气层时,不幸丧生。紧接着,美国载人宇宙飞船也暂停飞行,原因是发射台起火,不幸造成了三名宇航员丧生。仅仅一年之后,又有三名宇航员,乘坐"阿波罗七号"宇宙飞船,从佛罗里达州的肯尼迪航天中心发射,在进入空间轨道飞行了 11 天之后,不幸在大西洋水面溅落。当人们眼角的泪水还没有拭干,乘坐着"阿波罗八号"宇宙飞船上的另外三名宇航员,在进入月球轨道飞行不久后,又不幸在太平洋水面溅落……

可见,人类在科学领域往前迈出的任何一小步,都会付出巨大的代价。

第三十一章　科学的春天

时光在匆匆地流逝。又一个新的春天，来到了罗布泊荒原，来到了波光潋滟的博斯腾湖和孔雀河边。

春天里，天气温暖了，溪流边的马兰花也盛开了。小鸟在孔雀河边的芦苇林里跳跃、歌唱，红柳丛又恢复了生机，显得蓬勃而茂盛。云雀欢唱着飞入云霄，沙鸡之类的沙漠鸟在戈壁上飞跑着、追逐着……

中国的核试验事业，也像罗布泊荒原上的春夏秋冬，冷冷暖暖，曲曲折折，阴晴晦明。

1996 年，在罗布泊深处绵延起伏的群山中，随着轰的一声巨响，大山像发生了剧烈的地震一样，剧烈地颤抖了起来……

这年 7 月 29 日，中国的最后一次核试验，在罗布泊群山深处成功爆响。就在同一天，中国政府向全世界庄严宣布：从 1996 年 7 月 30 日起，中国暂停核试验。

中国做出这一郑重决定，既是为了响应广大无核国家的要求，也是为了推动世界核裁军而采取的实际行动。

这一年,被称为"中国的奥本海默"的首任"核司令"张蕴钰将军,已届 80 高龄。直到此时,细心的人们才注意到,这位毕生领导和参与着中国的核试验事业的老将军,在自己的回忆录里如是写道:"我和蘑菇云打了一辈子交道,但从来就不喜欢蘑菇云!所有中国人都不喜欢蘑菇云,没有谁喜欢这个东西……"

正是因为不喜欢蘑菇云,曾经生活在蘑菇云阴影下的中华儿女,才不得不走向戈壁大漠,选择了那片被称为"死亡之海"的地方,与有着"世界毁灭者"之喻的原子弹、氢弹,展开了一场殊死较量……

而现在,这场较量,终于宣告终场了。

说到"停止核试验"这个话题,我们不妨回过头去,跟着朱光亚和他的战友们的足迹,对此稍作梳理和追寻。

人们说,朱光亚是一位有战略眼光的科学家,的确没有说错。正是朱光亚,早在 1963 年,就以敏锐的战略眼光,看清楚了美国、苏联、英国提出的所谓"停止核试验",原本就是一个"大骗局",所以才坚定不移地朝着发展我们自己的核武器事业的道路走去。

1963 年 7 月 25 日,正当中国第一颗原子弹研制处在关键阶段,美、苏、英三国在莫斯科签订了一个《关于禁止在大气层、外层空间和水下进行核试验的条约》(简称《部分禁止核试验条约》)。

当时,美国代表狂妄地说道:这次我们三国之所以能够达成协议,乃是因为"我们能够合作来阻止中国获得核能力"。

遵照周总理的指示,朱光亚对此作了细致的调研分析,并与刘杰等领导讨论后,写出了一篇观点分明、言辞犀利的报告:《停止核试验是一个大骗局》,一针见血地揭露美、苏、英三国禁止在大气层、外层空间和水下进行核试验的目的,并结合我国核武器研制现状,提出了我们的对策。

朱光亚在这篇报告中指出:"几个世界核大国在研发核武器上的做法,一向是试试停停,停停试试。经过一段时间的试验,取得大量数据后,停下来进行分析、整理、总结、提高,准备下一阶段的试验,以便改进已有的武器与试验新型的武器品种。一般说来,这也是符合科学研究的一般规律的。他们核试验的停与否,最主要的是根据其核武器发展的需要来决定的。"

这篇报告还重点分析了美国核武器试验的三个阶段,有理有据地指出了他们的试验真相:

从 1945 年到 1948 年为第一阶段,这一阶段里他们进行 8 次试验,做成了原始型的原子弹。当时的美国是世界上原子弹的垄断国家;从 1948 年 5 月到 1951 年 1 月,停止试验两年零八个月,停试期间,美国除积极从事生产外,在研究发展上重新部署了力量,进行了核弹头与氢弹的研究。

从 1951 年到 1958 年为第二阶段,这一阶段进行了 116 次试验，其中地下核试验16次。他们的主要目的是进行原子弹的定型与改进，提高效率，增强威力；研究战术核武器、核导弹头，包括原子炮等；原子战争的军事演习；研究与发展氢弹。

朱光亚分析说：美国通过这一阶段的试验，核武器已趋完善，军事已有配备。这时需要一个休整时间，以便转入实验室和理论研究，并等待运载工具——导弹的进一步发展。

从1958年10月底停试，到1961年9月15日恢复试验，这段时间，美国又大量进行了中程和洲际导弹的试验，大约进行了196次，而1957年到1958年，共进行75次试验。与此同时，还大量进行地下试验的理论与实验准备，并积极探索其他新型核武器的可能途径。

1961年到现在（1963年）为第三阶段。这一阶段进行了105次试验，其中地下试验67次，占半数以上。他们的目的是："改进战略导弹核弹头，包括'民兵''北极星'等，提高比威力，减轻弹头重量，以便增大其射程；研究与改进战术核武器，增加品种；研究与发展反弹道导弹，试验多种核弹头；研究与发展新型核武器，包括所谓'干净的原子弹''中子弹'等。"而且，这一期间试验次数更频繁，又取得了大量数据，需要转入另一个休整期。

朱光亚还在报告中分析了美国核武器投资和贮量，然后指出：美国目前停止核试验，即使是全面停止试验，对美国的备战计划也并无重大的影响，因为他现有足够的生产能力，并已有大量的武器储备。当时美国的核弹头已有 35000 到 40000 个。因此,美国才能始终认为,核优势在他们那里。

在报告中,朱光亚还敏锐地预见到:美国在核武器试验中最最重要的需要,就是在军事上谋求发展高效率的第二代导弹弹头。

最后,朱光亚一针见血地指出:美、苏、英三国签订《部分禁止核试验条约》的真正目的,就是要"束缚中国的手脚,阻止中国获得核武器的能力,妄图把中国核武器事业扼杀在摇篮里。这就是美、苏、英禁试的实质"。他认为:"因为在这个条约中,不包括禁止地下核试验,它们三国可通过地下试验继续发展核武器。而中国则即将开始在大气层进行核试验,是不符合此条约所规定的,因而是不允许的。"

朱光亚给中央专委的建议是:美、苏、英所谓禁试,是一个彻头彻尾的"大骗局",我们绝对不能上他们的当!我们不仅不能禁试,反而还要抓紧时机,时不我待。

正是根据朱光亚的建议,中央专委决定,在抓紧第一颗原子弹研制的同时,也把地下核试验作为设计项目,并要求二机部和国防科委制定出地下核试验的具体方案。

当时,核试验基地原本计划在 1966 年 5 月进行首次平洞地下核试验。由于忙于导弹运载核弹头试验以及氢弹试验,再加上"文革"的干扰,地下核试验工作被拖后了一些时间。

——许多年后,朱光亚回忆起这段历史时,还这样说过:《止核试验条约》的出笼,更加激发了我们尽快研制成功我国核武器,进而掌握地下核试验技术、打破西方大国核垄断的决心。遵照周总理的指示和中央专委的决定,在抓紧第一颗原子弹爆炸试验的准备工作、继续完成空投核航弹试验准备工作的同时,我们又开辟了另外一条战线——地下核试验的准备工作。地下核试验虽然在技术上更复杂,但也难不倒我们。

1969年,无论对于中国,还是对于世界,都是一个难忘的年份。在中国,声势浩大的"文化大革命"运动,正一浪高过一浪。而在美国,人类科学史上最令人惊叹的一幕也正在上演。

这一年7月21日,全球数亿观众,通过黑白电视机屏幕,见证了尼尔·阿姆斯特朗身穿白色宇航服,缓缓走出"阿波罗十一号"飞船登月舱,实现了人类千百年来的登月之梦,在月球表面首次留下人类足迹的历史性一幕。

阿姆斯特朗左脚踏上月球后,在遥远的太空对全球观众说道:"这是个人的一小步,却是人类的一大步。"如今,这句话成了全世界范围内广为人知的名言之一。

阿姆斯特朗和他的战友艾德林在月球表面进行了两个半小时的活动,采集了月球上的岩石和土壤样品,也留下了进行实验的科学设备与纪念其着陆的徽章,然后离开月球,于7月24日返回了地球。

也是在这一年的初夏之交,苏联在中国北部边境之外陈兵百万,并到处扬言,要对中国实行所谓"外科手术式核打击"。

果然,这年 3 月,震惊中外的珍宝岛战役爆发。苏联边防军侵入珍宝岛,猛烈的炮火、坦克、装甲车,以及火力强大的"冰雹"式火箭装置射击,打破了中国东北边境的平静……

与此同时,在罗布泊地区,堪称绝密状态下的中国首次平洞地下核试验正在悄悄进行着。

狂风席卷着大漠,也吹刮着沙漠上的骆驼刺和芨芨草……

9 月 23 日零时 15 分,罗布泊深处突然发出了一阵闷雷般的巨响,接着就是造山运动一般的地动山摇,附近的整个山体抖动了起来,巨大的山冈岩石瞬间化为片片均匀的碎石,有如发生了雪崩一样。

这就是中国首次平洞地下核试验的成功爆炸。从首次核试验到首次地下核试验,历时五年时间。

朱光亚等人在现场参与指挥了这次绝密的地下核试验。

几个月后,工程人员在开挖坑道时,在爆心附近挖到了"玻璃体",并发现了一条子坑道出现了扩孔。

朱光亚闻讯后,为了看出究竟,弄清楚真相,就和程开甲、周清波等科学家一道,踩着乱石,躬身钻进了狭窄的坑道,冒着 40

摄氏度的高温和随时可能塌方的危险,深入了距离地面有几百米的爆心附近,观察了爆炸产物、岩体分布、泄漏等现场实情。

1975年10月27日,朱光亚又在罗布泊亲身参与了第二次平洞地下核试验。

这次试验爆炸后的第二天,他和王淦昌等科学家就迫不及待地来到了现场。

当时,地下试验带来的山摇地动,使附近山上的碎石不断地滚落。朱光亚他们仔细观察后,突然发现,有一处乱石堆中,正在冒着缕缕白烟。

朱光亚眼睛一亮,说:"这里肯定就是一个预备洞口。"

工程人员扒开乱石一看,果然露出了一个预备洞口。

"预备洞口有气体往外冒出,证明这里还没有被堵死,我们可去洞口试一试。"朱光亚提议说。

"首长,你们不要过去,那里的污染一定很严重,会很危险。我们进去。"

最终,一些技术人员戴上防护面具,穿好防护服,抬着钢瓶和测量仪器,到达了预备洞口,顺利地取回了两瓶气体。

44个小时之后,化验室报出了这次核爆炸的威力数据。朱光亚一看数据,一向比较严肃的脸上顿时露出了灿烂的笑容。他和取样回来的技术人员一一握手道谢说:"了不起,你们为人民立了大功!谢谢你们!这份数据很重要!我们马上向上面汇报……"

在此后的日子里,朱光亚又多次参与了平洞地下核试验。

从1964年中国首次核试验算起,一直到1996年7月29日的最后一次核试验,我国共进行了45次核试验,其中半数是地下核试验。

在这期间,美国原子能机构在阿拉斯加安奇特卡岛进行了一次地下氢弹爆炸。紧接着,苏联宇宙飞船"金星八号"也首次在金星实现了软着陆。

美国从来不甘心落后于苏联,他们把宇宙探索的目标瞄向了火星。1975年,一艘名为"北欧维金人号"的不载人宇宙飞船发射,它将飞行五亿英里,前往遥远的火星去探索生命的行迹。

也就在这一年,美国"阿波罗号"和苏联"联盟十九号"宇宙飞船在太空汇合。两国宇航员在远离地球的地方互相握手并共同进餐,从而实现了首次国际宇宙载人飞行中的合作。

1977年,美国向世界证实,他们正在试验一种新型的尖端武器:中子弹。与原子弹相比,中子弹以其强大的辐射进行杀伤,但同时又可使大部分建筑物免受毁坏。

到了1978年,中国结束了十年动乱,即将进入一个全新的历史时期。在拨乱反正、解放思想、社会转轨、文化转型的同时,从十年浩劫中走过来的科学家们,也正在迎接着一个全新的科学的春天的到来……

第三十二章　孔雀河畔

1999年9月18日,中共中央、国务院、中央军委在人民大会堂隆重召开表彰大会,23位功勋卓著的科学家受到党和国家的嘉奖,朱光亚获得了一枚"两弹一星"功勋荣誉奖章。

与他同时授勋的还有他的同事与战友于敏、王大珩、王希季、孙家栋、任新民、吴自良、陈芳允、陈能宽、杨嘉墀、周光召、钱学森、屠守锷、黄纬禄、程开甲、彭桓武等科学家。同时,已经去世的科学家王淦昌、邓稼先、赵九章、姚桐斌、钱骥、钱三强、郭永怀也被追授"两弹一星"功勋奖章。

人们称赞说,"两弹一星"功勋奖章,不仅闪烁着民族复兴的光辉,也凝结着为锻铸民族利剑、捍卫国威、军威的科学英雄、强国功臣们的心血和生命的光华。

令人瞩目的是,在这23位为研制"两弹一星"做出了杰出贡献的科学家中,有8位出自朱光亚曾领导的核武器研究院和研制基地。

朱光亚几乎参与和领导了我国原子弹、氢弹、中子弹以及同近程、中程、远程、洲际导弹相配套的核弹头等所有的研制和试验工作，他因此也被与他并肩奋斗过的战友们、同事们赞誉为"两弹一星"精神的主要开拓者、培育者和践行者。

什么是"两弹一星"精神呢？

朱光亚在某研究所发表的一次演讲中，曾经这样阐述过它的丰富内涵：热爱祖国、无私奉献，是我们力量的源泉，是一种高尚的情操和品德；自力更生、艰苦奋斗，是我们事业的根本基点，是一种自强不息的精神和意志；大力协同、勇于攀登，是我们事业的时代特征，是一种优良的科研作风和传统。

2003年9月15日，在北京大学举行的饶毓泰、叶企孙、周培源、吴大猷、王竹溪等五位中国物理大师铜像揭幕仪式上，诺贝尔物理学奖获得者李政道代表与会科学家发言。

他在说到当年随吴大猷先生赴美国学习考察原子弹制造的那段往事时，感叹自己没有像老同学朱光亚那样，为自己的祖国挑起研制"两弹"的重任。此前，李政道也曾不无幽默地回忆说："当初，蒋介石选派了我们五个人去学习考察原子弹，只有朱光亚是选派对了，他回到祖国是真正从事了原子弹事业的，而选派我是派错了，我没有做原子弹，只是迷上了高能物理。"

还有一件事情，不仅朱光亚自己，他还一再对身边的人叮嘱说，千万不要小题大做地对外声张。但是从这件小事上，也颇能看出朱光亚一贯的人格风范。

那是在1996年11月,朱光亚获得了第三届"何梁何利基金科学与技术杰出成就奖",奖金100万港币。他让身边的工作人员去代他领回了支票后,没做任何声张,就把这笔奖金全部捐给了中国工程科技奖励基金会,用于奖励在工程科技领域为国家做出了成就的优秀青年科技专家。

当时,日常生活一向简朴、节省的朱光亚,因为子女较多,家里的经济条件也并不宽裕。身边的人向他请求说,能不能只捐出一部分奖金,留一点点给家里用?朱光亚说:"一分钱也不必留,全部捐出去。"而且他再三叮嘱,不要小题大做对外声张。

1999年9月17日,他又把多年来节省下来的45200元稿费,全部捐赠给了中国科学技术发展基金会。

顾小英、朱明远作为子女在回忆起父亲的这些美德时,这样由衷地说道:"父亲正是用他毕生无怨无悔的付出,告诉了我们如何去爱自己的祖国和人民,去爱自己所从事的事业,去爱自己身边的每一个人,去爱这个世界,并为它的和谐、安宁、幸福奉献自己的全部。这也许就是一种充满大爱的境界吧。"

在碧波荡漾的博斯腾湖边,在蜿蜒曲折的孔雀河畔,一到春天,大地上就会盛开着一种色泽呈蓝色的美丽而顽强的野花——马兰花。

罗布泊荒原是顽强的马兰花生长的地方。在短暂的春天过去之后,所有的马兰花的叶子和花朵又会化为泥土,滋养着来年的新的生命。马兰花的生命就像那些牺牲在罗布泊核试验基地的英雄的英魂,谁又能担保,现在已经变成马兰花、红柳、芨芨草、骆驼刺和胡杨林的肥料的英雄们的骸骨,不会随着一个个新的春天的到来,而萌发出青青的枝叶,向所有的后来者致意,点缀着这片神奇的荒漠,也瞩望着和平年代的祖国的大地与天空呢?

要奋斗就会有牺牲。但是,那些曾经隐姓埋名,在罗布泊奋斗了一生的英雄的热血,没有白流。正是他们用自己的青春、智慧、眼泪、汗水、血肉和生命,为我们的中华人民共和国铸造了一面强大的"中国核盾",使今日中国的大国地位有了坚强的背后支撑,也让我们实现伟大而瑰丽的"中国梦"有了更多的底气和力量!

被后人誉为"中国的奥本海默"的张蕴钰将军,带着一个吉普车队,第一次来到素有"死亡之海"之称的罗布泊沙漠时,也像当年的探险家斯文·赫定一样,迷了路,好几天都在沙漠腹地里打转转。

1960年早春时节,当他们迎着大风沙,再次跋涉到了孔雀河边的时候,孔雀河已经开始裂冰了。他和张志善将军等人一起,运来了两卡车石灰,还在这里打下了一根木桩当作记号!那时候他们几乎还不敢想象,这个打下木桩的地方,几年之后竟然真的成为中国第一颗原子弹的爆心位置了。

张蕴钰永远清晰地记得,那一天,在荒无人烟的盐碱滩上,只有片片芦苇在寒风中呼啸着,河滩上的一切,都呈现着原始、荒凉、孤独的状态。地面上还不时地能看到一堆堆已经风化了的人与动物的白骨。

张蕴钰、张志善带着一小股队伍在河滩上站定。将军长长地舒了口气说:"孔雀河! 终于找到你了!"然后转身,命令道,"通讯员! 立刻给北京发报,就说,我们已经找到了……找到了可以写一首大诗的地方。"

通讯员不解:"写大诗的地方?"有着"军旅诗人"美誉的将军心中有数。他知道他的老上级张爱萍将军也是一位诗人。他说:"对,就这么说。"

当通讯员开始调试电台、发报的时候,张蕴钰的目光被草滩上的一簇正在盛开的蓝色小花吸引了,忍不住问给他们做向导的维吾尔族老乡:"这是什么花啊? 这么美丽。"

老乡告诉他说:"首长,这是马兰花! 可香啦! 马兰花可是罗布泊里的吉祥花哪!"

这时候,通讯员大声地问张蕴钰:"首长,北京在询问,我们现在的位置叫什么名字?"张蕴钰略一思索,脱口而出:"马兰! 就叫马兰……"

马兰地处天山南麓,南临博斯腾湖,东连罗布泊,西接塔里木盆地,距离博斯腾湖大约有 10 公里。马兰周围的一些地方,有着维吾尔族、蒙古族、回族、满族文化特色的地名,如乌什塔拉、塔哈其、库米什、和硕、和靖、博斯腾等。从此,"马兰"这个地方和这个地名,就与中国核试验事业紧密地联系在了一起。

从此,马兰也成了朱光亚和他的战友们毕生魂牵梦萦的地方。

在进入马兰基地核试验场区的半路上,有一处三岔口。在通往"7 区"的左侧和"8 区"的右侧,一个 Y 字形的上端处,有一个属于基地部队后勤部的兵站,名字叫"甘草泉"。

凡是驻守过甘草泉的部队官兵,都知道这样一个美丽的传说:当年,在勘探核试验基地的时候,有两名探路的战士在沙漠里迷路了,因为又饥又渴,他们昏倒在了戈壁滩上。不知过了多久,两名战士醒来时,发现身边的一丛甘草旁,涌出了一股涓涓清泉。我们的战士因此而得救了……

"甘草泉"这个名字就像"马兰"一样,也有一点特殊的来历。据核试验基地原副司令员张志善将军回忆:1961 年,通往"7 区"的道路修通后,在此驻扎着一个道路维修队。一天,几位基地首长来到这里,一位首长对道路维修队的一位姓郭的队长说,基地司令员和两位副司令员都姓张,你姓郭,干脆就把这里叫"张郭庄"吧。就这样,这个地方暂时就叫了"张郭庄"。后来,朱光亚和王淦昌、程开甲等几位科学家进试验场时,几次路过这里,觉得"张郭庄"这个名字不美,于是,在一次基地办公会议休息的时候,大家一致通过,给这个地方改名为"甘草泉"。

从此,基地就在这股泉水边设了一个永久的兵站,作为进入核试验场区前的一处给养补充点。

戈壁马兰花,大漠甘草泉。马兰花和甘草,都是罗布泊荒原上美丽而坚强的生命的象征。

甘草是一种多年生草本植物,根茎有甜味,可以入药。"甘草片"的主要原料就是甘草。戈壁滩上能见到如此清澈和永不干涸的泉水,真是十分罕见和珍贵!它是大沙漠上的生命之源,也是罗布泊里的一处"风水宝地"。汩汩不息的甘草泉边,芦苇丛生,红柳繁茂,几乎就是戈壁荒原上的一个奇迹。

1993年秋天,已是古稀之年的朱光亚,再次来到罗布泊。

他一一看过了自己和战友们在红山营房住过的简陋的住处,眼前闪过了那些艰苦的却充满力量和热情的青春岁月⋯⋯

在甘草泉边,他特意蹲下身来,双手捧起几捧清清的泉水,重新尝了尝。他觉得,这里的泉水还是那么清凉、那么甘甜!甘草泉的涓涓清流,曾经滋润过他们这代人在追寻强国梦想的岁月里所度过的无数个大漠的日子⋯⋯

他告诉身边的年轻的工作人员和战士们说:"我们罗布泊人、马兰人,最珍惜的就是沙漠之水,无论是甘草泉的清泉,还是戈壁上的碱水泉。"他说,"蒙古语里说的'肖尔布拉克',就是戈壁沙漠上的圣泉的意思,这里的哈萨克牧民称之为'碱泉'。我们这一代在罗布泊里奋斗过的人,几乎有着一样的性格和命运:哪怕在这'碱泉'里泡三次,在沸水里煮三次,在血水里洗三次,也痴心不改,无怨无悔!"

最后,他来到了马兰的革命烈士陵园。

他没要任何人搀扶,还特意穿上军装,穿戴得整整齐齐,神色庄严地、一一走过了那一排排洁白的墓碑⋯⋯

他向着每一位牺牲在这里的科技英雄和将士默哀、致敬⋯⋯

"同志们,战友们,我来看你们了⋯⋯"每走过一排墓碑前,他都在心里不断地默默说道。他还不时地蹲下身来,轻轻地拔除了墓碑前的缝隙里长出的杂草⋯⋯

"同志们,战友们,你们都是国家的英雄和功臣,是中华民族的好儿女!你们安息吧!有一天,我走不动了,也要告别这个世界了,我也会来到这里,陪伴你们的⋯⋯"

这是他真实的心声。凡是在罗布泊上为了新中国的核试验事业奋斗过的人们,在他们去世后,几乎无一例外地都会留下一个遗言:把我送回罗布泊,送回马兰,埋在那些早逝的同志和战友身边⋯⋯朱光亚也是这样做的。

2011年2月26日,朱光亚因病在北京逝世,享年87岁。曾经与朱光亚并肩奋斗了将近半个世纪的一位科学家,中国工程院原副院长杜祥琬含着眼泪说道:"朱光亚院士代表了一个时代。他亲身参与并见证了我国原子弹、氢弹、中子弹等核武器从无到有、从弱到强的发展历程,是那个时代的标志性人物。"

遵照朱光亚的遗愿,2012年9月26日,他的亲人、同志和战友,把他的部分骨灰送到了马兰,安葬在中国核试验基地马兰革命烈士陵园里。

陵园里矗立着一座高指蓝天的"马兰革命烈士纪念碑",基座上镌刻的碑文,正是由朱光亚院士亲笔题写的:

> 这是一块沉睡了千年的国土,又是一块挺起祖国母亲脊梁的热土。自一九五八年组建核试验基地以来,我国在这里成功地进行了一次次原子弹、氢弹、导弹核武器试验。瞬间的辉煌铸造了中华人民共和国的和平盾牌,也为社会主义中国成为有重要影响的大国争得了地位,更激起了饱受外国列强屈辱的中华儿女的自尊与骄傲。安葬在这里的人们,就是为创造这种惊天动地业绩而献身的一群中华民族的优秀儿女。他们来自大江南北、长城内外,靠着对国防科技事业的一片赤诚之心,有的在试验现场壮烈牺牲,有的在建设基地中以身殉职,有的在抢救国家和人民生命财产中英勇捐躯,有的在平凡的岗位上积劳成疾悄然逝世,还有

的则是为支持这项事业而栖息在这里的父老妻儿……他们的生命已经逝去,但后来者懂得,正是这种苍凉与悲壮才使"和平"二字显得更加珍贵。安息吧!前人所钟爱的事业将继续下去,直到世界宁静之日;他们曾参与创造的"艰苦奋斗、无私奉献"的马兰精神,已为后来者继承和发扬;他们的英名将彪炳史册,激励后人!让我们记住那个年代,记住长眠在这里的人们。为中国核试验事业而献身的英烈们永垂不朽!

八九八零零部队　敬立
一九九八年九月一日

大漠,戈壁,红柳,胡杨,马兰花,甘草泉……孔雀河畔西风烈,将军金甲夜不脱。一代功勋科学家,以魂归马兰的方式,长眠在曾经奋斗过的罗布泊荒原上。他的崇高和美丽的灵魂,也将化作天上的星星,在深邃的太空中,深情地瞩望着这片抛洒着新中国核事业的英雄们的热血的荒原,瞩望着和祝福着这个伟大的祖国和她勤劳的、热爱和平的人民。

第三十二章　孔雀河畔